PUHUA BOOKS

我们一起解决问题

PRACTICE GUIDE TO

普华审计实务
工具书系列

工程项目审计
[实务指南]

ENGINEERING PROJECT AUDIT

高雅青 李三喜 薛慈允◎主编

人民邮电出版社
北 京

图书在版编目（CIP）数据

工程项目审计实务指南 / 高雅青，李三喜，薛慈允主编. -- 北京 : 人民邮电出版社，2022.9
（普华审计实务工具书系列）
ISBN 978-7-115-59785-4

Ⅰ. ①工… Ⅱ. ①高… ②李… ③薛… Ⅲ. ①基本建设项目—审计—指南 Ⅳ. ①F239.63-62

中国版本图书馆CIP数据核字(2022)第133360号

内容提要

工程项目审计是一项系统的审计工作，且审计程序和关键点会随着政策和法规的变动而变动。近年来，随着我国经济的不断发展，互联网、BIM 等信息技术日益普及，新基建密集部署，工程项目建设政策不断变化，审计从业者需要一部既系统又落地的工程项目审计操作指南来指导实际工作。

本书汇集了作者团队数十年在工程项目审计领域的丰富理论研究成果和实践经验，在介绍了工程项目审计操作规程及案例后，详细论述了工程项目内部控制审计、前期决策审计、征地拆迁审计、勘察设计审计、招投标审计、合同管理审计、设备材料审计、施工管理审计、造价审计、财务审计、绩效审计，以及新机场工程项目审计、新基建工程项目审计和新能源工程项目审计的实务及案例。作者以深入浅出的方式介绍了工程项目审计的具体流程与方法，并辅以案例解析，带领读者充分透视工程项目审计，全面掌握工程项目审计实战技巧。

本书适合审计机关、内部审计、社会审计机构及其人员，工程项目管理人员、咨询人员等阅读和使用。

◆主　　编　高雅青　李三喜　薛慈允
　责任编辑　贾淑艳
　责任印制　彭志环
◆人民邮电出版社出版发行　　北京市丰台区成寿寺路 11 号
　邮编　100164　　电子邮件　315@ptpress.com.cn
　网址　https://www.ptpress.com.cn
　固安县铭成印刷有限公司印刷
◆开本：787×1092　1/16
　印张：17.5　　　　2022 年 9 月第 1 版
　字数：400 千字　　　　2025 年 11 月河北第 15 次印刷

定　价：79.80 元

读者服务热线：（010）81055656　印装质量热线：（010）81055316
反盗版热线：（010）81055315

中天恒达工程项目审计课题组

主　　编：高雅青　李三喜　薛慈允

副 主 编：李　玲　李　章　李培静　王　磊　王荣荣
　　　　　尚　锐　祁宁宁　郝雁玲

编写成员：任文志　高继艳　韩　伟　高溪励　马祝坤
　　　　　李海亮　牛小忠　崔慧帼　黄会军　王善波
　　　　　郭明达　张红岩　郭满义　王青纹　张洋洋
　　　　　吉雷华　蒋海林　胡淑莉　李瑞瑞　闵佳城
　　　　　王　佩　董琪颖　贾　征　李长明　牛惠军
　　　　　易艳婷　高利英　理素杰　杨亚丽　金　程
　　　　　鹿　娟　靳芳芳　杨善好　茹英霞　徐　倩
　　　　　徐运丽　许向静　赵翠萍　张思国　陈　玮

审　　定：张杉杉　赵宗飞　肖　文　李会来　张　微

前 言

建房盖楼，架桥修路，功在当代，泽及子孙。改革开放以来，随着国家经济的高速发展和社会建设的大力推进，我国的基本建设投资规模持续扩大，工程项目遍及城市和乡村。工程建设项目多、投资规模大，工程项目审计任务量也随之增加。随着我国工程项目的不断建设，工程项目审计受到了空前重视，所起的作用也越来越大，自身也得到了长足的发展。

近年来，随着我国进入经济转型期，政府和社会资本合作（Public-Private Partnership，PPP）已经成为当前和今后一段时期我国经济发展的常用模式，互联网、建筑信息模型（Building Information Modeling，BIM）等信息技术日益普及，新基建不断涌现，工程项目建设政策不断变化，新修订的《中华人民共和国审计法》对工程项目审计提出了新的要求，中国内部审计协会发布了新修订的《第 3201 号内部审计实务指南——建设项目审计》，众多内部审计机构也积极修订“工程项目全过程审计实务操作规程”。

根据工程项目审计业务发展的新政策、新形势，中天恒达工程项目审计课题组总结多年工程项目审计领域的丰富实践经验和丰厚理论研究成果，编写了本书。

本书内容主要包括工程项目审计操作规程及案例、工程项目内部控制审计实务及案例、工程项目前期决策审计实务及案例、工程项目征地拆迁审计实务及案例、工程项目勘察设计审计实务及案例、工程项目招投标审计实务及案例、工程项目合同管理审计实务及案例、工程项目设备材料审计实务及案例、工程项目施工管理审计实务及案例、工程项目造价审计实务及案例、工程项目财务审计实务及案例、工程项目绩效审计实务及案例、新机场工程项目审计实务及案例、新基建工程项目审计实务及案例、新能源工程项目审计实务及案例。

本书充分吸收了审计机关的《公共工程项目跟踪审计指南》、中国内部审计协会的《第 3201 号内部审计实务指南——建设项目审计》及众多内部审计机构的“工程项目全过程审计实务操作规程”等研究成果，系统总结了我国丰富的工程项目审计实践经验，充分考虑了我国工程项目审计实际情况，力求体现以下两大特性。

一是可操作性。工程项目审计实务涉及工程项目建设的全过程，审计内容非常庞杂。工程项目审计既要考虑项目性质、行业、规模、产权和融资结构等方面的不同特点，又要考虑介入工程项目开展审计工作的时点、审计目标、审计资源等，审计内容可以有多种不同安排。本书以基于流程的工程项目审计实务操作为主题，以便于指导工程项目审计实践为归宿，按照工程项目审计导入案例、实务操作（包括审计目标、审计依据、审计程序、审计方法）、问题案例的体例进行了系统、具体的阐述，搭建了工程项目审计实务工作规程，便于审计人员在实践中即学即用，力求体现可操作性。

二是创新性。从工程项目审计实践来看，工程项目管理审计是相对薄弱的领域。如何优化工程项目管理流程、模式、机制，如何有效控制工程项目全生命周期成本，如何有效防范工程项目建设中的腐败风险，等等，都是工程项目管理审计需要关注的。本书对工程项目内部控制、施工管理、工程绩效等工程项目管理审计实务进行了阐述，对新机场工程项目、新基建工程项目及新能源工程项目审计实务特色进行了初步探索，力求体现创新性。

本书从工程项目审计实务操作的视角对工程项目审计理论和实践做了总结和提炼，虽然力求做到自主创新、简单实用、具有可操作性，但是因作者的水平有限，仅是初步探索，恳请广大读者批评指正。

中天恒达工程项目审计课题组
2022年6月18日

目 录

第 1 章

工程项目审计操作规程及案例

开展工程项目审计工作需要遵循一定的规程。工程项目审计规程包括的要素，因工程项目审计类别、工程项目所属行业及涉及专业等的不同而不同。

笔者团队构建的工程项目审计规程（见图 1-1）由工程项目审计概念、工程项目审计目标、工程项目审计业务、工程项目审计操作（包括审计依据、审计原则、审计程序、审计方法等）四个要素构成。

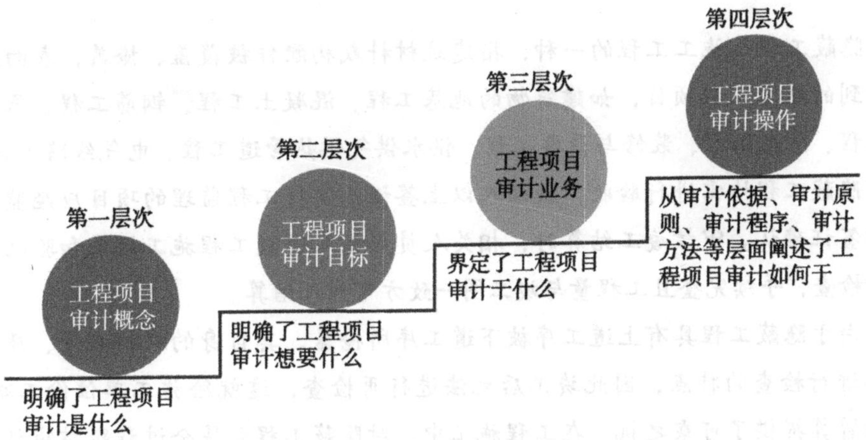

图 1-1　工程项目审计规程

这里需要特别说明，构建总体上的工程项目审计规程很重要，但更重要的是根据不同工程项目审计类别（如工程项目造价审计、工程项目财务审计、工程项目管理审计等）构建适合的操作规程，并在此基础上，根据不同工程项目审计类别所涉及的行业构建适应该行业特点的操作规程。例如，针对新机场、城际高速铁路和城市轨道交通、光伏发电、风电等行业工程项目审计的特殊性，制定适用于本行业工程项目特点的操作规程。另外，审计人员还可以进一步针对不同行业的不同专业，制定具有专业特色的操作规程。

不管哪一层次的工程项目审计操作规程，在体例上均可按审计概念、审计目标、审计业务、审计操作（包括审计依据、审计原则、审计程序、审计方法等）等要素来安排，且要注意具体化、流程化、图表化，操作规程越具体越有用。

1.1 工程项目审计导入案例

要做好工程项目审计工作，从技术方法的视角复盘工程项目审计经典案例是行之有效的方法，它对提高工程项目审计人员专业水平也会起到事半功倍的作用。

一、工程概况

长江堤防隐蔽工程是以发行国债的方式投入巨资建设的国家重点工程，是以堤基堤身防渗、重要河段崩岸治理和重要堤防穿堤建筑物加固等隐蔽工程为重点的除险加固工程，目标是在设计水位下，为沿江人民提供一个安全堤、生命堤。该工程项目为隐蔽工程。

【知识分享】

隐蔽工程是施工工程的一种，指建筑材料或构配件被覆盖、掩盖，表面上无法看到的施工工程项目，如建筑物的地基工程、混凝土工程、钢筋工程、承重结构工程、防水工程、装修与设备工程、供水供气供热管道工程、电气线路工程等。所有隐蔽工程均需进行验收，由两人以上签证；实行工程监理的项目应经监理工程师签证确认。审核竣工结算时，相关人员应该对隐蔽工程施工记录和验收签证进行检查，手续完整且工程量与竣工图一致方可列入结算。

由于隐蔽工程具有上道工序被下道工序所掩盖，其自身的耗材数量、质量无法再进行检查的特点，因此竣工后无法进行再检查，这就给施工单位偷工减料、高估冒算提供了可乘之机。在工程施工中，对隐蔽工程开展全过程跟踪审计，是有效防范以上风险、确保工程质量和有效控制工程造价的重要手段和方法。

二、审计情况

根据审计署的部署，审计署驻武汉特派员办事处下达了《关于审计长江堤防隐蔽工程国债项目的通知》，通知要求按照“揭露问题、分析原因、提出建议、促进管理、保证质量”的工作思路，严格遵循国家审计准则，依照法定程序，对长江堤防隐蔽工程已完成的 18 项干流堤防、2 项支流工程和 8 项河控工程的总计 39.77 亿元资金进行专项审计。

鉴于该工程点多、线长、投资大、技术复杂等特点，审计组吸收了社会上有关方面的专家、水利部长江水利委员会（以下简称“长江委”）的内审人员，以及北京中天恒会计师事务所、北京中天恒达工程咨询有限责任公司（以下简称“中天恒达”）的专业人员，共同参与该工程项目的日常审计工作。

【知识分享】

隐蔽工程审计具有以下三个特点。

一是覆盖面比较广。一般来说，凡上一道工序的施工结果被下一道工序所掩盖的工程均称为隐蔽工程。具体地说，隐蔽工程是指工程完工后，需要后续工程对其进行覆盖，表面上无法看到的工程项目。这些不可见的工程皆是隐蔽工程审计的对象。

二是审计环节比较多。首先，审计人员需对施工现场进行勘察，掌握现场情况，做好隐蔽工程有关记录。具体包括：对隐蔽工程各道工序的过程、材料使用情况进行详细记录，审查施工人员是否按施工图纸和施工规范进行施工，查看工程进度、工程款的投入是否正常；定期对实际值与计划目标值进行比较，一旦发现偏差，立即分析原因并采取有效措施及时进行纠正。其次，审计人员需对招投标过程、材料采购、合同签订、变更资料等方面做好审计工作。最后，完工验收的重要性也不容忽视，审计人员需认真地核查隐蔽工程的工程量、签证及每道工序最终是否符合要求，并据此做好详细记录。

三是审计环境复杂。一方面，隐蔽工程普遍具有点多、面广、布局复杂的特点，如在地下、墙内布设的各类进排管道及电线电缆等，可以说，隐蔽工程施工现场的环境普遍比较复杂。另一方面，一项工程项目通常由多方配合完成，如建设方、施工方、监理方、设计方、勘察方等，复杂的单位内部环境和交织的利益关系，使隐蔽工程资料的收集可能得不到良好的配合与协助。

审计人员不辞辛劳，深入一线，严格审计，在对遍布全国各地的 100 多家设计、监理、安全检测和施工单位进行调查，以及对不计其数的分包商、材料供应商进行调查后发现，这个被称为分部工程验收合格率为 100%、优良率在 85% 以上的工程，不仅造成了国债项目建设资金的大量流失，也为长江堤防隐蔽工程质量埋下重大隐患。

【知识分享】

隐蔽工程审计内容主要包括以下六个方面。

（1）土石方工程：主要审核土方的数量、挖土深度、土质类别等是否真实、准确。

（2）基础工程：主要审核基槽的几何尺寸、垫层和基础的材料、结构尺寸、回填土的数量等是否与施工图一致。

（3）主体工程中的钢筋工程：主要审核其规格、型号、尺寸、绑扎根数与间距、接头形式是否与图纸相符，是否符合施工组织设计。

（4）预埋工程：主要审核安装工程线路、管道、铁件等所用材料及铺设方式是否与图纸、图集要求相符。

（5）屋面工程：主要审核屋面基层处理、防水处理、保温隔热处理是否符合规范，与所采用的图集是否相符。

（6）装饰工程：主要审核其基层做法是否符合设计要求，是否与图集、规范、定额项目一致。

三、审计结果

长江堤防隐蔽工程项目审计，审计人员除了发现工程项目审计常见的虚报冒领、结算不实、账实不符等问题外，还发现了严重的质量和腐败问题，媒体戏称其为“三桶黑金”。

第一桶“黑金”——近百万元。长江堤防隐蔽工程项目招投标前夕，“内线”长江科学院的刘某、“中介”崔某开始了积极的“内引外联”，在长江委副主任沈某的支持下，名不见经传的某局第一工程公司中标。幕后操作者攫取非法利益近百万元。

第二桶“黑金”——逾千万元。长江堤防隐蔽工程存在水下护岸抛石少抛多计、水上护坡块石以薄充厚等问题。审计人员抽查5个标段发现，该工程虚报水下护岸抛石量16.54万立方米，占监理确认抛石量约20.4%，由此多结工程款1 000多万元；抽查11个重点险段发现，水上护坡块石工程不合格的标段达50%以上。

第三桶“黑金”——数额不明。长江堤防隐蔽工程中普遍存在将工程转包或违法分包给无任何施工资质的个人的情况，并在金融机构的配合下，大量采用白条入账、现金交易及不合法票据进行结算，大量使用假发票，致大量工程建设资金流向不明，且被审计方拒绝提供会计核算资料，无法审计。

四、审计方法

曾经，记者就审计人员如何查出长江堤防隐蔽工程质量存在较大隐患，以及部分施工人员与建设单位及监理人员相互勾结，采取偷工减料、高估冒算等手段，骗取工程建设国债资金 8 000 多万元等问题向审计署驻武汉特派员办事处有关负责人提问，有关负责人的回答如下。

“例如，审计抛石量是否足够这一方面，先看发票，显然发票是有的，那么这些石头是在哪儿买的呢？发票上有公章，我们就依照公章信息去找采石场，发现有的发票是假的，有的发票上的公章是假的。可如果施工单位和采石场相互勾结，又怎么能发现问题呢？石头要靠船运，我们就找港监部门查运输记录，推算时间、数量、单价，我们就能发现施工单位到底买了多少石头，是不是发票上记载的那么多。这是针对买石头的审计，再看针对抛石头的审计。我们查施工时的抛石日志，其中就有很多漏洞，甚至很多时间根本就没有抛石日志。除了查抛石日志，我们还查气象日志。看抛石头的那天是否适合抛石头，从中就发现，有的时候下着倾盆大雨，施工人员还在长江抛石头，这显然是造假的。”

【知识分享】

隐蔽工程审计的主要方法如下。

（1）过程跟踪审计法。

（2）开挖剖析法。

（3）资料对比分析法。

（4）现场勘察取证法。

（5）取样抽查法。

（6）外围调查法。

五、案例启示

从该案例得到的启示，审计机关及社会各界总结归纳为以下九点。一是工程项目建设问题多，需要加强对工程项目监管的力度。二是领导干部应主动抵御诱惑，时刻保持头脑清醒。三是建立舞弊问题的发现机制与防范机制。四是重新定位各部门的检查职责，并建立责任追究制度。五是加大审计监督力度，提高审计的权威性。六是重视建设项目投资效益，积极开展经济效益审计。七是重视项目建设的领导责任，积极探求经济责任审计。八是坚持对审计建议、审计决定的跟踪问效制度。九是政府审计、内部审计和社会审计要相结合。

这些启示很重要，但有些过于宏观。就工程项目审计实务而言，通过这个案例要思考工程项目审计到底审什么、如何审。这就需要审计人员了解和掌握工程项目审计的操作规程。

1.2 工程项目审计概念

工程项目审计涉及的概念很多，国家及行业协会有关工程项目管理和审计规范中都对相关术语进行了解释。这些概念是工程项目审计人员必须了解和掌握的，这样做可以统一交流的语言，避免因对一些概念的理解不同而影响工程项目审计工作顺利进行。

笔者团队在认真学习研究国家及行业协会有关工程项目管理和审计规范中对术语解释的基础上，总结多年工程项目审计实践经验，构建了工程项目审计概念体系，即由项目基本概念、工程项目基本概念、工程项目审计基本概念构成的一个渐进的概念体系（见图 1-2）。该概念体系突出了简单化、通俗化和实用化的特点，目的是易于工程项目审计人员及相关人员理解和掌握，从而形成一个统一的概念体系。

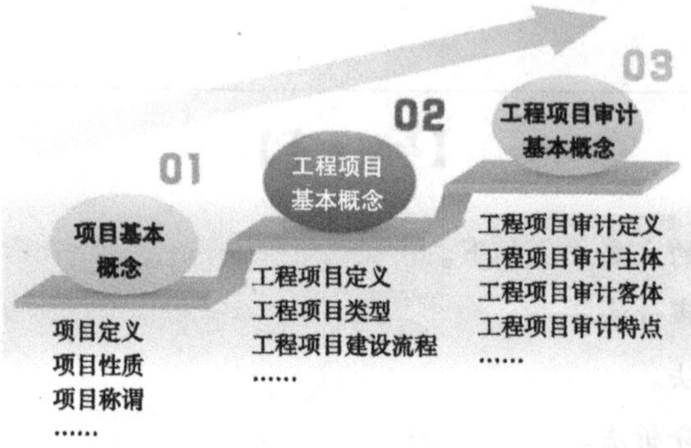

图 1-2　工程项目审计概念体系

一般把项目定义为“一种临时性的、创造一项唯一产品和服务的任务”。在我国投资建设活动中，不同管理部门在不同项目管理阶段，对项目有不同的称谓，常用的称谓有投资项目、建设项目、工程项目、基本建设等。

工程项目也称建设项目，一般是指在一个总体设计或总预算范围内，由一个或几个互有内在联系的单项工程组成，建成后在经济上可以独立经营、独立核算，在行政上可以统一管理的工程单位。

【观点分享】

《企业内部控制应用指引第 11 号——工程项目》第二条规定：“本指引所称工程项目，是指企业自行或者委托其他单位所进行的建造、安装活动。”这里定义的工程项目，是指企业根据经营管理需要，自行或者委托其他单位进行的建造、安装活动，其目的是形成新的固定资产或维护、提升既有固定资产性能。

中国内部审计协会发布的《第 3201 号内部审计实务指南——建设项目审计》称：建设项目是指按照一个建设单位的总体设计要求，在一个或几个场地进行建设的所有工程项目之和，其建成后具有完整的系统，可以独立形成生产能力或者使用价值。

工程项目审计是由专业机构和人员对被审计单位工程项目情况的真实性、合法性、效益性进行的独立审查与评价工作。工程项目审计是财务审计与管理审计的融合，应将风险管理、内部控制、投资效益的审查和评价贯穿工程项目建设各个环节，并与项目法人制、招标投标制、合同制、监理制执行情况的检查相结合。

【观点分享】

重大公共工程项目跟踪审计是指各级审计机关依法对重大公共工程项目自立项至竣工投产过程中的工程建设、管理活动，进行动态和持续的全过程审计监督行为。

——摘自《公共工程项目跟踪审计指南》

1.3　工程项目审计目标

工程项目审计目标决定着工程项目审计的方向和运行方式，因此，开展工程项目审计工作首先需要清楚工程项目审计目标是什么。

笔者团队在认真学习分析目标管理理论的基础上，总结多年工程项目咨询、审计实践经验，构建了工程项目审计目标体系，即由工程项目审计真实目标、工程项目审计合法目标、工程项目审计效益目标构成的相互联系的目标体系（见图 1-3）。工程项目审计的具体目标因审计项目、任务、要求等的不同而不同，不能固定化、模式化。

从目标是“指想要达到的境地或标准”这一层面来理解，工程项目审计目标就是工程项目审计所要达到的境地或标准，是工程项目审计“所追求的目的”。简单来说，工程项目审计目标就是工程项目审计要达到的目的。

工程项目审计目标是进行工程项目审计的基础，决定着工程项目审计的方向和运行方式，决定着工程项目审计的程序与方法，对工程项目审计实践建设具有方向性作用。如果没有工程项目审计目标，工程项目审计管理实践就会失去方向。

工程项目审计真实目标
合理保证工程项目建设信息的及时、真实、可靠，期望达到预防和控制信息披露环节的风险及由此带来的损失的目的
工程项目审计效益目标
合理保证工程项目立项的合理性，合理控制工程项目建设成本，合理保证工程项目竣工交付使用后能够带来预期的经济效益和社会效益，期望达到预防和控制盲目投资和损失浪费的目的
工程项目审计合法目标
合理保证工程项目建设合法、合规，保证法律法规和规章制度执行及道德规范的遵循，期望达到预防和控制违法违规风险和道德风险的目的

图 1-3　工程项目审计目标体系

工程项目审计目标很重要，但工程项目审计目标不是越大、越高、越时髦越好，开展工程项目审计要有适当合理的目标定位。把工程项目审计目标定位为保证工程项目建设进度、质量、投资目标实现是不现实的。工程项目审计虽说是建设项目科学化、民主化决策的基础和依据，是决策支持系统的重要构成要素，但与决策者的关系终究是建言与纳谏的关系，不可能代替工程项目建设主体的作用。因此，工程项目审计目标应该定位为合理保证工程项目建设目标的实现。

【观点分享】

审计机关开展重大公共工程项目跟踪审计，应以“维护安全、促进管理、保障效果”为总体工作目标，及时揭露问题，强化审计整改，促进加强管理，保障国家重大政策措施落实到位和项目建设达到预期效果。

——摘自《公共工程项目跟踪审计指南》

确定工程项目审计目标不是一件简单的事，是包括调查、分析、判断、确认的复杂过程。工程项目审计目标既要与工程项目建设整体目标协调一致，也要同工程项目审计自身的功能相互配合。

确定工程项目审计目标，关键是确定工程项目审计目标的数量及其内在联系。一般来说，工程项目审计目标是多种多样的，是一个相互联系的目标体系。同时，工程项目审计目标是有层次的，从宏观来说，工程项目审计目标可分为为社会服务和为主体服务两个层面的目标。工程项目审计在主观上为主体服务的同时，客观上也为整个社会经济健康发展服务。当然，这样的分类过于宏观，对工程项目审计的实际操作指导意义不大。在审计实践中，大多把工程项目审计目标分为真实、合法和效益三个方面。

第一，工程项目信息真实目标。信息很重要，这一点毋庸置疑。信息不及时、不真实、不可靠，会对工程项目建设造成不良影响。因此，合理保证工程项目建设信息的及时、真实、可靠，应作为工程项目审计的目标之一。这体现了工程项目审计期望达到预防和控制信息披露环节的风险及由此带来的损失的目的。

第二，工程项目建设合法目标。工程项目建设必须遵守国家的法律法规，执行各项规章制度，遵循道德规范。有些工程项目审计业务本身就是法定要求，但违法、违规、违章建设在工程项目建设领域仍然时有发生。因此，合理保证工程项目建设合法、合规，保证法律法规和规章制度执行及道德规范的遵循，应作为工程项目审计的目标之一。这体现了工程项目审计期望达到预防和控制违法违规风险和道德风险的目的。

第三，工程项目建设效益目标。一般来说，工程项目建设投资巨大，且在实践中，盲目投资建设、高估冒算、管理不善、损失浪费等问题突出。因此，合理保证工程项目立项的合理性，合理控制工程项目建设成本，合理保证工程项目竣工交付使用后能够带来预期的经济效益和社会效益，应作为工程项目审计的目标之一。这体现了工程项目审计期望达到预防和控制盲目投资和损失浪费的目的。

工程项目审计的实践是具体而丰富多彩的，因此，工程项目审计应具有针对性和可实现的具体目标。工程项目审计具体目标因审计项目、任务、要求等的不同而不同。工程项目审计目标越具体越有用，最好是有可操作和可考核的标准、指标等。事实上，在具体实践中，按工程项目审计具体业务类别来确定具体目标是比较理想的。

工程项目审计目标之间是有层次的，是相互联系的，不可能绝对地分开来；工程项目审计目标之间也不是完全独立的，很多情况下还是相互依赖、相互制衡的。

【观点分享】

建设项目审计的具体目标如下。

（1）规范建设管理。

（2）揭示建设风险。

（3）提升建设项目绩效。

——摘自《第 3201 号内部审计实务指南——建设项目审计》

1.4　工程项目审计业务

工程项目审计业务涉及工程项目建设的全过程，审计内容非常庞杂。工程项目审计既要考虑项目性质、行业、规模、产权和融资结构等方面的不同特点，又要考虑介入项目开展审计工作的时点、审计目标、审计资源等，因此，审计内容可以有多种不同安排，既可以对工程项目开展全面审计，也可以选择工程项目部分环节、部分时段建设内容开展专项审计。

在实践中，常用做法是对工程项目开展专项审计。工程项目专项审计一般包括工程项目造价审计、工程项目财务审计、工程项目管理审计等。近年来，政府与社会资本合作项目兴起后，工程项目专项审计还包括项目融资专项审计、项目回购专项审计等。

工程项目审计专业性强，需要分不同的专项审计来进行，更需要专项审计专业上的协同合作。

【观点分享】

建设项目审计范围如下。

（1）建设项目全面审计。

（2）建设项目专项审计。

——摘自《第 3201 号内部审计实务指南——建设项目审计》

笔者团队依据国家及行业协会有关工程项目审计业务的规定、规范，总结多年工程项目审计实践经验，构建了基于工程项目建设流程的工程项目审计业务体系，即由工程项目造价审计、工程项目财务审计、工程项目管理审计构成的一个相互联系、相互补充、相互协调的完整体系（见图 1-4）。该业务体系突出了流程化、专业化和协同化的特点。这是因为工程项目审计业务要基于工程项目建设的流程，需要专业化分工，也需要各审计专业之间的协同配合。

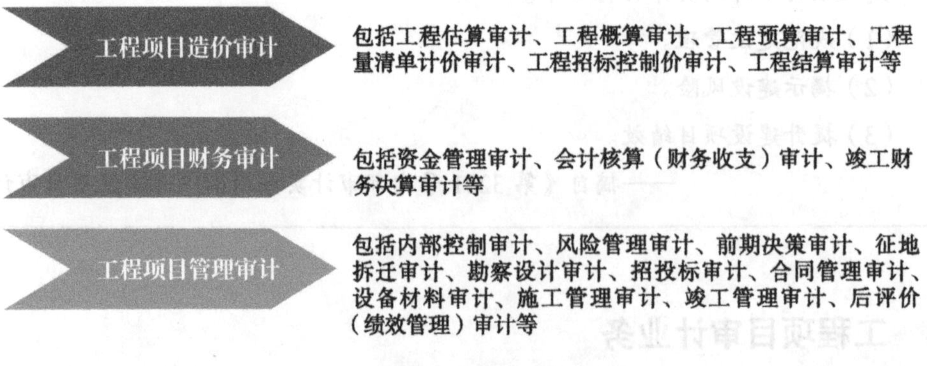

图 1-4　工程项目审计业务体系

工程项目造价审计是由专业机构和人员对工程项目造价情况的真实性、合法性、效益性进行的独立审查与评价工作。工程项目造价审计业务主要包括工程估算审计、工程概算审计、工程预算审计、工程量清单计价审计、工程招标控制价审计、工程结算审计等。

工程项目财务审计是由专业机构和人员对工程项目财务情况的真实性、合法性、效益性进行的独立审查与评价工作。工程项目财务审计业务主要包括资金管理审计、会计核算（财务收支）审计、竣工财务决算审计等。

工程项目管理审计是由专业机构和人员对工程项目管理情况的真实性、合法性、效益性进行的独立审查与评价工作。工程项目管理审计业务主要包括内部控制审计、风险管理审计、前期决策审计、征地拆迁审计、勘察设计审计、招投标审计、合同管理审计、设备材料审计、施工管理审计、竣工管理审计、后评价（绩效管理）审计等。

无论工程项目造价审计、工程项目财务审计，还是工程项目管理审计，均可按照工程项目建设阶段逐步推进，也就是均可基于工程项目建设的流程来组织审计。因工程项目建设不同阶段的工作内容和重点不同，不同阶段审计的侧重点也就不同。在审计实践中，项目前期阶段审计重点是对前期决策情况的审计，项目准备阶段审计重点是对招投标情况的审计，项目实施阶段审计重点主要是对工程结算、决算情况的审计，项目运营阶段审计重点主要是后评价（绩效管理）审计。在工程项目竣工后，对工程项目主要负责人进行履职经济责任审计也很有必要。

【观点分享】

建设项目审计内容主要包括建设项目前期决策审计、建设项目内部控制与风险管理审计、建设项目采购审计、建设项目工程管理审计、建设项目工程造价审计、建设项目财务审计、建设项目绩效审计等。具体到每个审计项目时，审计内容视开展审计的时间和项目建设进展情况而有所不同。

——摘自《第 3201 号内部审计实务指南——建设项目审计》

另外，无论工程项目造价审计、工程项目财务审计，还是工程项目管理审计，均可采用全过程跟踪审计方式。全过程跟踪审计是一种审计方式，而不是一种审计类型。在审计实践中，工程项目造价审计、工程项目财务审计大多采用全过程跟踪审计方式，且要求越来越高，内容也越来越宽泛。

【观点分享】

1. 重大公共工程项目跟踪审计的主要内容

（1）项目基本建设程序履行情况跟踪审计。

（2）项目建设资金跟踪审计。

（3）项目征地拆迁跟踪审计。

（4）项目招标投标跟踪审计。

（5）项目质量安全与进度管理跟踪审计。

（6）项目建设相关事项跟踪审计。

（7）项目环境保护和水土保持跟踪审计。

（8）项目预算执行情况和决算跟踪审计。

2. 重大公共工程项目跟踪审计重点

审计机关要重点关注项目资金管理、工程质量、投资绩效、资源环境保护和工程建设领域的贪污腐败、损失浪费现象，并作为持续审计监督的重点内容，揭示工程建设领域中的重大违法违规问题、管理漏洞和经济犯罪问题线索。

——摘自《公共工程项目跟踪审计指南》

从工程项目审计实践来看，工程项目造价审计、工程项目财务审计已经普遍开展起来了，但工程项目管理审计还没有引起足够的重视，是相对薄弱的领域。相比较而言，由于工程项目建设管理水平较低、建设过程中的无效工作和浪费惊人，因此工程项目管理是公认的高风险领域。为了优化工程项目管理流程、模式、机制，有效控制工程项目全生命周期成本，有效防范工程项目建设中的腐败风险，迫切需要加强工程项目管理审计。

1.5 工程项目审计依据

工程项目审计活动必须遵守国家的法律法规，审计单位和人员均应承担相应的法律责任。对此，工程项目审计单位和人员均应高度重视，依法执业，防范法律风险。在工程项目审计中，如果审计单位和人员依据已经废除的或不适当的法规条文形成审计结论，一旦引起争端，相关审计单位和人员要承担法律责任。

工程项目审计的依据多种多样，包括国家方针政策、法律法规、技术规程等。我国工程项目审计方面的相关法律法规和技术规程不仅数量较多，而且不断变化，审计单位应不间断地系统梳理与工程项目审计有关的法律法规和技术规程，建立法律法规及技术规程数据，并定期对全体审计人员开展培训。

笔者团队在认真学习分析国家及行业协会有关工程项目管理、咨询、审计规程的基础上，总结多年工程项目审计实践经验，构建了工程项目审计法规体系，即由工程项目审计相关法律法规、技术规范及国际条约和国际惯例构成的有机联系的统一整体（见图 1-5），并按行业、专业分类上传到项目管理系统。该法规体系是工程建设法规体系的重要组成部分，突出与工程项目审计业务的相关性，目的是易于工程项目审计人员及相关人员查询、学习，并及时了解法律法规和技术规程的变化情况。

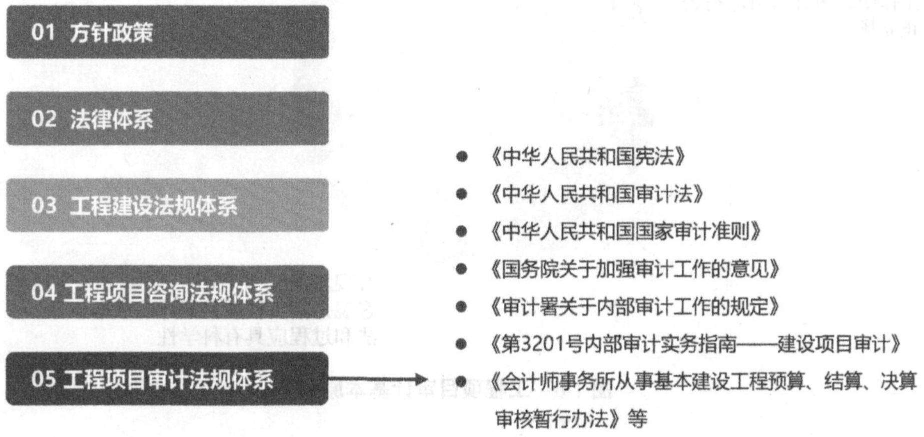

图 1-5　工程项目审计法规体系

工程项目审计法规体系除了包括有关工程项目建设、咨询方面的法规外，与工程项目审计直接有关的法律法规主要有《中华人民共和国宪法》《中华人民共和国审计法》《中华人民共和国国家审计准则》《国务院关于加强审计工作的意见》《审计署关于内部审计工作的规定》《第 3201 号内部审计实务指南——建设项目审计》《会计师事务所从事基本建设工程预算、结算、决算审核暂行办法》，以及国家、地方和各行业定期或不定期颁发的相关文件规定等。

1.6　工程项目审计原则

工程项目审计原则是指工程项目审计人员在审计过程中处理问题的准绳和规则，是经过长期的工程项目审计实践总结出来的规律性的内容。工程项目审计原则是观念性的，可以说是指导工程项目审计实践的思路，是工程项目审计的出发点、基本要求，但不是法定要求，不具有强制性。

俗话说“没有规矩不成方圆”，工程项目审计工作要遵循一些基本原则，这是必要的，至少可少走弯路。

工程项目审计原则是人们对工程项目审计实践的总结，因人们对工程项目审计实践认识的不同而不同。笔者团队通过对多年的工程项目审计实践经验进行总结，制定出工程项目审计应遵循的基本原则，即独立原则、客观原则、公正原则（见图 1-6）。

独立原则
独立是指工程项目审计单位应具有独立的法人地位
公正原则
公正是指在工程项目审计工作中，审计人员应持公正立场
客观原则
客观是指工程项目审计的依据、方法和过程应具有科学性

图 1-6　工程项目审计基本原则

第一，独立原则。独立是指工程项目审计单位应具有独立的法人地位，不受被审计单位和其他方面偏好、意图的影响或干扰，独立自主地执业，对自己完成的审计成果独立承担法律责任。工程项目审计单位的独立性，是坚持客观、公正立场的前提条件，是赢得社会信任的重要因素。

第二，客观原则。客观是指工程项目审计的依据、方法和过程应具有科学性。工程项目审计的科学性，要求实事求是，了解并反映客观、真实的情况，据实比选，据理论证，不弄虚作假；要求符合科学的工作程序、审计准则和行为规范，不违背客观规律；要求体现科学发展观，综合运用科学的理论、方法、知识和技术，使审计成果经得住时间和历史的检验。工程项目审计科学化的程度决定建设项目审计的水准和质量，进而决定审计成果是否可信、可靠、可用。

第三，公正原则。公正是指在工程项目审计工作中，审计人员应持公正立场。工程项目审计的公正性，并非无原则地调和或折中，也不是简单地在矛盾中保持中立。工程项目审计是原则性、政策性很强的工作，审计人员要恪守职业道德，不应为了自身利益丧失原则。

【经验分享】

建设项目跟踪审计工作原则如下。

（1）在对建设项目工程造价、会计信息审计的同时，应突出审计重点，确保审计工作质量。

（2）在审计工作中，坚持技术经济审查、项目过程管理审查与财务审计相结合，遵循事前审计预控、事中审计预警和事后审计监督相结合，注意与项目各专业管理部门密切协调、合作参与，坚持“参与而不干预，支持而不控制”的工作原则。

（3）将风险管理、内部控制、投资效益审查和评价贯穿建设项目各个环节，并与项目法人制、招标投标制、合同制、监理制执行情况的检查相结合。

——摘自《某公司基本建设项目审计业务手册》

1.7 工程项目审计程序

关于工程项目审计程序，有过程、步骤、流程、阶段等不同说法。笔者团队将上述不同说法统一为工程项目审计程序，并定义为工程项目审计从开始到结束的过程。

一般来说，工程项目审计程序可界定为审计准备、审计实施及审计终结三个阶段。这是理论上的高度概括，具有基本原理性质。从工程项目审计实践来看，工程项目审计工作过程复杂多样，因工程项目性质、规模等的不同而不同，也因审计目标、审计要求等的不同而不同。

【观点分享】

建设项目审计程序如下。

（1）开展审前调查，编制项目审计方案。

（2）制定并送达审计通知书。

（3）收集资料和了解情况。

（4）检查并测试内部控制。

（5）执行审计程序并获取证据。

（6）编制审计工作底稿。

（7）出具并报送审计报告。

（8）后续审计。

——摘自《第 3201 号内部审计实务指南——建设项目审计》

笔者团队依据国家及行业协会有关工程项目审计工作的规定、规范，总结多年工程项目审计实践经验，构建了基于工程项目建设流程的工程项目审计程序体系，即由工程项目审计准备、工程项目审计实施、工程项目审计评价、工程项目审计报告和工程项目后续审计五个一级流程构成的一个完整统一的工作程序体系（见图 1-7）。就具体操作而言，审计人员应根据工程项目审计工作实际操作需要，在这五个一级流程的基础上设计出具体流程，每个具体流程中应明确审计工作内容、方法、步骤及相应的表单，力求具有可操作性。

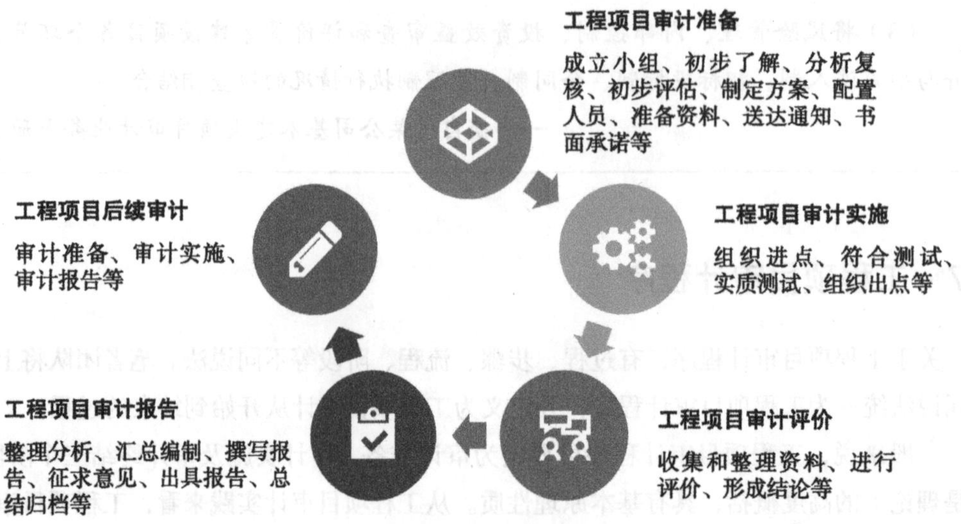

图 1-7　工程项目审计程序体系

一、工程项目审计准备

工程项目审计准备阶段是工程项目审计的首要环节，是对工程项目审计工作的规划或准备。不同审计主体，工程项目审计准备阶段工作略有不同。对社会审计机构而言，审计单位与委托方（业主）签订工程项目审计协议或合同，是社会审计机构从事工程项目审计工作的法定步骤，标志着该审计项目正式确定。国家审计机关和内部审计机构从事工程项目审计可不涉及签订合同这一程序，但需要根据审计规划或年度计划来安排工程项目审计工作。

一般来说，工程项目审计准备阶段主要工作包括成立小组、初步了解、分析复核、初步评估、制定方案、配置人员、准备资料、送达通知、书面承诺等。

二、工程项目审计实施

工程项目审计实施阶段是工程项目审计的重要环节，是工程项目审计的实质性阶段，是工程项目审计项目组成员落实工程项目审计实施方案的具体操作过程。工程项目审计实施阶段是审计项目组进驻项目建设单位，对项目的建设、勘测、设计、施工、监理、供货等直接有关单位及项目建设管理过程的内部控制进行符合性测试，对项目建设具体审计事项进行实质性审查，从而取得审计证据，编制审计工作底稿，形成审计结论的过程。

工程项目审计实施的具体流程因审计工作内容及管理要求等的不同而不同，总体而言，其基本业务流程包括组织进点、符合测试、实质测试、组织出点等。

（一）组织进点

组织进点就是工程项目审计机构根据审计实施方案，组织项目组中的有关人员到项目现场进行工作。

现场工作主要有两项，一是进行现场调研，二是在现场完成工作。无论是哪一项工作，工程项目审计人员进入现场后都必须严格执行审计行业及项目现场的有关规定，并在被审计单位（业主）的支持与配合下完成相关工作。

【经验分享】

笔者团队多年的审计经验表明，实施审计的第一天，一般应当召开由被审计单位负责人、建设工程管理人员、财务管理人员及其他有关人员与审计人员共同参加的碰头会或进点会议，由审计组讲明意图。在进点会议上至少有以下三件事情要做。

- 审计组讲明来意和要求，具体包括审计的目的、审计范围、审计的主要内容、审计时间安排、审计人员分工；在整个现场审计期间的食、宿、工作纪律和廉政要求等；彼此明确沟通联系人员、沟通联系方式；等等。工程项目审计的联系人员一般为熟悉项目建设的工程主管人员和财务主管人员。
- 被审计单位介绍有关情况。重点介绍工程建设预算执行情况，工程建设规模，投资构成，投资完成额，资金使用与管理情况，内部管理制度，规章制度，人员素质，技术经济指标，工程结算情况，财务会计工作情况；审计组所要求的资料、自查材料的准备情况；被审计单位工程项目的基本组织结构；配合审计的工程及财务人员情况及审计工作条件的初步安排意见；等等。
- 被审计单位与审计组交接有关资料。根据进点会议所提出的要求，被审计单位应在进点会议结束时或稍后的时间内向审计组提交审计所需的资料。双方必须指定专门人员负责资料的交接、清点等工作，并办理交接签字手续。当接收这些资料后，审计组则负责妥善保管和利用，不得丢失、损坏，直到审计结束并办理交还手续为止。

（二）符合测试

符合测试，即符合性测试。工程项目审计组应按工程项目审计方案，对被审计单位工程项目内部控制进行符合性测试，以进一步确定工程项目审计工作的具体范围、内容、重点和审计方法。必要时，审计组可以按照规定及时修改工程项目审计方案。

实施工程项目内部控制符合性测试的目的是确定在工程项目审计准备阶段审计组对工程项目内部控制的了解是否清楚、工程项目内部控制是否有效地运转、控制风险有多大，最终确定审计人员能否信赖被审计单位内部控制进行工程项目审计。

审计人员应对被审计单位工程项目内部控制制度落实情况进行抽样测试。测试的方法有以下三种。

- 检查证据法，即通过检查部分凭证资料看内部控制实施过程是否符合制度规定。
- 实验法，即按工程项目程序跟踪操作一遍，看内部控制实施过程是否符合制度规定。
- 现场观察法，即到审计现场观察工程项目执行过程以了解业务的实际操作过程是否符合制度规定。

【经验分享】

笔者团队多年的审计经验表明，在具体实施工程项目审计过程中，审计人员应注意以下三个事项。

- 进入审计实施阶段的第一项工作，一般是测试被审计单位工程项目的内部控制。
- 测试内部控制可以采用流程图、调查表和书面描述等方法。
- 测试内部控制是对审计准备阶段内部控制初步调查工作的继续和深入，即在原有基础上进行深入调查，进行符合性测试，做出总体评价，以确定内部控制的可信赖程度；如有必要，审计人员还应当对审计方案中所确定的审计范围、重点、方法和时间等做出调整。

（三）实质测试

实质测试，即实质性测试。工程项目实质性测试是指在工程项目符合性测试的基础上，采用审核、观察、查询及计算、分析性复核等方法，对工程项目具体事项进行的证实性测试。工程项目符合性测试中所确认的控制弱点，就是工程项目实质性测试的重点。工程项目审计实施阶段审计流程因具体项目及内容的不同而不同，基本流程如下。

- 根据工程项目实质性测试方案确定测试重点。

- 审计人员分头实施有关审查工作，收集审计证据。
- 编制工程项目审计工作底稿。
- 复核工程项目审计工作底稿。
- 汇总工程项目审计资料。

（四）组织出点

待工程项目审计现场工作全部完成后，审计项目组应组织出点，也就是组织撤离工程项目审计工作的现场。与进点会议相对应，工程项目审计机构也可以召开审计结束会议。

【经验分享】

笔者团队多年的审计经验表明，撤离工程项目审计现场，需要特别注意以下两个事项。

- 撤离工程项目审计现场前，审计组一定要确认现场审计工作均已完成，包括审计工作底稿的编制和复核工作。
- 撤离工程项目审计现场前，审计组一定要同被审计单位交接有关资料。在进点审计时，审计组从被审计单位接收了审计所需的相关资料。现场审计结束后，审计组应如数完好地归还当初从被审计单位接收的相关资料。资料的归还应由双方责任人员清点，并办理退还签字手续。

三、工程项目审计评价

工程项目审计评价阶段是工程项目审计非常重要的环节，贯穿工程项目审计的全过程。工程项目审计评价基本流程如下。

- 收集和整理工程项目审计前期工作资料。
- 进行独立的工程项目审计评价。
- 形成工程项目审计评价结论。

四、工程项目审计报告

工程项目审计报告阶段，也称工程项目审计终结阶段。一般来说，审计组实施项目审计后，应当向派出审计组的审计机构提交审计报告。审计机构审定审计组的审计报告后，应当出具审计机构的审计报告。审计组的审计报告报送审计机构前，应当征求被审计单位的意见。被审计单位应当自接到审计组的审计报告之日起 10 日内，将其书面意见送交审计组。审计组应当将被审计单位的书面意见一并报送审计机构。审计机构按照规定的程序对审计组的审计报告进行审议，并对被审计单位对审计组的审计报告提出的意见一并研究后，出具审计机构的审计报告。

采取跟踪审计方式实施审计的，审计组在跟踪审计过程中发现的问题，应当以审计机构的名义及时向被审计单位通报，并要求其整改。跟踪审计工作全部结束后，应当以审计机构的名义出具审计报告。审计报告应当反映审计发现但尚未整改的问题，以及已经整改的重要问题及其整改情况。

对审计中发现的被审计单位违反国家规定的财政收支、财务收支行为，依法应当由审计机构在法定职权范围内做出处理处罚决定的，审计机构应当出具审计决定书。

对审计中发现的依法需要移送其他有关主管机关或者单位纠正、处理处罚或者追究有关人员责任的事项，审计机构应当出具审计移送处理书。

审计移送处理书的内容主要包括：审计的时间和内容；依法需要移送有关主管机关或者单位纠正、处理处罚或者追究有关人员责任事项的事实、定性及其依据和审计机关的意见；移送的依据和移送处理说明，包括将处理结果书面告知审计机关的说明；所附的审计证据材料。

社会审计组织的审计报告的主送单位是审计委托单位，社会审计组织不需要也无权出具审计决定，其审计报告只起到鉴证作用。内审机构可以参照国家审计机关的模式完成审计报告。

在审计工作结束后，审计人员应把审计过程中形成的文件资料整理归档。需要归档的主要资料有审计记录、审计报告、审计决定、审计通知书、审计方案和审计证据等。

【经验分享】

笔者团队多年的审计经验表明，工程项目审计报告编制的基本过程如下。

- 整理、分析和复核审计工作底稿。
- 汇总审计发现的问题，编制审计发现问题汇总表。
- 与被审计单位就工程项目审计具体事项交换意见。
- 形成工程项目审计报告征求意见稿。
- 正式就工程项目审计报告征求被审计单位意见。
- 总结审计工作、立卷归档。

五、工程项目后续审计

关于工程项目后续审计，相关研究并不多，但工程项目后续审计对落实工程项目审计处理意见很重要，审计人员应把工程项目后续审计作为工程项目审计的一个重要阶段。工程项目后续审计程序基本包括审计准备、审计实施和审计报告三个阶段，只不过相对简化。

1.8 工程项目审计方法

工程项目审计方法是指工程项目审计人员为取得审计证据，据以证实被审计事实的性质，做出审计评价而采取的各种专门技术手段的总称，是融合工程、技术、经济、管理、财务和法律等专业知识的分析方法。

工程项目审计方法的选择是否恰当，与整个审计工作进程和审计结论的正确与否有着密切的关系。

工程项目审计方法体系由哲学方法、逻辑方法、专业方法三部分构成（见图 1-8）。

哲学方法是关于认识世界、改造世界、探索实现主观世界与客观世界相一致的最一般的方法。

逻辑方法是用概念、判断、推理、假说等逻辑思维形式，对事物进行归纳、演绎、综合的方法。

专业方法包括项目前期阶段审计、项目准备阶段审计、项目实施阶段审计和项目运营阶段审计所采用的专业审计方法。

工程项目审计常用的方法如下。

- 全面审查法。
- 重点审查法。
- 对比审查法。
- 分组计算审查法。
- 现场观察法。
- 复核法。
- 询价比价法。
- 战略分析方法。
- 市场预测方法。
- 投资估算方法。
- 资源利用评价方法。
- 环境影响评价方法。
- 节能评估方法。
- 经济分析方法。
- 社会评价方法。
- 方案比选方法。
- 项目进度控制方法。
- 项目费用控制方法。
- 项目质量控制方法。

- 风险分析方法。

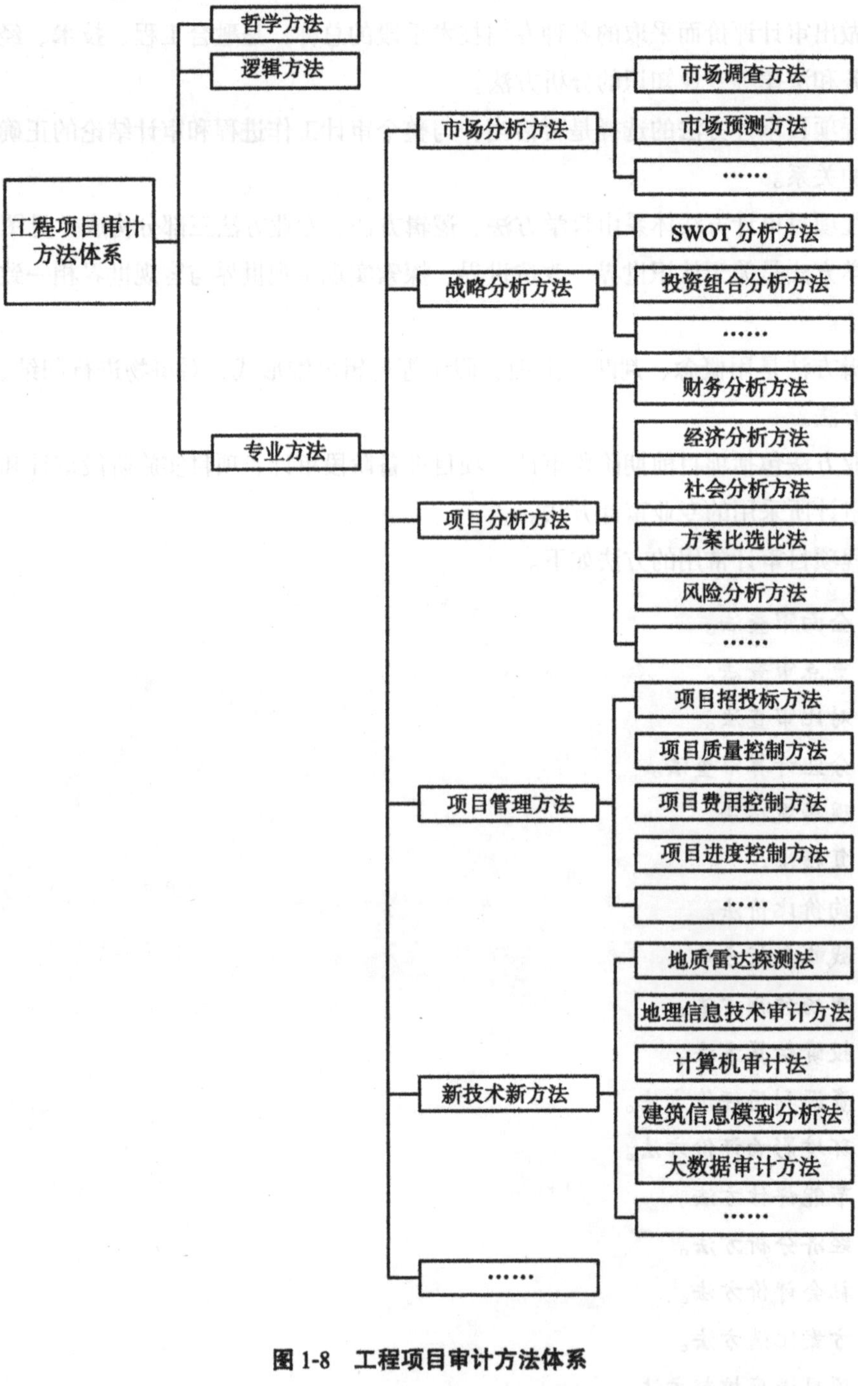

图 1-8　工程项目审计方法体系

在信息爆炸的年代，各种新技术、新方法层出不穷，工程建设管理技术日新月异，工程项目审计人员也应积极采用新的技术和方法。在工程项目审计中能够应用的新技术和新方法主要如下。

- 地质雷达探测法。
- 地理信息技术审计方法。
- 计算机审计法。
- 建筑信息模型分析法。
- 大数据审计方法。

地质雷达探测法是一种利用超高频电磁波探测物体介质分布的工程物探方法，现已广泛应用到隐蔽工程的无损检测中，在工程项目审计中可用于事后核实隐蔽工程的工程量。近年来，多地审计人员将地质雷达探测法应用于隧道工程审计中，取得了较好的效果，并积累了一定的经验。但地质雷达探测专业性强，审计组应委托有资质的检测单位实施。

在地理信息“3S”（GPS、RS、GIS）技术中，GPS 是空间定位技术，RS 技术是通过电磁波判读和分析地表目标的遥感技术，GIS 是地理信息系统。近年来，审计组在建设用地和征地拆迁审计中以地理信息“3S”技术为核心，应用 MapGIS、ArcGIS 等地理信息系统软件对比分析基本农田保护数据、土地利用现状数据和征用土地数据，检查有无违法占用基本农田、虚假新增耕地指标等问题，不仅提高了审计工作效率，而且在确定审计重点、查找审计线索等方面也发挥了重要作用，取得了良好效果。

在采用传统审计方法难以核实工程面积、体积的情况下，运用 GPS 定位测量技术，可提高审计工作效率，助力查处问题。

计算机审计是以被审计单位计算机系统和电子数据为对象的审计活动。它是计算机进入会计和管理领域后发展起来的，是审计科学、计算机科学与电子数据处理技术发展的结果。近年来，通过计算机审计，审计人员发现和查出了工程建设领域物资采购合同未公开招标、价差补偿不合理、质量不合格形成损失浪费等违法违规问题，以及管理方面存在的重大问题，核减工程款数亿元，为国家挽回了损失，部分责任人被追究责任，取得了良好效果。

建筑信息模型技术是在规划设计、建造施工、运维过程的整个或某个阶段中，应用多维信息技术，进行系统设计、协同施工、虚拟建造、工程量计算、造价管理、设施运行的技术和管理手段。该技术平台强大的数据支撑和技术支撑能力，有助于减少可能导致工程拖延和造价浪费的设计隐患，提高项目全过程精细化管理水平，从而大幅度提升项目效益。

在被审计单位已经广泛应用计算机建模的情况下，在工程造价审计、投资控制审计和绩效审计中应用建筑信息模型，对工程量进行快速统计，可降低工程量计算难度。采用建筑信息模型分析法，对各种汇总报表进行比对，可迅速发现被审计单位算量的问题，可以大幅度提高审计效率和审计质量。

随着信息化的持续发展，大数据已在各行各业广泛应用。在审计工作中，利用大数据环境，运用信息化手段，加大数据挖掘力度，突破审计数据运用模式，能够有效提高审计效率。

1.9 工程项目审计操作案例

一、京米高校工程项目投资控制审计操作案例

中天恒达接受委托，于某年3月8日至4月1日，对京米高校工程项目投资控制进行审计。

（一）基本情况

京米高校实行“基本建设指挥部＋项目管理部”的基建管理模式，各相关部门依据制度的规定对基本建设项目投资管理实施控制。

第一，项目立项阶段。与建设项目有关的项目建议书、可行性研究报告等项目立项申报文件由京米高校财务处委托具备相应资质的咨询机构和设计单位完成编制后，由京米高校财务处组织建设项目方案论证，方案经校园规划建设和投资领导小组、校长办公会、京米高校党委常委会审议批准后，按照要求向上级主管部门上报项目建议书及可行性研究报告或项目申请报告。

第二，项目设计阶段。在可行性研究报告批复后，京米高校校园规划建设与资产管理处根据可行性研究报告批复要求，委托具备相应资质和设计能力的设计单位编制初步设计和投资概算。京米高校对初步设计进行专业论证和会议审议后上报工信部，工信部委托第三方机构对初步设计进行评审，出具评估报告，工信部审批评估报告。

京米高校校园规划建设与资产管理处组织开展施工图设计和审查工作。在工程开工前，京米高校校园规划建设与资产管理处将施工图设计文件报地方建设行政主管部门审批评估报告。

第三，招标采购阶段。符合国家法定招标范围和限额标准的工程建设项目，经京米高校招标采购管理中心审核后，招标人委托工程招标代理机构按国家法定程序实施招标采购。其中，招标文件由京米高校校园规划建设与资产管理处项目管理中心负责组织编制，审计处负责组织对招标文件（含工程量清单）、招标图纸、招标控制价等与招标有关的文件资料进行审核，出具审核意见书。

第四，项目建设阶段。京米高校实行项目管理中心管理制，在校园规划建设与资产管理处的统一管理下，针对不同建设项目分别设立项目管理中心，分别负责各校区基本建设工程的实施。

（二）审计目标

本次审计的主要目标是依照国家法律法规和财政部、工信部等上级单位要求，结合京米高校项目管理实际情况，以投资控制为主线，通过对项目管理制度健全性、合理性和制度执行的有效性进行审计，促进工程项目建设涉及的相关部门各司其职、形成合力，共同规范管理、控制造价、降低成本、防范风险，提升投资效益和提高管理水平。

（三）审计范围

本次审计的审计范围是京米高校新建工程项目全过程投资管理，包括制度建设、立项、招标、合同、竣工结算、决算等管理环节的投资管理和控制情况。

（四）审计依据

（1）财政部印发的《行政事业单位内部控制规范（试行）》。

（2）国家及上级主管部门关于工程招标管理、合同管理、项目管理等的法律法规。

（3）京米高校有关管理制度。

（五）审计过程

审计组依据与京米高校签订的《京米高校专项审计服务合同》，在前期调研的基础上，编制了审计方案及计划，并按照现场审计、问题发现整理、报告编制与沟通三个阶段展开了审计工作。

第一，现场审计阶段。审计组在本阶段主要对京米高校新建工程项目全过程投资管理情况进行了解，并对报送的项目资料进行详细审查及开展必要的穿行测试工作。审计组通过该阶段工作取得了大量一手资料。

第二，问题发现整理阶段。审计组根据上一阶段的审计工作成果，于 9 月 15 日至 9 月 25 日进行了审计发现问题的底稿编制及整理工作。

第三，报告编制与沟通阶段。审计组于 10 月中下旬完成了审计报告（征求意见稿）的编制工作并征求意见，根据反馈意见修改完善后正式出具审计报告。

（六）审计程序及方法

审计组按照审计实施方案规定的程序开展工程项目投资控制情况的专项审计工作，主要包括组建项目团队、拟定实施方案、收集前期资料、项目调研分析、审计实施、审计沟通、审计结果汇总、编制审计报告初稿、形成正式审计报告等。

本次专项审计工作充分采用了个别访谈法、调查问卷法、穿行测试法、抽样法、实地查验法、比较分析法、重新执行法、专题讨论法等多种方法，对工程项目投资控制的内控体系建设和执行情况进行审计，并得出审计结果。

（七）审计整体评价

审计组通过上述审计工作，得出审计整体评价，具体如下。

第一，京米高校针对工程项目投资控制建立了比较完善的组织管理机构，能够根据国家、北京市相关政策和京米高校的要求，结合京米高校工作实际，建立相应的制度体系，覆盖了立项、招标、合同、项目管理、资金、结算、核算、验收及全过程跟踪审计等各项与工程项目投资控制相关的活动过程，并且在实际开展管理活动过程中，较有效地执行了京米高校内控制度。

第二，京米高校能够按照概算投资，将工程项目立项、可研、调概等活动作为“三重一大”事项实施集体决策，并严格按照工信部的要求履行了外部审核审批程序，建立了有效的招投标控制机制；基建档案及时办理了移交。

（八）审计发现问题

第一，项目可行性研究报告、初步设计任务书评审过程未形成记录或缺少签字确认程序。审计组通过访谈和查阅资料了解到，工程项目可行性研究报告在上会决策前，经财务处、规资处、使用部门、设计院等单位进行多轮讨论，但讨论过程未留痕，各相关单位意见不明确。京米高校根据决策意见向工信部行文审批时，由财务部门、基建部门、使用部门等相关部门参与会签，但决策后的会签不能代替决策前的部门评审意见。

潜在影响如下。评审或讨论过程未留痕，无法证明按照规定的程序、方法有效实施了评审或讨论，也不利于追责。

改进建议如下。建议规范实施项目可行性研究报告、初步设计任务书评审，并形成有效记录。对采用会议评审的，应形成评审会议纪要，并经参会人员签字确认。对于部门不同的意见要进行汇报，未采纳的部门意见要留痕。

第二，基建工程合同的重大合同标准未明确，审核程序规定存在不合理之处。目前，《京米高校合同管理办法（试行）》（京米高校党政办字〔2020〕3 号）和《校园规划建设与资产管理处基建工程合同管理规定》均未对基建工程合同的重大合同标准进行明确。

潜在影响如下。基建工程合同的重大合同标准不明确，不利于对基建工程合同实行分级管理。校园规划建设与资产管理处基建工程合同管理审批权限不明确、程序不合理，可能导致合同风险无法得到有效管控。

改进建议如下。建议京米高校结合实际明确基建工程合同的重大合同标准，以有效实现合同的分级管理。建议校园规划建设与资产管理处完善《校园规划建设与资产管理处基建工程合同管理规定》，明确审批责任，梳理完善合同评审程序，与京米高校相关规定有效结合，确保制度规定有效衔接，细化各环节重点关注内容，确保合同管理相关风险得到有效控制。

第三，未严格按制度规定填写设计变更与洽商管理记录。按照《校园规划建设与资产管理处基建工程合同变更洽商管理规定》，工程设计变更文件应注明发生变更的原因和部位，工程洽商文件应注明提出洽商的理由与原因。审计组抽查校区公共实验楼项目的设计变更和洽商单，发现存在较多未说明产生变更及洽商的原因的情况。

潜在影响如下。设计变更和洽商记录内容不完整、不规范，无法客观表明洽商变更的必要性和合理性，不利于有效控制投资。

改进建议如下。加强工程技术洽商、设计变更的管理，规范办理流程，明确要对其产生原因做详细说明，强化管理意识，实现工程投资的有效控制。

二、商水物流产业园项目管理审计操作案例

中天恒达接受委托，于某年 8 月 11 日至 9 月 15 日，对商水物流产业园项目（以下简称“该项目”）的决策立项、实施准备、建设管理过程、竣工验收等内容进行审计。

（一）审计内容

第一，制度建设。重点审查成本管理、财务核算、资金结算等制度的建设情况。

第二，项目批准。重点审查开发项目立项手续，避免投资损失，具体审计内容包括可行性研究报告及审批程序单、项目投资成本、项目资金预算等。

第三，前期实施。重点审查土地使用权的取得和计划的执行情况，具体审计内容包括国有土地使用权出让合同、出让土地的土地出让批准文件、不动产权证书、土地使用费和土地出让金缴纳情况、工程设计执行情况、建设用地规划批复、建设工程规划批复、工程施工许可批复等。

第四，组织建设。重点审查内容如下。

一是招投标管理。重点对招投标环节是否符合制度流程，工程物资采购是否经过招投标，有关招投标文件、记录是否完备、合法，相关原始资料是否归档等方面进行审查。

二是采购计划的执行情况。重点审查是否按照计划进行采购及是否存在超量采购、供货不及时等现象。

三是合同管理。重点对合同的审批流程、合同条款及合同的执行等方面进行审查。

四是工程设计变更管理。重点对设计变更洽商单的内容、变更程序是否符合规定，签认手续是否合法、完备，是否存在由于设计单位在前期的设计深度不够而产生的变更，设计变更增减内容的真实性、合理性、是否符合逻辑等方面进行审查。

五是工程签证管理。重点对工程签证的审批流程、发生签证的原因，以及相关现场会签单、工作致函等资料是否齐全等方面进行审查。

六是中期付款。重点对当期分项工程申报工程量、报价是否经过监理审核，对洽商单及各类应扣回款项是否足额、完整地扣回，付款比例与合同约定是否相符，建设单位累计支付的工程进度款总额是否超出合同约定的比例等方面进行审查。

（二）审计流程

第一，审计准备阶段。

- 与委托方及建设单位沟通，了解被审计项目基本情况。

- 根据与委托方及建设单位沟通的结果，编制项目实施方案，方案内容包括目标、范围、内容、重点、要求和应对措施、时间计划、人员计划等。
- 调配人员，成立工作组和工作小组，进行分工，将经批准的审计实施方案下发各专业人员。
- 向建设单位提供《审计所需资料清单》，督促建设单位及时准备审计相关资料，并根据相关法律法规规定，要求建设单位对提供资料的真实性、完整性做出书面承诺；进行进场前的各项准备工作。

第二，审计实施阶段。

- 进驻建设项目现场，召开进驻联合检查见面会；说明检查意图，听取建设单位对建设项目的相关介绍，建立联系。
- 接收所需资料，及时检查资料的完整性并发函督促建设单位完善所需检查资料。
- 编制审计工作底稿、问询函等资料，并在此基础上收集和完善材料、踏勘现场。
- 根据现场审计需要，确定是否需要访谈并与被审计单位就审计工作底稿进行沟通，确认审计发现的问题。

第三，审计完成阶段。

- 整理证明材料、审计工作底稿等相关资料，并编制目录，整理为档案。
- 出具本项目管理咨询报告初稿，注意对在检查过程中发现的问题在管理咨询报告初稿中提出相应的管理建议。
- 实施公司内部三级复核程序。
- 就管理咨询报告初稿征求委托方及建设单位意见，修改完善并取得回函后执行公司报告书流转流程，出具正式管理咨询报告。

（三）问题和建议

第一，该项目前期建设程序方面。

存在问题如下。

- 该项目的备案投资金额为109 588万元，可研投资金额为54 039万元，两者差距较大，且未见到有相应备案变更批文。
- 审计组未见到该项目的概算及概算批复。

审计建议如下。

- 《商水集团工程建设项目管理办法（修订）》第二十七条规定，施工图设计及概预算编制成果必经物流集团审查后，方可报主管部门审批，该项目在初设阶段应编制概算且上报物流集团审核。

- 概算是由设计单位根据设计图纸、说明和工程造价治理部门颁发的计价依据等资料，编制的建设项目从筹建到竣工交付使用所需全部费用的文件。经审核批准后的设计概算既是编制建设项目投资计划、确定和控制建设项目投资的依据，又是签订建设工程合同和贷款合同的重要依据，也是工程建设投资的最高限额，更是考核建设项目投资效果的依据。将设计概算和竣工决算对比，可以分析和考核投资效果的好坏，同时还可以验证设计概算的准确性，有助于加强设计概算管理和完善建设项目的造价管理工作。可以说，设计概算是整个工程建设造价控制过程中非常重要的环节。建议在以后的建设项目中充分重视项目概算的重要性，编制项目概算并严格审核。

第二，项目实施准备方面。

存在问题如下。该工程的二期建设工程规划许可证已于 2016 年 11 月 15 日取得，但工程迟迟没有办理开工许可证，审计组也没见到相应的变更请示和备案批复。

审计建议如下。建设单位尽快落实实施方案并开工建设，以达到该项目的可研预期。

第三，项目招投标程序方面。

存在问题如下。国家发展改革委《工程建设项目招标范围和规模标准规定》第七条规定，“本规定第二条至第六条规定范围内的各类工程建设项目，包括项目的勘察、设计、施工、监理以及与工程建设有关的重要设备、材料等的采购，达到下列标准之一的，必须进行招标：（一）施工单项合同估算价在 200 万元人民币以上的；（二）重要设备、材料等货物的采购，单项合同估算价在 100 万元人民币以上的；（三）勘察、设计、监理等服务的采购，单项合同估算价在 50 万元人民币以上的；（四）单项合同估算价低于第（一）、（二）、（三）项规定的标准，但项目总投资额在 3 000 万元人民币以上的。”第九条规定，“依法必须进行招标的项目，全部使用国有资金投资或者国有资金投资占控股或者主导地位的，应当公开招标。”该项目的土石方工程包含在工程总承包范围内，且该单项工程造价已达到“施工单项合同估算价在 200 万元人民币以上的”规定。但审计中发现，该项工程并未按照要求进行招投标。

审计建议如下。在后续建设的项目招投标中，严格按照相关的法律法规及集团的相关规定进行招投标。

第四，竣工结算方面。

存在问题如下。一期项目工程已竣工验收，尚未进行竣工结算；三期项目工程已竣工验收，尚未进行竣工结算。

审计建议如下。对于已竣工验收的项目，建设单位应催促施工单位收集结算资料报审进行竣工结算。

三、W工程项目全过程跟踪审计操作案例

（一）基本案情

根据审计计划安排，冠以集团基建审计部依据《冠以集团W工程项目全过程审计实施方案》，对冠以集团W工程项目进行全过程跟踪审计。

第一阶段为前期情况阶段性审计，具体包括工程立项及前期费用审计、工程招投标审计、合同审计等。

第二阶段为工程跟踪审计，具体包括了解基本情况、施工过程中的投资控制跟踪审计等。

第三阶段为工程竣工结算审计。这项工作主要由中天恒达的专业人员承担。

具体审计过程如下。

- 向建设单位索要工程竣工结算审计所需要的资料，做好审计准备。
- 对工程项目的竣工结算进行审计。审计竣工结算的真实性、准确性、完整性、合规性，审查竣工结算是否按照合同计价原则进行编制，工程量是否真实、准确，单价是否合理，各项费用是否准确、合规。
- 初步审计后出具初步审核意见，由审计工程师与施工单位针对初审意见中的分歧交换意见。与建设单位密切配合，及时沟通，达成一致意见后，三方签字确认。
- 竣工结算审计完成后，出具审计报告征求意见稿，与建设单位交换意见后定稿，出具审计报告。
- 根据工程具体情况，出具管理建议书。
- 进行审计工作小结。

第四阶段为工程竣工财务决算审计。这项工作主要由中天恒会计师事务所的专业人员承担。

具体审计过程如下。

- 索要工程决算审计的有关资料及财务竣工决算审计涉及的相关会计资料。
- 审查工程项目立项手续是否齐全、完备，是否符合国家有关规定。
- 审查工程项目有无控制制度，控制制度是否得到严格、有效的执行。
- 审查工程有无概、预算，若有，工程成本的支出是否控制在此范围内。
- 审查在工程建设过程中，反映资金运作的财务资料是否真实、完整。
- 对工程合同、勘察设计费合同、监理合同等经济合同进行核查。
- 对该项目发生的资金的来源、工程成本支出进行审查、确认。检查资金的来源和使用是否合规，有无转移、侵占、挪用建设资金和损失浪费等问题。
- 对该项目的所有经济合同、施工洽商、预付工程款、预付备料款、甲供材料、

咨询费、信息费、服务费等情况进行审查、确认。

- 核查经济合同的执行情况，核查经济合同的总价、已付款、未付款明细表。
- 索取所有施工单位的名称、施工合同及支付工程款的工程价款结算单，核实涉及该项目的各种往来款的确认情况的合法性。
- 对甲供材料经济合同的执行情况进行核实与确认。
- 对偿还垫付款、替对方垫付款的真实性、合法性进行确认、核实。
- 审计固定资产明细，检查产权的真实性、合法性。
- 审计所有调账的原因及其真实性、合法性。
- 审查有无账外资产。
- 审查管理费用发生的依据的真实性、合法性。
- 审查借款利息发生的依据的真实性、合法性。
- 审计项目竣工决算报表及说明书是否真实、全面、合法；审计竣工决算的编制依据是否符合规定，资料是否齐全，手续是否完备，各项清理工作是否全面、彻底；审计交付使用财产是否真实、完整，是否符合交付使用条件，移交手续是否齐全、合规，成本核算是否正确，有无挤占成本、提高造价、转移投资等问题；审计转移投资、应核销投资、支出等列支依据是否充分，手续是否完备，内容是否真实，核算是否合规，有无虚列投资问题；审计基建收入的来源、分配、上缴和留成及使用是否真实、合法。
- 财务竣工决算审计完成后，出具竣工决算审计报告征求意见稿，对审计中发现的问题，结合国家法律法规的具体规定出具处理意见；对审计调整事项进行详细说明；根据审计情况出具审计报告及附该项目有关情况明细表；与建设单位交换意见后定稿，一周内出具审计报告。
- 根据审计具体情况，出具管理建议书。

（二）案例分析

冠以集团基建审计部关于 W 工程项目全过程审计的操作流程分为前期情况阶段性审计、工程跟踪审计、工程竣工结算审计、工程竣工财务决算审计四个阶段，该流程是根据该跟踪审计项目实际情况确定的，比较实用，具有一定的可操作性。不过在工程项目审计实践中，因专业的特殊需要，对工程项目全过程跟踪审计是分为工程审计组审计和财务审计组审计，并相对独立进行的。因此，把工程项目全过程审计操作流程分为工程跟踪审计和财务跟踪审计更具有可操作性。工程项目审计程序不能固定化，应因工程项目规模大小、建设周期长短、项目管理水平高低及审计要求等的不同而不同，但也应该遵循一些基本的操作流程，即包括审计准备、审计实施、审计终结等阶段。

冠以集团基建审计部关于 W 工程项目全过程审计各操作阶段的审计要点，总体来说，工程跟踪审计要点比较全面，财务跟踪审计要点不够具体。工程项目内部审计是财务审计与管理审计的融合，应将风险管理、内部控制、效益的审查和评价贯穿工程项目各个环节，并与项目法人制、招标投标制、合同制、监理制执行情况的检查相结合。本案例突出了对工程立项及前期费用、工程投标、合同、投资控制、工程结算及财务决算的审计，但没有涉及勘察设计、工程管理、竣工验收、后评价等方面的审计。

工程项目审计，尤其是工程项目跟踪审计应由事后向事中、事前延伸，应由预（结）算审计向全过程的管理审计拓展，应由被动的审计监督向主动的咨询服务发展。根据中天恒达对昆明新机场等工程项目管理咨询及审计的成功实践可得出，开展工程项目管理审计、工程项目内控审计，并进行全过程财务监理，对促使建设单位完善管理制度、优化工程项目流程、明确职责分工、从根本上控制工程项目投资和防范风险具有重要的作用。

（三）经验分享

- **本案例工程项目审计组中工程审计人员和财务审计人员配备不科学，专业人员搭配不合理，审计过程中人员变动频繁，同时也存在工程项目审计组成员不专业，缺乏工程项目审计实践经验的现实问题。**

工程项目审计对审计人员要求较高，审计组应配备高素质、懂专业、有经验的专业人员。特别需要强调的是，工程项目是高风险领域，工程项目建设相关人员是高风险人员，从事工程项目审计的人员也不例外。工程项目审计人员和其他项目审计人员相比，更要注重职业道德建设，以更好地控制审计风险。

提高工程项目审计人员整体水平是个复杂的漫长过程，不同层次的专业培训和教育能起到一定的作用。笔者团队工程项目审计专业多年的培训经验表明，根据不同层次的审计人员、不同的行业、不同的项目进行专业培训，效果会更好些。对审计机构来说，尤其要重视工程项目审计进点前的培训，针对具体项目，培训审计需要关注的重点、难点，适用的具体政策、法律法规，各类审计模板编制，查找问题和沟通的技巧和方法、需要注意的问题等。这不仅对做好某项目审计具有基础性作用，对提高工程项目审计专业水平和执业操守都具有重要的作用。

- **本案例工程项目审前调查不到位或根本就未进行审前调查，对工程项目审计目标、审计内容、审计方法、审计程序定位不准，编制的工程项目审计实施方案缺乏针对性，没有工作模板，不具有可操作性。**

开展工程项目审计要进行初步审前调查，确定审计目标、审计范围和重点，编制好各阶段的审计工作模板。审计组要制定工程项目审计实施方案或手册，并全程督导检查审计人员严格按照工程项目审计方案或手册的要求执行。

- **本案例工程项目审计不是以风险为导向的审计，没有初步评估重要性水平、初**

步评估审计风险等程序。

风险导向审计是现代审计的重要标志之一，在工程项目审计准备阶段，审计人员通过确定重要性水平、初步评估审计风险，可以了解哪些重点问题需要多加关注，从而突出工程项目审计重点，提高工程项目审计工作效率。这是从理论视角说的，实践中要考虑工程项目的规模、审计要求等。

- 本案例工程项目审计中没有实施工程项目内部控制符合性测试。

工程项目审计组应按工程项目审计方案，对被审计单位工程项目内部控制进行符合性测试，以进一步确定工程项目审计工作的具体范围、内容、重点和审计方法。为了不流于形式，实施工程项目内部控制符合性测试要有针对性，按照审计项目的具体情况确定工程项目符合性测试的调查问卷及其相应的表单。

- 本案例工程项目审计方法比较单一，仍以审阅、复算为主，加上审计手段有限，难以查出工程建设中的腐败等实质性问题，大多是就数字论数字。

工程项目审计方法很多，审计人员应根据不同的审计对象、审计所需的证据和项目审计各环节的审计目标选择不同的方法，以保证审计工作质量和审计资源的有效配置。除了审计常用的审阅、核对、复算外，工程项目审计还应广泛采用现场勘查、对比分析等方法。

- 本案例工程项目审计人员审计工作底稿编制不及时，有些审计工作过程无记录。对具备一些审计基础知识的人来说，很难理解做审计工作却不编制审计工作底稿的情形，但这种情形在工程项目审计实践中确实存在，且比较突出。

审计工作底稿是审计人员工作的记录，是形成审计结论的依据，审计人员必须根据规范要求编制审计工作底稿，工程项目审计也不例外，不能以工程“定案表”代替审计工作底稿。笔者团队审计实践证明，审计工作日记是控制工程项目审计质量的有效工具。

第2章

工程项目内部控制审计实务及案例

一般来说，工程项目建设工期相对较长、投资数额大、专业技术要求较高，如不加强内部控制，往往容易发生舞弊行为。事实上，由于工程项目投入资源多、建设工期长、涉及环节多、多种利益关系错综复杂，工程项目已经成为经济犯罪和腐败问题的“高危区”。现代工程项目规模越来越大、技术越来越复杂，所面临的风险也越来越大。因此，工程项目内部控制日益为建设单位所重视。

一般认为，工程项目内部控制是指建设单位为保证工程项目按照预定的目标或计划按时保质地完成，防范工程项目管理中的差错与舞弊，提升资金使用效益，所建立的各项规章制度和程序，包括投资立项、设计（勘察）管理、招投标管理、合同管理、设备和材料采购、工程管理、工程造价、竣工验收等各个方面的制度和程序。笔者团队将全面控制引入工程项目，认为工程项目内部控制涉及单位多、环节多，应是全过程、全方位、全员的控制。

工程项目内部控制审计对促使被审计单位加强工程项目内部控制建设，防范工程项目风险具有重要意义。开展工程项目内部控制审计是工程项目审计的重要内容，在工程项目审计实务中具有基础地位。

简单来说，工程项目内部控制审计可从以下方面理解。首先，审计人员要对项目建设有关的制度体系进行审核，针对制度健全性进行审查，查找并堵塞制度漏洞，落实“项目建设，制度先行”的现代项目管理理念，从制度建设层面预防内部控制缺陷。其次，审计人员应根据制度的执行情况，及时审查制度的有效性，不断修订完善相关制度。最后，审计人员应采用在过程中监管的审计模式，持续跟踪审计制度建设及执行情况，达成以审促建的目标。

2.1 工程项目内部控制审计导入案例

下面以宁北煤矿工程项目内部控制审计案例作为导入案例介绍工程项目内部控制审计。

宁北集团基建审计部审计人员依据《宁北集团工程项目全过程审计的实施方案》，对宁北煤矿工程项目进行了内部控制审计。

一、审计内容

宁北集团基建审计部审计人员对宁北华煤公司宁北煤矿工程项目确定的内部控制审计内容如下。

一是工程项目内部控制环境的审计。

- 工程项目是否设置专门的项目管理机构，是否明确了管理机构的任务、目标与职责。
- 项目管理机构内部部门设置是否科学合理，是否分工明确、职责清晰、相互制约，各部门内部是否有明确的岗位职责，不相容职务是否分离。
- 项目管理机构是否制定了明确的人力资源政策，是否制定了科学的员工激励和约束机制，是否制定并严格执行相应考核标准。
- 是否建立了反舞弊机制，纪检等部门是否对招投标等重要环节实施过程监督，并建立舞弊举报机制。

二是工程项目风险评估的审计。

- 项目管理机构是否对项目建设具有明确的风险意识。
- 项目管理机构对项目建设相关业务流程的目标设定是否合理。
- 项目管理机构是否建立了风险识别机制，以全面识别各项业务所面临的风险。
- 项目管理机构是否对项目建设面临的风险的可能性、后果及重要性进行了科学分析。
- 项目管理机构是否针对面临的风险制定了明确、合理的风险应对策略和措施。

三是工程项目控制活动的审计。

- 投资立项的内部控制审计。
- 设计（勘察）管理的内部控制审计。
- 招投标管理的内部控制审计。
- 合同管理的内部控制审计。
- 设备和材料采购管理的内部控制审计。
- 工程管理的内部控制审计。

- 工程造价的内部控制审计。
- 竣工验收的内部控制审计。

四是工程项目信息与沟通的审计。

- 项目管理机构是否建立了科学合理的项目建设信息收集、加工整理渠道与机制，明确各部门及人员的信息管理职责，全面收集和处理来源于项目管理机构内外部与项目管理相关的财务及非财务信息，为项目内部控制的有效运行提供信息支持。
- 项目管理机构是否建立了良好的内部信息沟通渠道，采取局域网、电话传真、信息快报、例行会议、专题报告、调查研究、员工手册、教育培训、内部刊物等多种方式，实现信息在项目管理机构内部准确、及时传递，确保内部各部门和人员之间有效沟通；是否建立了良好的外部沟通渠道，对外部有关方面的建议、投诉和其他信息进行记录，并及时予以处理，并向外部反馈项目建设的相关信息。

五是工程项目监督的审计。

- 大型工程项目是否配备了专职或者兼职内部审计人员，对项目建设实施有效的审计监督。
- 是否定期或者不定期地对项目内部控制体系进行自我评价，以不断改进内部控制。
- 相关外部审计是否对内部控制进行测试，并就内部控制存在的问题提出改进意见和建议。

二、审计重点

宁北集团基建审计部审计人员对宁北华煤公司宁北煤矿工程项目确定的内部控制审计重点包括项目立项执行程序控制、工程招标控制、工程合同控制、工程财务控制等。

三、审计依据

宁北集团基建审计部审计人员对宁北华煤公司宁北煤矿工程项目进行内部控制审计，参照的依据有《企业内部控制基本规范》《企业内部控制审计指引》《政府核准投资项目管理办法》《中华人民共和国招标投标法》《建设工程施工合同（示范文本）》《中华人民共和国建筑法》，以及中国内部审计协会工程项目内部审计实务指南等。

四、审计程序与方法

宁北集团基建审计部审计人员在审计过程中，收集了宁北华煤公司相关工程项目基础资料、内部管理制度、操作流程等必要的文件资料，采用了符合性测试、与相关人员座谈、抽查部分工程基础资料、复核验证制度执行情况等必要的审计程序。审计流程主要如下。

第一，审计前准备阶段。该阶段的主要工作如下。

- 审计前调查，初步了解、分析被审计单位内部控制基本情况，收集审计所需的资料。
- 向项目相关部门递交审计所需资料清单，收集内部控制相关资料。
- 与项目主要负责人或相关管理人员座谈，了解项目建设相关业务管理流程等基本情况。
- 成立内部控制审计小组，编制审计方案。
- 下达审计通知书。

第二，审计实施阶段。该阶段的主要工作如下。

- 审前会议。审计组进驻被审计单位（部门）时，一般应召集被审计单位（部门）相关人员进行座谈，通报内部控制审计方案和审计通知书的内容，对被审计单位（部门）配合审计工作提出具体要求，听取被审计单位（部门）内部控制相关情况的介绍。

内部控制审计工作涉及被审计单位各个部门，需要被审计单位的协调配合。在审前会议上，被审计单位应确定内部控制审计工作联系人，明确工作部署。

- 收集资料，开展调查，了解情况。通过查阅内部控制文件和内部控制信息记录载体、询问有关人员、观察作业的进行和内部控制的运行情况等，了解项目内部控制制度建立健全情况。
- 初步分析内部控制健全性和有效性。在了解和掌握内部控制有关信息的基础上，对其健全性和有效性进行初步分析，以规划将要实施的符合性测试程序。首先进行初步有效性分析，即分析确定各个业务循环、各个作业的控制目标；其次分析所了解到的内部控制程序与政策，看它们能否实现控制目标。对于有缺陷的内部控制，可以提出初步的改进意见。
- 进行符合性测试或穿行测试，分析资料，形成报告。在对内部控制制度有了初步了解和分析的基础上，采用抽样审计的方法，对内部控制活动的适当性、合法性和有效性进行符合性测试或穿行测试。符合性测试包括设计测试和执行测试。

第三，审计报告阶段。该阶段的主要工作如下。

- 出具初步审计报告，与被审计单位交换意见。在出具审计报告前，审计人员应重新检查在审计过程中获得的资料，并做以下分析：是否了解、研究了项目所有重要控制；所做的分析判断是否得到了测试的证实或有足够的证据支持；是否遗漏了其他需要考虑的影响最终评价的客观事实；最后的健全性、有效性、遵循性评价是否适当，是否有足够的证据支持。

- 形成正式审计报告，报主管部门审批。审计人员完成审计工作后，应根据被审计单位和审计实施方案要求，在规定的时间内出具正式审计报告。委托中介机构审计的，中介机构出具的审计报告应作为正式审计报告的附件。
- 资料交接。审计人员在现场索取的审计资料，一部分作为审计资料原件归档。审计人员应根据被审计单位要求，将索取的相关资料，在审计工作结束后，按清单退还被审计单位，并提请被审计单位在退还资料清单上签章确认。
- 审计资料的整理归档。审计人员要建立台账，对审计资料进行档案管理。

第四，后续审计阶段。经过审核批准的审计报告是内部控制审计的最终成果，被审计单位对审计报告提出的审计意见和建议，应认真研究，完善管理制度和岗位职责，优化业务流程，强化内部控制的执行。

五、审计评价

第一，工程管理内部控制体系建设情况。宁北华煤公司工程管理内部控制体系的设计健全、合理，确保各项工程的建设管理发挥了积极的作用，充分体现了管理层现代管理理念和较高的管理水平。

一是宁北华煤公司管理层非常重视内部控制体系的建设，建立健全了适应宁北华煤公司管理体制的各项内部控制制度，覆盖了计划、招标、工程进度、质量、安全、造价、工程合同、工程结算和相关财务管理的工程管理各个方面，使整个工程管理在一套规范的体系下运作。与此同时，宁北华煤公司通过了质量管理体系标准、环境管理体系标准、职业健康安全管理体系标准认证，主动建立了全面质量管理机制，积极借鉴国际先进的精细化管理理念，充分调动了员工的主动性和积极性，创造了先进的企业文化和内部控制环境，为工程管理的规范化及工程建设的工期、质量、造价目标控制奠定了坚实的基础。

二是宁北华煤公司积极面对工程建设复杂的外部环境，加大了对投资的控制力度，定期开展投资经济活动分析，动态把握概预算执行情况，使整个工程投资处于受控状态。宁北华煤公司通过优化设计、强化招投标管理、严格执行合同、建立健全工程质量保证体系和推行工程预结算三级审查制度等措施，有效地控制了投资，保证了工程建设的造价、质量、工期和效益的优化。

三是宁北华煤公司在工程建设方面，进一步加大了公司内部各个部门的协调力度，明确各部门的内部控制职责，提高了管理的效率和效果，有力地保证了公司工程建设目标的实现。

四是宁北华煤公司积极推进内部控制体系的建设。为满足上市公司的监管要求和进行管理创新，公司主要领导积极开展内部控制体系的调研和规划，把内部控制体系的建设提升到很高的位置。公司管理层已决定，逐步按照当前国际通行的内部控制理论和要求，引入风险管理机制，优化业务流程，使各项制度成为一个“关键控制点和风险意识突出、职责清晰、监督有力”的有机统一的内部控制体系，持续改进，更有效地体现现代管理理念和监管要求。

五是宁北华煤公司始终重视工程管理队伍的培养，在工程管理人员数量保持不变的情况下，工程投资不断增加，在工程管理的效率和效果方面取得了很好的成绩。

总之，审计认为，宁北华煤公司建设理念先进，建设管理模式体现了现代化企业和集团领导的要求，相关工程管理控制和财务管理规章制度健全，有较好的激励约束机制，整个工程管理机制不断创新，显示了较高的管理水平。但是，内部控制体系建设是一项非常复杂且需要持续改进的系统工程，审计人员在审计过程中也发现宁北华煤公司内部控制存在一些问题和不足。

第二，工程管理内部控制制度执行情况。宁北华煤公司通过执行既有的内部控制制度，保证了公司健康、快速地发展，取得了明显成效；但因工期紧、任务重、管理人员偏少等原因，宁北华煤公司在执行内部控制制度时也存在一些不足之处。具体如下。

一是个别工程立项审批程序不规范，个别项目没有开工许可手续。个别项目没有按照公司决策程序编制项目建议书和可行性研究报告，有可能导致项目决策和政策上的风险。

二是工程招投标范围不合理。宁北华煤公司施工任务执行招标程序，大部分工程勘察、设计、监理业务直接委托公司内部单位办理，没有执行招标程序，限制了其他资质合格、有实力的单位的参与，不利于内部单位自身竞争力的提高。

三是工程合同管理方面的不足。有的施工合同可能因既要履行会签手续又要保证工期的原因，签订时间在实际开工日之后。有的施工合同虽然采用示范文本格式，但存在内容约定不全、个别条款有涂抹的痕迹、个别条款内容约定不够严谨、内容不完全与投标文件相符等现象。这些问题的存在，影响了合同的法律严肃性，如有纠纷，易产生工程质量、造价、工期和安全方面的风险。

四是工程财务管理方面的不足。公司没有明确的大额工程进度款的授权审批制度。工程往来款与具体的单位工程不完全对应，不便于对照施工合同控制工程款的支付。自营工程基建支出与生产性支出虽然单独立账，但也存在相互挤占的现象。

六、审计建议

第一，工程管理内部控制设计的审计建议。

一是观察所得。公司《基本建设管理制度》在设计管理方面，对工程设计单位的选择、业务的约定等内容的确定不详细。《基本建设管理制度》第二章“设计管理”第七条规定："公司设计管理的范围为计划部负责项目的可行性研究、方案设计的委托，基建部负责初步设计和施工图设计的招投标及委托。"但具体工程设计是外委还是由内部设计院承担没有规定，在选择设计单位时是公开招标还是邀请招标等均没有详细规定，缺乏可操作性。不同制度规定存在矛盾。《基本建设管理制度》第六章"质量管理"第三十六条规定："因监理失职造成重大工程质量事故的，监理单位除赔偿损失外，还要追究监理人员和监理单位负责人的法律责任"，但《工程监理管理及考核实施细则》第十七条却规定："对因质量不合格而造成重大安全质量事故的，处监理公司 5 000~10 000 元罚款"，两者在处罚的规定上存在矛盾。

公司《招标投标管理办法》中存在的欠缺。依据公司《招投标管理办法》的规定，所有工程项目，除宁北集团直管或批准项目，公司自营、自修、自制产品项目，内部专业服务队伍和国产化、专业化单一厂家承建承修的项目外，剩余工程中对资质要求不高、技术难度小的建设工程，应满足公司给内部企业核定的年工作量后，再进行内部招标。可以看出，公司《招投标管理办法》对工程招标的范围、招标方式没有清楚地做出规定，在实际执行时存在以下问题：一是不易操作，二是有可能限制有资质的社会企业参与竞争，不易形成公平竞争的机制。

二是潜在风险。部分制度内容约定不合理，降低了其严肃性和实际可操作性，有可能导致工程项目某些环节出现风险。

三是审计建议。依据国家相关法律法规，结合公司实际情况，修订完善部分内部控制制度内容，提高其实用性和可操作性，并逐步借鉴国际社会广泛认可的 COSO 控制理论，把控制环境、风险评估、控制活动、信息与沟通、监督五个控制要素贯穿基建工程活动的全过程。

第二，工程管理内部控制执行的审计建议。

一是观察所得。个别工程在执行立项审批程序上不规范，没有立项申请，没有编制项目建议书和可行性研究报告。个别单项工程在开工建设前，没有依法办理开工许可手续。

审计组在抽查的单项工程中了解到，宁北华煤公司 A 煤矿和 B 热电厂（二期）均没有编制项目建议书，B 煤矿虽然编制了项目申请报告，但至今没有得到有关管理部门的核准。另外，A 煤矿改扩建主斜井工程没有开工报告。

二是潜在风险。执行程序不规范，可能产生政策上的风险，如工程被停工、罚款、造成违章工程等。

三是审计建议。公司应严格执行《中华人民共和国建筑法》、宁北华煤公司《基本工程项目前期工作管理制度》等规定，规范立项审批程序，编制项目申请报告、可行性研究报告，完善相关手续，做到先审批、后立项、再施工，从而规范工程建设行为。

七、案例启示

第一，宁北集团基建审计部审计人员对宁北华煤公司宁北煤矿工程项目确定的内部控制审计重点是得当的，具有一定的深度。

第二，宁北集团基建审计部审计人员对宁北华煤公司宁北煤矿工程项目进行内部控制审计，设计的审计流程为一般性的审计流程，该流程不具体且没有针对性。审计实践表明，工程项目内部控制审计一定要针对工程项目实际情况设计出具体审计流程。

第三，宁北集团基建审计部审计人员对宁北华煤公司宁北煤矿工程项目进行内部控制审计，提出的建议是可行的，值得审计人员借鉴。

2.2 工程项目内部控制审计实务操作

工程项目内部控制审计是由专业机构和人员对被审计单位工程项目内部控制设计和运行的有效性进行的独立审查与评价工作。

一、工程项目内部控制审计内容

工程项目内部控制审计内容，因审计主体、审计要求及审计方式的不同而不同。采用传统的全面审计方式，工程项目内部控制审计涉及审查和评价工程项目内部控制设计和运行的有效性两个方面，范围包括工程立项、工程招标、工程造价、工程建设、工程验收、项目后评估等。采用现代以风险为导向的审计方式，工程项目内部控制审计应以工程项目风险为导向，具体检查内容包括：已经设计完成的工程项目内部控制及其相关的管理制度是否有效执行，是否有效控制了工程项目风险；已经有效设计的工程项目各控制点的控制措施是否有效实施，是否有效防止了各控制环节的风险；被审计单位是否根据业务、环境等的变化持续改进工程项目内部控制等。

工程项目内部控制包括整体和业务两个层面。整体层面的工程项目内部控制主要包括工程项目内部控制管理所涉及的内部环境、风险评估、控制活动、信息与沟通、内部监督五个方面。业务层面的工程项目内部控制是在系统、全面梳理工程项目各项具体的业务活动及评估其中存在的风险的基础上，制定相应的控制措施，将风险控制措施融入日常的工程业务管理活动中。

笔者团队认为，工程项目内部控制审计涉及投资立项、设计（勘察）管理、招投标管理、合同管理、设备和材料采购、工程管理、工程造价、竣工验收等方面。工程项目内部控制审计内容如表 2-1 所示。

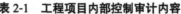

表 2-1　工程项目内部控制审计内容

业务流程编号	一级流程	二级流程	控制要点	审计内容
11	工程项目	—	工程项目内部控制审计涉及审查和评价工程项目内部控制设计和运行的有效性两个方面，范围包括工程立项、工程招标、工程造价、工程建设、工程验收、项目后评估等	• 已经设计完成的工程项目内部控制及其相关的管理制度是否有效执行，是否有效控制了工程项目风险 • 已经有效设计的工程项目各控制点的控制措施是否有效实施，是否有效防止了各控制环节的风险 • 被审计单位是否根据业务、环境等的变化持续改进工程项目内部控制等
11.1	—	工程立项	项目建议	• 是否指定专门机构归口管理工程项目，根据发展战略和年度投资计划，提出项目建议书 • 项目建议书的主要内容是否包括项目的必要性和依据、产品方案、拟建规模、建设地点、投资估算、资金筹措、项目进度安排、经济效果和社会效益的估计、环境影响的初步评价等
			项目可行性研究	• 是否指定专门机构归口管理工程项目，开展可行性研究，编制可行性研究报告 • 可行性研究报告的内容是否包括项目概况，项目建设的必要性，市场预测，项目建设选址及建设条件论证，建设规模和建设内容，项目外部配套建设，环境保护，劳动保护与卫生防疫，消防、节能、节水，总投资及资金来源，经济、社会效益，项目建设周期及进度安排，招标投标法规定的相关内容等
			项目评审	• 是否组织规划、工程、技术、财会、法律等部门的专家对项目建议书和可行性研究报告进行了充分论证和评审，出具评审意见，作为项目决策的重要依据 • 在项目评审过程中，是否重点关注了项目投资方案、投资规模、资金筹措、生产规模、投资效益、布局选址、技术、安全、设备、环境保护等方面，核实相关资料的来源和取得途径是否真实、可靠和完整 • 是否委托具有相应资质的专业机构对可行性研究报告进行评审，出具评审意见 • 从事项目可行性研究的专业机构是否再从事可行性研究报告的评审

（续表）

业务流程编号	一级流程	二级流程	控制要点	审计内容
11.1	—	工程立项	项目决策	• 是否按照规定的权限和程序对工程项目进行决策 • 决策过程是否有完整的书面记录 • 重大工程项目的立项是否报经董事会或类似权力机构集体审议批准 • 总会计师或分管会计工作的负责人是否参与项目决策 • 任何个人是否单独决策或者擅自改变集体决策意见 • 工程项目决策失误是否实行责任追究制度
			项目许可	在工程项目立项后、正式施工前，是否依法取得了建设用地、城市规划、环境保护、安全、施工等方面的许可
11.2	—	工程招标	招标	• 企业的工程项目是否一般采用公开招标的方式，择优选择具有相应资质的承包单位和监理单位 • 是否依照国家招标投标法的规定，遵循公开、公正、平等竞争的原则，发布招标公告，提供载有招标工程的主要技术要求、主要合同条款、评标的标准和方法，以及开标、评标、定标的程序等内容的招标文件 • 是否根据项目特点决定是否编制标底 • 需要编制标底的，标底编制过程和标底是否严格保密 • 在确定中标人前，是否与投标人就投标价格、投标方案等实质性内容进行了谈判
			投标	• 对投标人的信息是否采取了严格的保密措施，防止投标人之间串通舞弊 • 是否科学编制招标公告，合理确定投标人资格要求，尽量扩大潜在投标人的范围，增强市场竞争性 • 是否严格按照招标公告或资格预审文件中确定的投标人资格条件对投标人进行实质审查，通过查验资质原件、实地考察，或到工商和税务机关调查核实等方式，确定投标人的实际资质，预防假资质中标 • 是否履行完备的标书签收、登记和保管手续
			开标	开标过程是否邀请所有投标人或其代表出席，并委托公证机构进行检查和公证

（续表）

业务流程编号	一级流程	二级流程	控制要点	审计内容
11.2	—	工程招标	评标	• 是否依法组建评标委员会 • 评标委员会是否由企业的代表和有关技术、经济方面的专家组成 • 评标委员会是否客观、公正地履行职务，遵守职业道德，对所提出的评审意见承担责任 • 是否采取必要的措施，保证评标在严格保密的情况下进行 • 评标委员会是否按照招标文件确定的标准和方法，对投标文件进行评审和比较，择优选择中标候选人 • 评标委员会成员和参与评标的有关工作人员是否透露对投标文件的评审和比较、中标候选人的推荐情况及与评标有关的其他情况 • 评标委员会成员和参与评标的有关工作人员是否私下接触投标人 • 评标委员会成员和参与评标的有关工作人员是否收受投标人的财物或者其他好处
			定标	• 是否按照规定的权限和程序从中标候选人中确定中标人，及时向中标人发出中标通知书，在规定的期限内与中标人订立书面合同，明确双方的权利、义务和违约责任 • 企业和中标人是否再行订立背离合同实质性内容的其他协议
11.3	—	工程造价	工程设计	• 是否向招标确定的设计单位提供详细的设计要求和基础资料，并进行了有效的技术、经济交流 • 初步设计是否在技术、经济交流的基础上，采用先进的设计管理实务技术，并进行多方案比选 • 施工图设计深度及图纸交付进度是否符合项目要求，能否防止因设计深度不足、设计缺陷，造成施工组织、工期、工程质量、投资失控及生产运行成本过高等问题 • 是否建立了设计变更管理制度 • 设计单位是否提供了全面、及时的现场服务 • 因过失造成设计变更的，是否实行责任追究制度
			工程概预算	• 是否组织工程、技术、财会等部门的相关专业人员或委托具有相应资质的中介机构对编制的概预算进行审核 • 工程项目概预算是否按照规定的权限和程序审核批准后执行

（续表）

业务流程编号	一级流程	二级流程	控制要点	审计内容
11.4	—	工程建设	工程施工	• 监理单位是否建立了监理进度控制体系，明确了相关程序、要求和责任 • 承包单位是否按合同规定的工程进度编制了详细的分阶段或分项进度计划，报送监理机构审批后，严格按照进度计划开展工作 • 编制的进度计划是否符合建设工程的实际条件和施工现场的实际情况，并与承包单位劳动力、材料、机械设备的供应计划协调一致 • 承包单位是否至少按月对完成投资情况进行统计、分析和对比；工程的实际进度与批准的合同进度计划不符时，承包单位是否提交了修订合同进度计划的申请报告，并附原因分析和相关措施，报监理机构审批 • 承包单位是否建立了全面的质量控制制度，按照国家相关法律法规和本单位质量控制体系进行建设，并在施工前列出重要的质量控制点，报经监理机构同意后，在此基础上实施质量预控 • 承包单位是否按合同约定对材料、工程设备，以及工程的所有部位及其施工工艺进行全过程的质量检查和检验，定期编制工程质量报表，报送监理机构审查。关键工序作业人员是否持证上岗 • 监理机构是否有权对工程的所有部位及其施工工艺进行检查验收，发现工程质量不符合要求的，要求承包单位立即返工修改，直至符合验收标准为止 • 建设单位是否加强对施工单位的安全检查，并授权监理机构按合同约定的安全工作内容监督、检查承包单位安全工作的实施 • 工程监理单位和监理工程师是否按照法律、法规和工程建设强制性标准实施监理，并对建设工程安全生产承担监理责任 • 在实施监理过程中发现存在安全事故隐患的，是否要求施工单位整改 • 在实施监理过程中发现存在安全事故隐患，且情况严重的，是否要求施工单位暂时停止施工，并及时报告建设单位 • 承包单位是否设立了安全生产管理机构，是否配备了专职安全生产管理人员，是否依法建立了安全生产、文明施工管理制度，是否细化了各项安全防范措施 • 承包单位是否对所承担的建设工程进行定期和专项安全检查，并做好安全检查记录

（续表）

业务流程编号	一级流程	二级流程	控制要点	审计内容
11.4	—	工程建设	工程物资	• 按照合同约定，企业自行采购工程物资的，是否按照《企业内部控制应用指引第 7 号——采购业务》等相关指引的规定，组织工程物资采购、验收和付款 • 由承包单位采购工程物资的，是否加强监督，确保工程物资采购符合设计标准和合同要求 • 是否严禁不合格工程物资投入工程项目建设 • 重大设备和大宗材料的采购是否根据有关招标采购的规定执行
			工程监理	• 是否实行严格的工程监理制度，委托经过招标确定的监理单位进行监理 • 工程监理单位是否依照国家法律法规及相关技术标准、设计文件和工程承包合同，对承包单位在施工质量、工期、进度、安全和资金使用等方面实施监督 • 工程监理人员是否具备良好的职业操守，客观、公正地执行监理任务 • 工程监理人员发现工程施工不符合设计要求、施工技术标准和合同约定的，是否要求承包单位改正 • 工程监理人员发现工程设计不符合建筑工程质量标准或者合同约定的质量要求的，是否报告企业要求设计单位改正
			工程价款	• 企业财会部门是否加强了与承包单位的沟通，准确掌握工程进度 • 是否根据合同约定，按照规定的审批权限和程序办理工程价款结算，没有无故拖欠
			工程变更	• 企业是否严格控制工程变更 • 工程确需变更的，是否按照规定的权限和程序进行审批 • 重大的项目变更是否按照项目决策和概预算控制的有关程序和要求重新履行审批手续 • 因工程变更等原因造成价款支付方式及金额发生变动的，是否提供完整的书面文件和其他相关资料，并对工程变更价款的支付进行严格审核

（续表）

业务流程编号	一级流程	二级流程	控制要点	审计内容
11.5	—	工程验收	竣工决算	• 是否组织了审核竣工决算 • 是否加强了竣工决算审计 • 未实施竣工决算审计的工程项目，是否办理了竣工验收手续
			竣工验收	• 是否及时组织工程项目竣工验收 • 交付竣工验收的工程项目，是否符合规定的质量标准，有完整的工程技术经济资料，并具备国家规定的其他竣工条件 • 验收合格的工程项目，是否编制了交付使用财产清单，是否及时办理了交付使用手续
			工程档案	是否按照国家有关档案管理的规定，及时收集、整理工程建设各环节的文件资料，建立完整的工程项目档案
11.6	—	项目后评估	—	• 是否建立完工项目后评估制度 • 是否重点评价工程项目预期目标的实现情况和项目投资效益等，并以此作为绩效考核和责任追究的依据

二、工程项目内部控制审计程序

笔者团队编制的工程项目内部控制审计程序一般包括工程项目内部控制有效性调查（调查了解）、初步评价、风险评估、控制测试、评价缺陷、审计评价、形成意见等，具体如表 2-2 所示。

表 2-2　工程项目内部控制审计程序

被审计单位名称		被审计单位编码		索引编号	O	页次	
业务流程名称	工程项目	业务流程编号		审计人		审计时间	
审计期间		截止日期		复核人		复核时间	

序号	审计程序	细分程序	执行情况说明	审计工作底稿索引号
1	调查了解	工程项目内部控制有效性调查		A
2	初步评价	工程项目内部控制初步评价		B
3	风险评估	工程项目内部控制风险评估		C
4	控制测试	工程项目内部控制有效性测试		D
5	评价缺陷	工程项目内部控制缺陷评价		E
6	审计评价	工程项目内部控制审计评价		F
7	形成意见	工程项目内部控制审计结果汇总		H
说明		1. 每一个审计程序可细分为若干具体程序 2. 上述审计程序可结合进行，以提高审计工作效率 3. 在执行每一步骤后，应填写“执行情况说明”一栏		

（一）调查了解

调查了解是指调查了解工程项目内部控制设计和运行的基本情况，是工程项目内部控制审计实施阶段的首要环节。工程项目调查了解工作是在内部控制审计总体工作的准备阶段的基础上进行的，涉及内容很多，也因单位的不同而不同。对工程项目内部控制进行调查了解的方法有文字叙述法、调查表法、流程图法、控制矩阵法等，这些方法各有其特点，经常综合运用。在实际审计工作中，为提高工程项目内部控制审计效率，调查了解工作应同工程项目现场测试工作一并进行，不宜为满足调查而走形式。笔者团队编制的工程项目内部控制调查问卷如表 2-3 所示。

表 2-3　工程项目内部控制调查问卷

被审计单位名称		被审计单位编码		索引编号	A	页次	
业务流程名称	工程项目	业务流程编号	11	审计人		审计时间	
审计期间		截止日期		复核人		复核时间	

调查范围	调查环节	调查内容	调查结果：是	否	不适应	证据名称	被调查部门	被审计人
内控设计	现状梳理	是否进行了工程项目现状梳理				《工程项目内部管理制度或相关文件情况表》《工程项目流程目录》《工程项目业务现状流程图》		
		工程项目现状梳理是否有效						
	风险评估	是否进行了工程项目风险评估				《工程项目风险及其描述表》《工程项目风险分析表》《工程项目风险评价表》《工程项目风险应对策略表》《工程项目业务风险数据库》《工程项目重大风险解决方案》		
		工程项目风险评估是否有效						
	控制要点	是否进行了工程项目控制要点及关键控制的确定				《工程项目控制要点及其关键控制表》等		
		工程项目控制要点及关键控制的确定是否有效						
	控制目标	是否进行了工程项目控制目标的确定及其分解				《工程项目内部控制目标表》等		
		工程项目控制目标的确定及其分解是否有效						

（续表）

调查范围	调查环节	调查内容	调查结果			证据名称	被调查部门	被审计人
			是	否	不适应			
内控设计	控制措施	是否进行了工程项目控制措施的确定				《工程项目内部控制措施表》等		
		工程项目控制措施的确定是否有效						
	控制证据	是否进行了工程项目控制证据的设计				《工程项目控制证据表》等		
		工程项目控制证据设计是否有效						
	制度优化	是否进行了工程项目管理制度的优化				《工程项目制度完善建议表》等		
		工程项目管理制度的优化是否有效						
	控制图表	是否绘制了工程项目控制流程图				《工程项目控制流程图》等		
		绘制的工程项目控制流程图是否有效						
	控制矩阵	是否编制了工程项目控制矩阵				《工程项目控制矩阵》等		
		编制的工程项目控制矩阵是否有效						
内控运行	岗位设置	是否设置了必要的工程项目岗位				《工程项目岗位设置图》等		
		设置的工程项目岗位是否有效						
	职责分工	是否有明确的工程项目职责分工				《工程项目职责分工制度》等		
		工程项目职责分工是否有效						
	制度执行	是否颁布实施了已经设计的工程项目控制制度				《工程项目管理制度》等		
		工程项目控制制度执行是否有效						
	措施落实	是否实施了已经设计的工程项目控制措施				《工程项目控制措施表》等		
		工程项目控制措施执行是否有效						

（续表）

调查范围	调查环节	调查内容	调查结果：是	调查结果：否	调查结果：不适应	证据名称	被调查部门	被审计人
内控运行	内控监督	是否进行了工程项目内控监督				《工程项目内控监督情况报告》等		
		工程项目内控监督结果是否有效						
	信息系统	是否进行了工程项目内控信息化建设				《工程项目内控信息化建设情况报告》等		
		工程项目内控信息化建设结果是否有效						
	内控考核	是否进行了工程项目内控考核				《工程项目内控考核情况报告》等		
		工程项目内控考核结果是否有效						
	管理融合	工程项目内控是否与工程项目业务和管理相融合				《工程项目内控与工程项目业务和管理融合记录表》等		
	持续改进	是否根据业务、监管要求或法律法规等的变化持续维护了工程项目内控				《工程项目内控持续改进情况表》等		
		工程项目内控持续改进结果是否有效						
……								

调查结论	内控可信赖度					是否需要进行进一步测试	
	高	较高	中	较低	低	是	否
	简要描述						

（二）初步评价

可采用问题调查表和初步评价表对工程项目内部控制进行初步评价。工程项目初步评价可以结合调查了解程序一起进行，也可独立进行。笔者团队编制的工程项目内部控制初步评价如表 2-4 所示。

表 2-4 工程项目内部控制初步评价

<table>
<tr><td colspan="2">被审计单位名称</td><td></td><td colspan="3">被审计单位编码</td><td></td><td colspan="2">索引编号</td><td>B</td><td>页次</td><td></td></tr>
<tr><td colspan="2">业务流程名称</td><td>工程项目</td><td colspan="3">业务流程编号</td><td>11</td><td colspan="2">审计人</td><td></td><td>审计时间</td><td></td></tr>
<tr><td colspan="2">审计期间</td><td></td><td colspan="3">截止日期</td><td></td><td colspan="2">复核人</td><td></td><td>复核时间</td><td></td></tr>
<tr><td rowspan="2">流程编号</td><td rowspan="2">一级流程</td><td rowspan="2">二级流程</td><td colspan="3">控制设计</td><td colspan="3">控制运行</td><td colspan="3">初步结论</td></tr>
<tr><td>好</td><td>中</td><td>差</td><td>完全</td><td>部分</td><td>无</td><td>高</td><td>中</td><td>低</td></tr>
<tr><td>11</td><td>工程项目</td><td></td><td></td><td></td><td></td><td></td><td></td><td></td><td></td><td></td><td></td></tr>
<tr><td>11.1</td><td></td><td>工程立项</td><td></td><td></td><td></td><td></td><td></td><td></td><td></td><td></td><td></td></tr>
<tr><td>11.2</td><td></td><td>工程招标</td><td></td><td></td><td></td><td></td><td></td><td></td><td></td><td></td><td></td></tr>
<tr><td colspan="12">……</td></tr>
<tr><td rowspan="4">总体结论</td><td colspan="8">内控可信赖度</td><td colspan="3">是否需要进行进一步测试</td></tr>
<tr><td>高</td><td>较高</td><td colspan="2">中</td><td colspan="2">较低</td><td colspan="2">低</td><td>是</td><td colspan="2">否</td></tr>
<tr><td></td><td></td><td colspan="2"></td><td colspan="2"></td><td colspan="2"></td><td></td><td colspan="2"></td></tr>
<tr><td>简要描述</td><td colspan="10"></td></tr>
</table>

（三）风险评估

按照风险导向审计理论，审计人员进行工程项目内部控制审计应当以风险评估为基础，选择拟测试的控制，确定测试所需要收集的证据。工程项目风险评估如表 2-5 所示。

表 2-5　工程项目风险评估

<table>
<tr><td colspan="2">被审计单位名称</td><td></td><td colspan="2">被审计单位编码</td><td></td><td>索引编号</td><td>C</td><td>页次</td><td></td></tr>
<tr><td colspan="2">业务流程名称</td><td>工程项目</td><td colspan="2">业务流程编号</td><td>11</td><td>审计人</td><td></td><td>审计时间</td><td></td></tr>
<tr><td colspan="2">审计期间</td><td></td><td colspan="2">截止日期</td><td></td><td>复核人</td><td></td><td>复核时间</td><td></td></tr>
<tr><td>流程编号</td><td>一级流程</td><td>二级流程</td><td colspan="3">风险描述</td><td>可能性</td><td colspan="2">影响程度</td><td>风险排序</td></tr>
<tr><td>11</td><td>工程项目</td><td></td><td colspan="3">• 立项缺乏可行性研究或者可行性研究流于形式，决策不当，盲目上马，可能导致难以实现预期效益或项目失败
• 项目招标暗箱操作，存在商业贿赂，可能导致中标人实质上难以承担工程项目、中标价格失实及相关人员涉案的情况
• 工程造价信息不对称，技术方案不落实，概预算脱离实际，可能导致项目投资失控
• 工程物资质次价高，工程监理不到位，项目资金不落实，可能导致工程质量低劣、进度延迟或中断
• 竣工验收不规范，最终把关不严，可能导致工程交付使用后存在重大隐患</td><td></td><td colspan="2"></td><td></td></tr>
<tr><td>11.1</td><td></td><td>工程立项</td><td colspan="3"></td><td></td><td colspan="2"></td><td></td></tr>
<tr><td>11.2</td><td></td><td>工程招标</td><td colspan="3"></td><td></td><td colspan="2"></td><td></td></tr>
<tr><td>11.3</td><td></td><td>工程造价</td><td colspan="3"></td><td></td><td colspan="2"></td><td></td></tr>
<tr><td>11.4</td><td></td><td>工程建设</td><td colspan="3"></td><td></td><td colspan="2"></td><td></td></tr>
<tr><td>11.5</td><td></td><td>工程验收</td><td colspan="3"></td><td></td><td colspan="2"></td><td></td></tr>
<tr><td>11.6</td><td></td><td>项目后评估</td><td colspan="3"></td><td></td><td colspan="2"></td><td></td></tr>
</table>

（四）控制测试

工程项目内部控制测试，就是审计人员现场测试工程项目内部控制设计和运行的有效性。在了解工程项目内部控制设计有效性时，审计人员应当综合运用询问适当人员、观察经营活动和检查相关文件等程序。在测试工程项目内部控制运行有效性时，审计人员应当综合运用询问适当人员、观察经营活动、检查相关文件及重新执行控制等程序。事实上，在审计实践中，审计人员对工程项目内部控制设计有效性和运行有效性是一并进行测试的，测试重点是工程项目关键控制。笔者团队研究开发的工程项目内部控制测试工具包括工程项目内部控制有效性测试矩阵表。工程立项内部控制有效性测试矩阵表如表 2-6 所示。

表 2-6　工程立项内部控制有效性测试矩阵表

<table>
<tr><td colspan="3">被审计单位名称</td><td colspan="2"></td><td>被审计单位编码</td><td></td><td>索引编号</td><td>D-1</td><td>页次</td><td></td></tr>
<tr><td colspan="3">业务流程名称</td><td colspan="2">工程立项</td><td>业务流程编号</td><td>11.1</td><td>审计人</td><td></td><td>审计时间</td><td></td></tr>
<tr><td colspan="3">审计期间</td><td colspan="2"></td><td>截止日期</td><td></td><td>复核人</td><td></td><td>复核时间</td><td></td></tr>
<tr><td>关键控制名称</td><td>关键控制编号</td><td>控制方式</td><td>控制频率</td><td>样本总体</td><td>样本数量</td><td>测试要点</td><td>证据名称</td><td>测试程序</td><td>测试结果</td><td>交叉索引</td></tr>
<tr><td rowspan="2">项目建议</td><td rowspan="2">K1</td><td rowspan="2"></td><td rowspan="2"></td><td rowspan="2"></td><td rowspan="2"></td><td>是否指定专门机构归口管理工程项目，根据发展战略和年度投资计划，提出项目建议书</td><td rowspan="2"></td><td rowspan="2"></td><td rowspan="2"></td><td rowspan="2"></td></tr>
<tr><td>项目建议书的主要内容是否包括：项目的必要性和依据、产品方案、拟建规模、建设地点、投资估算、资金筹措、项目进度安排、经济效果和社会效益的估计、环境影响的初步评价等</td></tr>
<tr><td rowspan="3">项目可行性研究</td><td>K2</td><td></td><td></td><td></td><td></td><td>是否指定专门机构归口管理工程项目，开展可行性研究，编制可行性研究报告</td><td></td><td></td><td></td><td></td></tr>
<tr><td rowspan="2">K3</td><td rowspan="2"></td><td rowspan="2"></td><td rowspan="2"></td><td rowspan="2"></td><td>可行性研究报告的内容是否包括项目概况，项目建设的必要性，市场预测，项目建设选址及建设条件论证，建设规模和建设内容，项目外部配套建设，环境保护，劳动保护与卫生防疫，消防、节能、节水，总投资及资金来源，经济、社会效益，项目建设周期及进度安排，招标投标法规定的相关内容等</td><td rowspan="2"></td><td rowspan="2"></td><td rowspan="2"></td><td rowspan="2"></td></tr>
<tr><td>是否委托具有相应资质的专业机构开展可行性研究，并按照有关要求编制可行性研究报告</td></tr>
</table>

（续表）

关键控制名称	关键控制名称	控制方式	控制频率	样本总体	样本数量	测试要点	证据名称	测试程序	测试结果	交叉索引
项目评审	K4					是否组织规划、工程、技术、财会、法律等部门的专家对项目建议书和可行性研究报告进行充分论证和评审，出具评审意见，作为项目决策的重要依据				
						在项目评审过程中，是否重点关注项目投资方案、投资规模、资金筹措、生产规模、投资效益、布局选址、技术、安全、设备、环境保护等方面，核实相关资料的来源和取得途径是否真实、可靠和完整				
						是否委托具有相应资质的专业机构对可行性研究报告进行评审，出具评审意见				
						从事项目可行性研究的专业机构是否再从事可行性研究报告的评审				
项目决策	K5					是否按照规定的权限和程序对工程项目进行决策				
						决策过程是否有完整的书面记录				
						重大工程项目的立项，是否报经董事会或类似权力机构集体审议批准				
						总会计师或分管会计工作的负责人是否参与项目决策				
						任何个人是否单独决策或者擅自改变集体决策意见				
项目许可	K6					在工程项目立项后、正式施工前，是否依法取得建设用地、城市规划、环境保护、安全、施工等方面的许可				

测试结论	设计有效性							运行有效性						
	有效	控制薄弱环节说明						有效	控制薄弱环节说明					
		控制不符合实际	应有的控制不存在	风险识别不准确	未设计控制证据	控制矩阵编制不规范	其他		制度未执行	措施未落实	控制证据不足	设计不适应	监控不力	其他

（五）评价缺陷

评价工程项目控制缺陷，就是对工程项目内部控制存在的设计和运行有效性方面的缺陷进行分析和评价。对已发现的工程项目内部控制重大缺陷，审计人员应当及时以书面形式与被审计单位进行沟通，核对测试结果和数据，确认工程项目内部控制缺陷事实并在缺陷认定底稿上签章。工程项目内部控制缺陷评价矩阵表如表 2-7 所示。

表 2-7　工程项目内部控制缺陷评价矩阵表

<table>
<tr><td colspan="3">被审计单位名称</td><td colspan="2"></td><td colspan="3">被审计单位编码</td><td colspan="2"></td><td>索引编号</td><td>E</td><td>页次</td><td></td></tr>
<tr><td colspan="3">业务流程名称</td><td colspan="2">工程项目</td><td colspan="3">业务流程编号</td><td colspan="2">11</td><td>审计人</td><td></td><td>审计时间</td><td></td></tr>
<tr><td colspan="3">审计期间</td><td colspan="2"></td><td colspan="3">截止日期</td><td colspan="2"></td><td>复核人</td><td></td><td>复核时间</td><td></td></tr>
<tr><td rowspan="2">末级流程</td><td rowspan="2">关键控制</td><td rowspan="2">缺陷类型</td><td rowspan="2">缺陷描述</td><td rowspan="2">缺陷来源</td><td colspan="3">缺陷性质</td><td rowspan="2">评价程序</td><td rowspan="2">评价索引</td><td rowspan="2">对报表的影响</td><td rowspan="2">补偿性控制</td><td rowspan="2" colspan="2">整改意见</td></tr>
<tr><td>重要缺陷</td><td>重大缺陷</td><td>一般缺陷</td></tr>
<tr><td>工程立项</td><td></td><td></td><td></td><td></td><td></td><td></td><td></td><td></td><td></td><td></td><td></td><td colspan="2"></td></tr>
<tr><td>工程招标</td><td></td><td></td><td></td><td></td><td></td><td></td><td></td><td></td><td></td><td></td><td></td><td colspan="2"></td></tr>
<tr><td>工程造价</td><td></td><td></td><td></td><td></td><td></td><td></td><td></td><td></td><td></td><td></td><td></td><td colspan="2"></td></tr>
<tr><td>工程建设</td><td></td><td></td><td></td><td></td><td></td><td></td><td></td><td></td><td></td><td></td><td></td><td colspan="2"></td></tr>
<tr><td>工程验收</td><td></td><td></td><td></td><td></td><td></td><td></td><td></td><td></td><td></td><td></td><td></td><td colspan="2"></td></tr>
<tr><td>项目后评估</td><td></td><td></td><td></td><td></td><td></td><td></td><td></td><td></td><td></td><td></td><td></td><td colspan="2"></td></tr>
</table>

（六）审计评价

工程项目内部控制审计评价是工程项目内部控制审计工作的一个重要环节。工程项目内部控制审计评价的方法很多，比较常用的是评分法。笔者团队编制了工程项目内部控制审计评价表及工程项目内部控制审计评价结果汇总表。工程立项内部控制审计评价表如表 2-8 所示。

表 2-8　工程立项内部控制审计评价表

<table>
<tr><td>被审计单位名称</td><td></td><td>被审计单位编码</td><td></td><td>索引编号</td><td>F-1</td><td>页次</td><td></td></tr>
<tr><td>业务流程名称</td><td>工程立项</td><td>业务流程编号</td><td></td><td>审计人</td><td></td><td>审计时间</td><td></td></tr>
<tr><td>审计期间</td><td></td><td>截止日期</td><td></td><td>复核人</td><td></td><td>复核时间</td><td></td></tr>
<tr><td>关键控制名称</td><td colspan="3">评价标准</td><td>分值</td><td>权重</td><td>判断依据</td><td>实际得分</td></tr>
<tr><td rowspan="2">项目建议</td><td colspan="3">指定专门机构归口管理工程项目，根据发展战略和年度投资计划，提出项目建议书</td><td></td><td rowspan="2"></td><td rowspan="2"></td><td rowspan="2"></td></tr>
<tr><td colspan="3">项目建议书的主要内容包括项目的必要性和依据、产品方案、拟建规模、建设地点、投资估算、资金筹措、项目进度安排、经济效果和社会效益的估计、环境影响的初步评价等</td><td></td></tr>
<tr><td rowspan="3">项目可行性研究</td><td colspan="3">指定专门机构归口管理工程项目，开展可行性研究，编制可行性研究报告</td><td></td><td rowspan="3"></td><td rowspan="3"></td><td rowspan="3"></td></tr>
<tr><td colspan="3">可行性研究报告的内容主要包括项目概况，项目建设的必要性，市场预测，项目建设选址及建设条件论证，建设规模和建设内容，项目外部配套建设，环境保护，劳动保护与卫生防疫，消防、节能、节水，总投资及资金来源，经济、社会效益，项目建设周期及进度安排，招标投标法规定的相关内容等</td><td></td></tr>
<tr><td colspan="3">委托具有相应资质的专业机构开展可行性研究，并按照有关要求形成可行性研究报告</td><td></td></tr>
</table>

（续表）

关键控制名称	评价标准	分值	权重	判断依据	实际得分
项目评审	组织规划、工程、技术、财会、法律等部门的专家对项目建议书和可行性研究报告进行充分论证和评审，出具评审意见，作为项目决策的重要依据				
	在项目评审过程中，重点关注项目投资方案、投资规模、资金筹措、生产规模、投资效益、布局选址、技术、安全、设备、环境保护等方面，核实相关资料的来源和取得途径是否真实、可靠和完整				
	委托具有相应资质的专业机构对可行性研究报告进行评审，出具评审意见				
	从事项目可行性研究的专业机构不再从事可行性研究报告的评审				
项目决策	按照规定的权限和程序对工程项目进行决策				
	决策过程有完整的书面记录				
	重大工程项目的立项，报经董事会或类似权力机构集体审议批准				
	总会计师或分管会计工作的负责人参与项目决策				
	个人违规单独决策或者擅自改变集体决策意见				
	工程项目决策失误实行责任追究制度				
项目许可	在工程项目立项后、正式施工前，依法取得建设用地、城市规划、环境保护、安全、施工等方面的许可				

工程招标内部控制审计评价表如表 2-9 所示。

表 2-9　工程招标内部控制审计评价表

被审计单位名称		被审计单位编码		索引编号	F-2	页次	
业务流程名称	工程招标	业务流程编号		审计人		审计时间	
审计期间		截止日期		复核人		复核时间	
关键控制名称	评价标准			分值	权重	判断标准	实际得分
招标	企业的工程项目一般应当采用公开招标的方式，择优选择具有相应资质的承包单位和监理单位						
	在选择承包单位时，企业可以将工程的勘察、设计、施工、设备采购一并发包给一个项目总承包单位，也可以将其中的一项或者多项发包给一个工程总承包单位，但不得违背工程施工组织设计和招标设计计划，将应由一个承包单位完成的工程肢解为若干部分发包给几个承包单位						
	企业应当依照国家招标投标法的规定，遵循公开、公正、平等竞争的原则，发布招标公告，提供载有招标工程的主要技术要求、主要合同条款、评标的标准和方法，以及开标、评标、定标的程序等内容的招标文件						
	企业应当根据项目特点决定编制标底。需要编制标底的，标底编制过程和标底应当严格保密						
	在确定中标人前，企业不得与投标人就投标价格、投标方案等实质性内容进行谈判						
投标	对投标人的信息采取严格的保密措施，防止投标人之间串通舞弊						
	科学编制招标公告，合理确定投标人资格要求，尽量扩大潜在投标人的范围，增强市场竞争性						
	严格按照招标公告或资格预审文件中确定的投标人资格条件对投标人进行实质审查，通过查验资质原件、实地考察，或到工商和税务机关调查核实等方式，确定投标人的实际资质，预防假资质中标						

（续表）

关键控制名称	评价标准	分值	权重	判断标准	实际得分
投标	建设单位应当履行完备的标书签收、登记和保管手续。签收人要记录投标文件签收日期、地点和密封状况，签收标书后应将投标文件存放在安全保密的地方，任何人不得在开标前开启投标文件				
开标	开标过程应邀请所有投标人或其代表出席，并委托公证机构进行检查和公证				
评标	企业应当依法组建评标委员会。评标委员会由企业的代表和有关技术、经济方面的专家组成。评标委员会应当客观、公正地履行职务、遵守职业道德，对所提出的评审意见承担责任				
	企业应当采取必要的措施，保证评标在严格保密的情况下进行。评标委员会应当按照招标文件确定的标准和方法，对投标文件进行评审和比较，择优选择中标候选人				
	评标委员会成员和参与评标的有关工作人员不得透露对投标文件的评审和比较、中标候选人的推荐情况以及与评标有关的其他情况，不得私下接触投标人，不得收受投标人的财物或者其他好处				
定标	企业应当按照规定的权限和程序从中标候选人中确定中标人，及时向中标人发出中标通知书，在规定的期限内与中标人订立书面合同，明确双方的权利、义务和违约责任				
	企业和中标人不得再行订立背离合同实质性内容的其他协议				

工程项目内部控制审计评价结果汇总表如表 2-10 所示。

表 2-10　工程项目内部控制审计评价结果汇总表

被审计单位名称		被审计单位编码		索引编号	F-7	页次	
业务流程名称	工程项目	业务流程编号		审计人		审计时间	
审计期间		截止日期		复核人		复核时间	
流程编号	一级流程	二级流程	自我评价得分			审计评价得分	
11	工程项目						
11.1		工程立项					
11.2		工程招标					
11.3		工程造价					
11.4		工程建设					
11.5		工程验收					
11.6		项目后评估					

对工程项目内部控制系统进行评价，是为了在对资产业务进行实质性测试前确定对资产内部控制的可信赖程度，并在此基础上提出健全的措施和建议。审计人员在评价时应注意分析资产业务中哪些认定可能发生潜在的错报或漏报，哪些控制可以防止或者发现并更正这些错报或漏报。审计人员通过比较必要的控制和现有控制，评价计划信赖的资产业务内部控制的健全性与有效性。如果被审计单位或部门没有建立审计人员认为必要的内部控制，或者现有内部控制不足以防止或检查错报或漏报，那么审计人员除了要考虑内部控制缺陷对审计实质性测试的影响外，还应针对健全内部控制系统提出建议措施。

（七）形成意见

工程项目内部控制审计意见，就是对工程项目内部控制有效性的审计结论，是被审计单位内部控制审计意见的一部分。笔者团队编制的工程项目内部控制审计意见形成表如表 2-11 所示。

表 2-11　工程项目内部控制审计意见形成表

<table>
<tr><td>被审计单位名称</td><td></td><td>被审计单位编码</td><td></td><td>索引编号</td><td>H</td><td>页次</td><td></td></tr>
<tr><td>业务流程名称</td><td>工程项目</td><td>业务流程编号</td><td></td><td>审计人</td><td></td><td>审计时间</td><td></td></tr>
<tr><td>审计期间</td><td></td><td>截止日期</td><td></td><td>复核人</td><td></td><td>复核时间</td><td></td></tr>
<tr><td>序号</td><td>审计程序</td><td colspan="2">各程序执行结果</td><td colspan="2">审计工作底稿索引号</td><td colspan="2">执行负责人</td></tr>
<tr><td>1</td><td>调查了解</td><td colspan="2">工程项目内部控制有效性调查</td><td colspan="2">A</td><td colspan="2"></td></tr>
<tr><td>2</td><td>初步评价</td><td colspan="2">工程项目内部控制初步评价</td><td colspan="2">B</td><td colspan="2"></td></tr>
<tr><td>3</td><td>风险评估</td><td colspan="2">工程项目内部控制风险评估</td><td colspan="2">C</td><td colspan="2"></td></tr>
<tr><td>4</td><td>控制测试</td><td colspan="2">工程项目内部控制有效性测试</td><td colspan="2">D</td><td colspan="2"></td></tr>
<tr><td>5</td><td>评价缺陷</td><td colspan="2">工程项目内部控制缺陷评价</td><td colspan="2">E</td><td colspan="2"></td></tr>
<tr><td>6</td><td>审计评价</td><td colspan="2">工程项目内部控制审计评价</td><td colspan="2">F</td><td colspan="2"></td></tr>
<tr><td>7</td><td>形成意见</td><td colspan="2">工程项目内部控制审计结果汇总</td><td colspan="2">H</td><td colspan="2"></td></tr>
<tr><td>总体审计意见</td><td></td><td colspan="2">综合陈述</td><td colspan="4"></td></tr>
</table>

三、工程项目内部控制审计方法

在实际工作中，审计人员常用的内部控制审查与评价方法主要包括文字叙述、调查问卷、流程图、穿行测试等。

工程项目内部控制审计工作底稿如表 2-12 所示。

表 2-12　工程项目内部控制审计工作底稿

单位		签名		日期	
项目	工程项目内部控制审计	编制人		索引号	
截止日期		复核人		页次	
基本事实					
审计依据					
审计结论					
风险及影响					
审计建议					
证明材料（取证记录）					

在表 2-12 中，基本事实、审计依据、审计结论为必备要素；是否罗列风险及影响、审计建议需根据审计事项的重要性确定；证明材料（取证记录）是审计人员获取的审计证据，需要取证单位签章认可，但一般的审计工作底稿不需要被审计单位签章认可。

工程项目内部控制审计证明材料（取证记录）如表 2-13 所示。

表 2-13 工程项目内部控制审计证明材料（取证记录）

证明材料编号		**工程项目名称**			
被审计单位		**审计事项**	工程项目内部控制审计		
基本事实					
审计人员		**编制日期**		**要求提供日期**	
证据提供单位意见（发包人）	□情况属实 □情况不实。请填写说明： 证据提供单位负责人签字并盖单位公章 年 月 日				

注：在“要求提供日期”栏内不提交反馈意见的视同认同；“证据提供单位意见（发包人）”栏内填写不下的，可另附说明。

2.3 工程项目内部控制审计问题案例

一、五岭煤矿工程项目内部控制审计问题案例

五岭煤矿工程项目在建矿初期，编制完成了《五岭煤矿管理制度汇编》，在岗位职责、合同管理、计划管理、工程预结算管理、统计管理、财务管理、工程物资管理等方面进行了规范；此后，该工程又完善了 160 项管理制度。五岭煤矿工程项目相关制度涵盖了项目投资、工程管理、财务管理、质量安全、招标采购及合同管理等方面。截至审计日，五岭煤矿工程项目内部控制体系已初步建立，基本可满足工程建设管理的需要。中天恒达在全过程跟踪审计中发现了五岭煤矿工程项目在内部控制方面的一些问题并提出了针对性建议。

第一，部分会议组织、记录及决策程序不规范。3 月至 9 月，五岭煤矿工程项目召

开的部分党总支委会和矿长办公会存在会议组织、记录及决策程序不规范的情况，涉及会议 39 次。审计建议五岭煤矿工程项目规范各类会议的管理，完善会议的组织、记录及决策程序。

第二，零星物资及劳保用品支出依据不完整。9 月至 12 月，五岭煤矿工程项目部分零星物资及劳保用品支出依据不完整，缺少购买计划、入库单、出库单、询价函等原始资料。审计建议五岭煤矿工程项目按零星物资及劳保用品管理办法要求，规范零星物资及劳保用品的采购及发放管理。

第三，非招投标实施细则执行不规范。11 月至 12 月，五岭煤矿工程项目部分零星物资及劳保用品采购询价比价执行不规范，涉及金额 11.28 万元。审计建议五岭煤矿工程项目规范管理，严格按相关制度要求进行询价采购。

第四，部分车辆维修无维修计划或超计划维修、部分年度无维修记录台账。8 月至 12 月，五岭煤矿工程项目存在车辆维修无维修计划、超计划维修、维修记录台账不完整的情况，涉及金额 5.64 万元。审计建议五岭煤矿工程项目加强公务用车日常维修管理，确保车辆使用和管理规范有序，补充完善车辆维修记录台账等资料。

二、上钿国基委内瑞拉 WRSP 工程项目内部控制审计问题案例

上钿国基委内瑞拉分（子）公司在上钿国基管理制度基础上进行了内部经营管理文件汇编，同时，实施项目采购流程管理、市场开发管理、安全管理、项目实施管理等措施，明确各岗位管理职责，并制定了相关业务流程和管理标准，该公司现行制度基本涵盖了建设期间的主要管理事项。

中天恒达重点对招投标、合同、结算、备用金借款报销、建造合同、费用支出等重要业务流程进行了评审，评审发现各项制度得到了较好执行，识别的主要风险（问题）涉及工期延误、劳务用工、法律诉讼、合同履约等方面。

第一，工期延误风险。由于工程设计及业主审批图纸延期，业主延迟子项开工时间，土建施工效率低，钢筋、水泥、沙石、门窗供应短缺，安装人员补充不及时等诸多原因，该项目已产生项目延期，导致项目拖期严重，存在延期罚款比例高达合同额的 7%（即 3 136 万美元）的风险。

第二，劳务用工风险。受项目所在业主单位工会影响，中方人员不能直接在现场施工中对委内瑞拉工人进行生产组织和安排，加之经济形势急剧恶化，造成项目无法顺利实施，劳务用工成本急剧增加。

第三，法律诉讼风险。由于存在上述风险，该项目可能存在合同暂停甚至终止的情况，从而存在导致项目暂停或终止的可能性，这会引发法律诉讼风险。

第四，合同履约风险。根据项目总承包合同约定，该项目已向业主提交了总合同额 20% 的履约保函、预付款保函，若项目公司不能执行合同约定，将会引发合同履约风险。

三、五岭集团总部大厦工程项目内部控制与风险管理审计问题案例

中天恒达受托对五岭集团总部大厦工程项目（以下简称“总部大厦项目”）内部控制与风险管理进行审计，分析了存在的管理缺陷，提出了项目管理建议。

本项目总建筑面积为 138 199.43 平方米，地上 24 层，地下 5 层，主要功能为集团内部办公用房、企业文化展览、会议及其他必要附属配套设施，主楼结构类型为混合框架结构，总概算为 134 509.9 万元（含土地出让金 28 300 万元），资金来源为集团自筹。本项目采用委托代建方式建设，代建单位为五岭集团建设开发有限公司。

审计发现内部控制与风险管理方面的缺陷或不足如下。

第一，内部控制制度不健全，部分控制环节缺少必要的内部控制制度。代建单位内部控制制度不健全，部分控制环节缺少必要的制度约束。例如，在项目前期阶段，缺少项目立项管理、勘察设计管理；在项目准备阶段，缺少投资计划管理，施工图会审与交底管理，工程概预算管理，工程物资的采购、验收及收发存管理；在项目实施阶段，缺少造价控制管理，工程质量、安全及进度管理，工程会议管理，隐蔽工程验收管理，工程价款支付管理；在项目竣工验收阶段，缺少资产移交管理、资产转固管理、财务竣工决算管理等。因上述控制环节缺少相应制度，代建单位在办理具体业务时缺少合理的执行依据和标准，造成管理的无序或不规范，可能会形成监管的疏忽或遗漏，不利于项目的科学和有序管理。

第二，内部控制体系不完善，不能满足项目建设的实际需要。一个规范完整的内部控制体系应包括四个层面的内容，即管理手册、程序性文件、作业性文件及相应表单。首先，代建单位已制定和正在制定的内部控制制度多为作业性文件，缺少管理手册和程序性文件等统领性和综合性文件。其次，现有制度大部分缺少必要的业务管理流程图及相应表单，而部分流程图也缺少相应的内部控制制度。例如，付款流程，各控制环节的关键控制点和部门职责不够明确且没有相互对应，不便于制度的有效实施。最后，已提供管理流程图的内部控制制度，流程图格式不尽规范，未按国际通行的矩阵式流程图方法进行绘制，其流程图只是体现了具体承担部门或对应岗位，缺少明确的关键控制节点。

第三，内部控制制度未能及时修订完善，致使部分制度缺乏时效性。例如，《五岭集团建设开发有限公司工程项目招标管理办法（试行）》第十二条规定：“公司采用工程量清单进行招标，工程量清单的编制应符合《建设工程工程量清单计价规范》（GB 50500—2003）的要求。”但规定中提及的规范实际上已废止，招标管理办法缺少合理的法律依据，一定程度上会影响制度的严肃性和时效性，致使制度缺乏可操作性。

针对上述缺陷，审计提出的建议如下。

第一，构建内部控制的总体框架，完善内部控制体系建设。建立一个总体控制框架是内部控制体系建设的关键，这个框架应包括管理手册、程序性文件、作业性文件及相

关表单。其中，管理手册是统领性文件是对整个内部控制体系的一般描述，程序性文件是针对不同的控制环节所制定的综合性的管理文件，作业性文件是在程序性文件的基础上所制定的更加详细、更具有可操作性的具体管理办法或实施细则。

第二，补充完善现有管理制度，梳理、优化管理业务流程图，提高内部控制手册的可操作性和有效性。依据公司现有的管理制度和行之有效的管理模式，结合自身工作的管理需要及项目指挥部组织架构的设置，丰富纵向、横向的制度措施，进行整体梳理、规范；明确控制环节，细化控制节点，将控制环节、重点控制节点纳入各职能部门、岗位的管理流程中。

第三，加强对内部控制体系执行状况的定期检查，对内部控制的有效性进行评价，逐步完善适合本项目建设需要的内部控制评价体系，以保证内部控制体系的建立健全和有效实施。

第3章

工程项目前期决策审计实务及案例

工程项目决策是一个系统工程，应贯穿工程项目建设始终。工程项目前期决策主要工作包括投资机会研究、项目建议书编制、可行性研究（核准或备案）、审批报建等。当然，具体工作因工程项目和管理要求的不同而不同，不能固定化。

进行工程项目前期决策并不容易，要对工程项目前期决策进行审计也绝不简单，尤其是对工程项目前期决策的事前跟踪审计存在着巨大的审计风险。

从理论上看，工程项目前期决策阶段主要工作都应是工程项目前期决策审计的范畴，基于审计资源条件限制，工程项目前期决策审计除了对工程项目前期决策程序进行符合性审计外，应重点对工程项目投资估算及财务评价进行实质性审计。

3.1 工程项目前期决策审计导入案例

下面以丙炔集团药厂项目可行性研究审计案例作为导入案例介绍工程项目前期决策审计。

一、案例背景

丙炔集团拟在市内建一药厂，计划总投资 30 亿元，资金来源为自有资金 20 亿元、向银行贷款 10 亿元。丙炔集团编制了一份可行性研究报告报市发展改革委核准，市发展改革委委托中天恒达进行审核。

二、存在问题

中天恒达审核该可行性研究报告时发现，该报告编制内容不完整，在技术可行性和经济指标的论证上均存在不同程度的缺陷，主要表现在以下三个方面。

- 没有对产品的销售预测、价格、竞争能力等进行客观、科学的分析，使其后的经济指标无据可依、可信度差。

- 缺少对拟建项目的规模、产品设计方案和发展方向的技术经济指标进行比较分析。
- 未按规定单列节能篇，未按节能要求做项目能耗指标计算和分析，节能措施没有针对性，也无有关部门的审批意见。

根据审核发现的问题，中天恒达向市发展改革委提出了要求该集团针对有关问题补充完善可行性研究报告的建议，市发展改革委采纳了该建议，将可行性研究报告退回丙炔集团。

三、案例分析

按规定，项目的可行性研究报告一般应包括以下内容：总论（项目提出的背景、投资的必要性和经济意义、研究工作的依据和范围）；需求预测和拟建规模；资源、原材料、燃料及公用设施情况；建厂条件和厂址方案；设计方案；环境保护；企业组织、劳动定员和人员培训；实施进度的建议；投资估算和资金筹措；社会及经济效果评价；等等。丙炔集团的可行性研究报告没有对产品的销售预测、价格、竞争能力，以及拟建项目的规模、产品设计方案、发展方向的技术经济指标进行客观、科学的比较分析，没有按节能要求做项目能耗指标计算和分析，不符合规定，可行性研究报告内容不完整。

四、案例启示

企业编制工程项目可行性研究报告应关注以下五个方面。

- 可行性研究报告的内容必须全面。
- 明确需求预测与拟建规模的因果关系。
- 准确评述和落实原材料、燃料及公用设施等重要外部配合条件，防止出现“无米之炊”。
- 提供对比性较强的工程技术方案并进行论证。
- 认真做好投资估算和资金筹措。

3.2 工程项目前期决策审计实务操作

工程项目前期决策审计是由专业机构和人员对被审计单位工程项目前期决策的真实性、合法性、效益性进行的独立审查与评价工作。

【观点分享】

建设项目前期决策审计是指内部审计机构对建设项目投资方（业主）及建设管理方在项目建设前组织开展研究、论证、决策、准备等工作的合规性、效率性和效果性开展的审计。

——摘自《第 3201 号内部审计实务指南——建设项目审计》

一、工程项目前期决策审计内容

根据工程项目建设前期决策工作，工程项目前期决策审计内容包括以下五个方面。

- 工程项目建议书编制审计。
- 工程项目可行性研究或核准备案审计。
- 工程项目投资估算审计。
- 工程项目经济评价审计。
- 工程项目报建报批审计。

【观点分享】

重大公共工程项目规划和决策情况跟踪审计的审计内容如下。

（1）重大公共工程项目建设规划情况。

（2）重大公共工程项目评审情况。

（3）重大公共工程项目建议书。

（4）重大公共工程项目可行性研究报告。

——摘自《公共工程项目跟踪审计指南》

（一）工程项目建议书编制审计

工程项目建议书编制审计是对工程项目建议书编制及审批情况的真实性、合法性、效益性进行的独立审查与评价工作。

【观点分享】

工程项目建议书（又称立项申请书）是拟建项目单位向项目主管部门申报的项目申请，是工程项目筹建单位或项目法人，根据国民经济的发展、国家和地方中长期规划、产业政策、生产力布局、国内外市场、所在地的内外部条件，提出的某一具体项目的建议文件，是对拟建项目提出的框架性的总体设想。对于大中型工程和工艺复杂、涉及面广、协调量大的项目，还要编制可行性研究报告，其作为工程项目建议书的主要附件之一。工程项目建议书是在项目发展周期的初始阶段应编制的文件，是国家选择项目的依据，也是可行性研究的依据；涉及利用外资的项目，在工程项目建议书批准后，方可对外开展工作。

工程项目建议书编制审计的具体内容如下。

1. 审查是否已依法编制了工程项目建议书

审计人员主要审查工程项目筹建单位是否按照《国务院关于投资体制改革的决定》《政府核准投资项目管理办法》《境外投资项目核准和备案管理办法》等有关法规、部门规章的规定，编制工程项目建议书。

2. 审查工程项目建议书的编制是否合规

主要内容如下。

- 审查工程项目建议书的编制单位是否具有相应的资质。按规定，工程项目建议书的编制必须由有资质的设计院、咨询中介机构和项目单位共同负责。
- 审查工程项目建议书的编制依据是否符合有关规定。
- 审查项目建设是否符合国家产业政策。

3. 审查工程项目建议书的具体内容是否符合有关要求

主要内容如下。

- 审查工程项目建议书的内容是否齐全，是否包括以下内容：建设项目的必要性和依据；产品方案、拟建规模和建设地点的初步设想；资源情况、建设条件、协作关系和设备技术引进国别、厂商的初步分析；投资估算、资金筹措及还贷方案设想；项目的进度安排；经济效益和社会效益的初步估计，包括初步的财务评价和国民经济评价；环境影响的初步评价，包括治理“三废”措施及对生态环境影响的初步分析和结论。
- 审查工程项目建议书的各种依据是否充分、完整，原始资料来源（包括工程和财务的测算依据）是否真实；产品方案、拟建规模和建设地点的初步设想是否可行；项目的经济效益和社会效益计算是否正确；环境影响的初步评估和初步分析是否有据。
- 审查项目立项的目标是否明确，其必要性是否充分。
- 审查项目建设的标准是否合理，各方面的评价是否满足要求。

- 审查投资估算是否合理，资金筹措是否得当。
- 审查经济效益、社会效益是否明显，项目立项的结论是否明确，存在的主要问题是否有解决措施。

4. 审查工程项目建议书是否经过相应级别的管理部门审批

工程项目建议书是否实行分级审批制。按照有关规定，任何部门和企业不得超越审批权限擅自审批建设项目，不得采取化整为零等方式逃避上级主管部门的审批管理。

【观点分享】

审计人员应当根据项目建议工作流程，检查市场调查团队是否及时获取潜在项目的信息，对备选项目的调研是否到位，对建设环境是否足够了解，以备决策参考；检查各阶段上报的方案资料是否依据充分翔实，计算是否准确，结论是否客观，风险评估是否到位；了解项目咨询机构的资质能力，评估其是否具备编制相关文件的能力，是否尽职尽责。

——摘自《第 3201 号内部审计实务指南——建设项目审计》

（二）工程项目可行性研究或核准备案审计

工程项目可行性研究或核准备案审计是对工程项目可行性研究报告或核准备案的真实性、合法性、效益性进行的独立审查与评价工作。

【观点分享】

审计人员应当根据项目投资来源、所属行业、规模大小，确定项目应当执行审批、核准、备案何种决策流程，并根据可行性研究报告编制和评审、项目申请报告核准或项目信息备案相应工作流程，对每个环节工作是否合规、尽责，是否达到最佳效果进行跟踪检查；复核各阶段上报的方案资料是否充分翔实，计算是否准确，结论是否客观，风险评估是否到位；了解项目咨询机构的资质能力，评估其是否具备编制相关文件的能力，是否尽职尽责。

——摘自《第 3201 号内部审计实务指南——建设项目审计》

1. 审查工程项目建设是否依法进行了可行性研究

主要内容如下。

- 审查是否按照国家或地方政府规定的要求开展了可行性研究，并取得了可行性研究报告。

- 审查是否存在先建设后论证的情况。

2. 审查可行性研究是否具备必要的前提条件

主要内容如下。

- 审查工程项目建设是否具备批准的项目建议书，项目调查报告是否经过充分论证。
- 审查工程项目是否符合国家、行业和地区规划。

3. 审查参与可行性研究的机构及其专家是否具备必要的资质、专业结构和资格

主要内容如下。

- 审查参与可行性研究的机构及其专家是否具备必要的资质。
- 审查参与可行性研究的机构及其专家是否具备必要的专业结构。
- 审查工程项目筹建单位是否与选定的可行性研究机构签订委托合同，可行性研究的收费是否合理，收费标准、付款时间和方式是否写入了合同。

4. 审查可行性研究报告内容是否完整

主要内容如下。

- 审查可行性研究报告是否具备行业主管部门发布的《投资项目可行性研究指南》强制性规定的内容。企业投资项目的可行性研究报告应主要关注是否符合项目投资决策的实际需要。
- 审查可行性研究报告是否说明建设项目的目的；是否说明建设项目在工艺可行性、经济合理性及决定项目规模、原材料供应、市场销售条件、技术装备水平、成本收益等方面的经济目标；是否说明建设地点及当地的自然条件和社会条件、环保约束条件，并进行选址比较；是否说明投资项目何时开始投资、何时建成投产、何时收回投资；是否说明项目建设的资金筹措方式。

5. 审查可行性研究报告内容是否真实

主要内容如下。

- 审查可行性研究报告论证是否充分，有无虚假。
- 审查各项数据是否齐全，可信程度如何。
- 审查市场调查及市场预测中数据获取方式的适当性及合理性。
- 审查投资方案、投资规模、生产规模、布局选址、技术、设备、环保等方面的资料来源。
- 审查财务估算中成本项目是否完整，对历史价格、实际价格、内部价格及成本水平的真实性进行测试。

6. 审查可行性研究报告是否有效

主要内容如下。

- 审查拟建项目的规模是否符合实际需要。重点审查建设项目的市场需求和市场分析。做好市场分析是防止盲目建设、超规模建设，避免投资失误的重要措施。
- 审查项目规划布局和选择是否科学合理。主要审查建设项目是否符合国民经济发展规划、地区规划和行业规划要求；审查场址条件与建设项目特点、功能、要求是否适应；审查项目选址意见书的内容是否齐全等。
- 审查原材料、能源供应和交通及公用配套设施情况。主要审查原材料、辅助材料和能源的来源情况和供应的可能性，还要对所需的公用设施，如供电、供水、运输、通信等的数量、供应方式和供应条件予以审查。如果原材料无法保证、能源不能落实、没有必要的公用设施服务，那么会使建设项目难以进行，即使项目能建成，建成后也难以投入运营或维持正常运营。
- 审查项目工艺方案是否先进合理。项目工艺方案内容包括项目的构成范围（包括主要单项工程）、技术来源和生产方法、主要技术和设备选型方案的比较，引进技术、设备的来源国别。主要审查项目技术方案和设备选型是否先进合理，引进技术、设备是否消化吸收等。对于改建项目，审计人员还应审查是否对原有固定资产的利用情况进行了说明。
- 审查节能、节水情况。审查是否考虑了建设项目建成运行后的节能、节水问题，是否对能耗、水耗指标水平进行了比较，是否采取了节能、节水措施。
- 审查项目环境保护情况。按照现行环境保护法规定，建设对环境有影响的项目，应当依法进行环境影响评价。审计人员在对可行性研究进行审计时，应审核拟投资建设的项目是否进行了环境影响评估，工程设计是否符合国家环境保护法律法规的有关政策，需要配套的环境治理项目是否编制并与建设项目同步进行等。
- 审查是否在多方案比较选择的基础上进行决策，检查拟建项目与类似已建成项目的有关技术经济指标和投资预算的对比情况；审查项目场地、规模、建设方案是否经过多方案比较优选。

7. 审查可行性研究报告审批情况

主要内容如下。

- 审查可行性研究报告是否经其编制单位的行政、技术、经济负责人签字，以示对可行性研究报告负责。
- 审查可行性研究报告是否交有关部门审查，审查机构是否组织多方面专家参加审查会议并据实给出审查意见。

- 审查可行性研究报告申报单位对审查意见的执行情况。

（三）工程项目投资估算审计

工程项目投资估算审计是对工程项目投资估算的真实性、合法性、效益性进行的独立审查与评价工作。

（四）工程项目经济评价审计

经济评价，即依据国家有关政策和现行标准，在项目方案设计的基础上，对拟建项目的经济合理性和财务可行性进行分析论证，并进行全面评价。工程项目经济评价审计是运用经济评价、效益分析考核指标对投资估算和预计效益进行复核、分析、测评，看是否进行动态、静态分析及财务、效益分析，重大项目是否进行国民经济评价。

【观点分享】

经济评价主要涉及以下四个方面。

（1）盈利能力分析。盈利能力分析即审计人员应通过编制全部现金流量表、自有资金现金流量表和利润表等基本财务报表，计算财务内部收益率、财务净现值、投资回收期、投资收益率等指标进行定量判断。

（2）清偿能力分析。清偿能力分析即审计人员应通过编制资金来源与运用表、资产负债表等基本财务报表，计算借款偿还期、资产负债率、流动比率、速动比率等指标进行定量判断。

（3）不确定分析。不确定分析即审计人员应采用盈亏平衡分析、敏感分析等方法来进行定量判断。

（4）风险分析。风险分析即审计人员应通过风险识别、风险估计、风险评价与风险应对等环节进行定性与定量分析。

（五）工程项目报建报批审计

工程项目报建报批审计是对工程项目报建报批的真实性、合法性、效益性进行的独立审查与评价工作。

1. 审查工程项目行政许可审批程序的规范性

该项审查是指审查工程项目是否取得或办理项目选址规划意见书、建设用地规划许可证、工程规划许可证、土地使用审批、环保审批、消防审批、工程质量监督和施工许可证等行政许可文件。

2. 审查工程项目行政许可批复的真实性

该项审查是指审查工程项目办理或取得行政许可文件的过程和程序是否符合国家有

关规定。

3. 审查工程项目行政许可的时效性

该项审查是指审查工程项目办理或取得上述行政许可文件是否制约项目建设进度，导致项目不能按计划投入使用，从而影响项目发挥其经济性和效益性。

4. 审查工程项目内部审批流程的完备性

该项审查是指审查工程项目是否按组织内部规定履行审批并取得了必要批复文件，是否按照批复内容执行。

> **【观点分享】**
>
> 建设项目除满足外部立项、核准、报批报建要求外，还必须满足内部审批流程。常见的建设项目内部审批流程包括内部投资评审、国有企业“三重一大”会议决策、投资估算评审、投资计划上报和下达等。
>
> ——摘自《第 3201 号内部审计实务指南——建设项目审计》

二、工程项目前期决策审计程序

笔者团队编制的工程项目前期决策审计程序表如表 3-1 所示。

表 3-1　工程项目前期决策审计程序表

单位		签名		日期	
项目	前期决策审计程序表	编制人		索引号	
截止日期		复核人		页次	
序号	审计目标				
1.1	确定工程项目前期决策的真实性，即审查和评价工程项目前期决策活动的真实性				
1.2	确定工程项目前期决策的合规性及合法性，即审查和评价工程项目前期决策活动的合规性及合法性				
1.3	确定工程项目前期决策的效益性，即审查和评价工程项目前期决策活动的效益性				
序号	审计程序			执行情况	索引号
1.1	收集工程项目前期决策相关法律法规和规范性文件				
1.2	收集工程项目前期决策相关材料				
1.3	调查测试工程项目前期决策内部控制情况				
1.4	查证核实工程项目前期决策情况（对专业技术文件可委托专业中介机构进行审核，并出具专业审核意见）				
1.5	形成工程项目前期决策审计意见				

（一）收集工程项目前期决策相关法律法规和规范性文件

收集的工程项目前期决策法律法规和规范性文件因工程项目的不同而不同。笔者团队编制的工程项目前期决策审计法律法规体系汇总表如表 3-2 所示。

表 3-2　工程项目前期决策审计法律法规体系汇总表

单位		签名		日期	
项目	前期决策审计依据	编制人		索引号	
截止日期		复核人		页次	
序号	文件资料				备注
1	国家、地方政府及其建设项目相关行业主管部门关于建设项目前期决策程序管理的法律法规及规范性文件，境外建设项目还应补充所在国家和地区政府的相关法律法规及规范性文件				
2	组织的股东、出资人代表、上级机构或债权人等利益相关方关于组织开展建设项目前期工作的限制性要求				
3	组织内部，如企业董事会、经理层制定的关于项目决策和批准程序的规章制度				
4	……				
简要说明	这些是工程项目前期决策审计工作的主要依据				

（二）收集工程项目前期决策相关材料

不同审计内容所需收集的相关资料有所不同。

1. 项目建议书审计需要取得的资料

相关资料如下。

- 项目建议书及其附件资料。
- 项目选址规划意见书及其附件资料。
- 建设用地规划许可证和工程规划许可证及其申报文件。
- 土地使用、环保申报和批复文件等。
- 项目投资主体关于项目建议书相关工作的内部管理制度。
- 项目咨询单位、设计单位的资质文件和招投标资料。
- 国家、地方政府及其建设项目相关行业主管部门关于建设项目前期决策程序管理的法律法规及规范性文件，境外建设项目还应补充所在国家和地区政府的相关法律法规及规范性文件。
- 组织的股东、出资人代表、上级机构或债权人等利益相关方关于组织开展建设项目前期工作的限制性要求。
- 组织内部，如企业董事会、经理层制定的关于项目决策和批准程序的规章制度。

2. 可行性研究审计需要取得的资料

相关资料如下。

- 可行性研究报告及其附件资料。
- 可行性研究报告论证、批复文件。
- 项目建议书及其批复文件、国民经济和社会发展规划、行业发展规划资料。
- 土地、地勘、市政等审批文件。
- 与前期决策有关的会议纪要、收发文件等。
- 项目规划选址、工程规划设计要求、环境影响评价等批复文件。
- 项目资本金证明、银行贷款承诺函、其他来源资金证明等文件。

3. 报建报批审计需要取得的资料

相关资料如下。

- 建设项目选址规划意见书、建设用地规划许可证和工程规划许可证。
- 土地使用审批手续、环保审批手续。
- 不动产权证，征地、青苗补偿、拆迁安置等手续。
- 消防手续、工程质量监督手续及施工许可证。
- 土地、地勘、市政等审批文件，其他相关单位、部门的审批意见。

（三）调查测试工程项目前期决策内部控制情况

该项调查测试主要包括内部控制调查和内部控制测试两方面工作。

1. 内部控制调查

内部控制调查主要内容如下。

- 了解投资主体是否具备投资资格。风险控制点主要包括建设项目所处行业是否属于投资主体主营业务范围，投资主体是否经上级单位批准后具备了投资建设职能。
- 了解该建设项目与政府产业政策或上级机构批准的发展战略是否相符。风险控制点主要是项目是否为追求经济利益而超出授权范围。
- 调查投资主体及其上级机构的资信和支付能力能否满足项目建设需要。风险控制点主要是项目投资主体的资金困难可能造成项目建设中止，进而带来更大损失。
- 调查评审机构、报告编制机构的选取。风险控制点主要包括选取流程是否恰当、投资人是否对其能力进行考核。

2. 内部控制测试

内部控制测试主要内容如下。

- 了解投资主体是否具备投资资格。查阅投资主体授权文件、公司章程等文档，了解建设项目所处行业是否属于投资主体主营业务范围，投资主体是否经上级单位批准后具备了投资建设职能。
- 了解该建设项目与政府产业政策或上级机构批准的发展战略是否相符。查阅投资主体发展战略、规划等文档，收集政府产业政策最新规定，对照项目建议书进行核实。
- 调查投资主体及其上级机构的资信和支付能力能否满足项目建设需要。查阅投资主体的资金预算、发展规划，对比建设项目资金使用计划，判断资金缺口及断流风险。
- 调查评审机构、报告编制机构的选取。审核招标投标、竞争性谈判等记录，展开外部调查，核实评审机构、报告编制机构的资质、能力和选择过程是否符合管理流程和规定。

（四）查证核实工程项目前期决策情况

该项查证主要涉及项目建议书审计取证、可行性研究审计取证和报建报批审计取证。

1. 项目建议书审计取证

第一，检查。检查内容如下。

- 是否按照规定编制项目建议书；是否办理项目选址规划意见书、建设用地规划许可证和工程规划许可证；是否办理土地使用审批、环保审批手续。政府部门的审批是否在法定权限范围内，是否化整为零规避审批。
- 重点检查建设项目是否遵循总体规划要求，是否及时编制和下达了实施规划和年度投资计划，建设需求与资金筹集是否匹配；建设标准的确定是否符合国家相关强制性规定，特别是能否满足国家防震要求。
- 项目建设是否符合国家有关投资政策的要求。项目建议书提出的拟建规模和建设方案是否符合有关建设、环境、资源等法规要求。

第二，审核。审核内容如下。

- 选址规划意见书、建设用地规划许可证、工程规划许可证、土地审批手续、环保手续是否真实；审批文件申报材料的相关内容，包括事实、文字、数据、表述等是否存在虚假和错漏。
- 项目建议书的相关内容，包括事实、依据、数据、表述等是否存在虚假。
- 资金来源和筹措是否准备充分。
- 调阅项目评审调查现场作业记录，通过了解相关费用支出情况和评审调查结果，了解项目评审调查过程，分析评审数据的真实性。通过对可行性研究报告和评审调查报告的经济、技术数据进行对比，分析二者是否存在矛盾。

第三，计算。审计人员通过验算或重新计算，确认投资估算和资金筹措及还贷方案是否明确，建设规模、建设方案是否明确达到项目建议书要求等。

第四，分析。分析内容如下。

- 将行业同规模项目进行比较，判断项目建设方案、投资水平是否存在异常。
- 分析项目建议书对项目经济效益、社会效益、环境效益的估计是否准确。

2. 可行性研究审计取证

第一，复核。对可行性研究报告编制过程进行复核。

- 审查建设项目前期决策程序是否符合相应规模、行业项目的建设要求，决策程序是否民主、科学。
- 查阅可行性研究报告及其附件、可行性研究报告论证、批复文件及其他有关批复文件等资料，审查前期决策程序是否完整。
- 查阅可行性研究报告论证和批复文件、国民经济和社会发展规划、行业发展规划资料及其他有关批复文件等资料，审查政府有关部门是否在法定权限范围内对上述程序进行审批，是否存在通过化整为零等手段规避审批，项目建设是否符合国家有关投资政策的要求。
- 查阅国民经济和社会发展规划、行业发展规划资料及其他有关批复文件等资料，审查：项目是否符合规划和产业政策；是否有项目建议书及其批文；需利用矿产资源的项目，是否有国家批准的矿藏资源报告。
- 对组织内部参与决策评审的单位或部门及受托对决策过程资料进行评审的中介服务机构，审查其是否尽到评审职责，以及所提评审意见是否科学、合理；审查参与可行性研究的机构的资质及论证的专家的专业结构和资格。

第二，检查。对可行性研究报告的内容进行检查。

- 检查可行性研究报告的相关内容，包括事实、依据、数据、表述等是否虚假。具体包括：资金来源和筹措是否准备充分、项目实施进度预测是否合理等；建设规模、建设方案是否明确达到项目建议书要求；投资估算和资金筹措及还贷方案是否明确。
- 通过审阅决策成果文件及其相关支持性材料，收集决策时点内外部数据，还原决策过程；检查决策成果文件及其相关支持性材料内容是否完整，是否足以支持决策参与单位和部门提出评审意见。
- 对决策中依据的基础资料、基础数据的真实性、合理性进行检查。
- 检查决策是否符合国家宏观政策及其自身的发展战略，是否以提升自身核心竞争能力为宗旨；重点检查内容有无违反决策程序及决策失误的情况等。对项目决策机构最终决策结果的科学性做出评价，主要关注项目预定建设条件能否落实，预计效益能否实现，项目决策中是否遗漏或忽视了重大风险等。

- 参考审计时项目决策执行情况，包括实际建设情况和外部环境变化情况，对决策过程中形成的成果文件及其支撑材料的质量做出评价，包括对其中所做的各种假设、前提及预测的真实性、合理性和风险冗余度做出评价。

3. 报建报批审计取证

第一，审查。审查项目建设单位是否到规划部门办理项目选址规划意见书、建设用地规划许可证和工程规划许可证，是否办理土地使用审批、征地、青苗补偿、拆迁安置、环保审批、消防审批、工程质量监督手续和施工许可证。

第二，查阅。查阅上述审批手续的申请和批复文件，审查上述审批手续的批复是否真实；对照审查相关申报材料，审核其事实、数据等是否存在虚假；审查相关审批手续的报批、批复时间是否合理。

第三，抽查。采用检查、查勘、分析性复核等方法，抽查规划、土地、环保、消防等关键指标是否符合法律法规要求。

第四，检查。检查建设项目是否取得组织（法人）内部决策机构立项批准。组织属于行政事业单位的，需要检查是否经过内部人事、财务等部门审批；属于国有企业，需要取得政府作为产权人行使有关资产管理审批权力的，应当关注相应报批程序的执行。内部审计机构还应关注国家宏观调控政策及其趋势，提出调整项目规模、布局、技术方案等咨询意见，防范法律风险，提升项目效益。

在项目建设过程中，检查项目是否遵守了政府有关部门关于建设项目质量管理、环境保护管理、勘察设计管理、概算审批和调整管理方面的管理和审批程序；建设项目需要取得政府财政优惠待遇审批（主要是政府基金使用、税费减免、进入政府产业园区等事项）、授予荣誉称号审批和宗教民族政策性等事项审批的，应关注相关报批事项的履行。

在项目竣工前，检查项目是否根据相关规定办理了单项工程初步验收、试运行、环境保护、劳动安全保护、消防设施、财务决算审计、竣工资料档案验收等必要手续，是否具备竣工验收条件，并按规定时间提出竣工验收申请。

审计机构要通过确认建设项目各项建设行为的合规性，评估建设项目法律风险，并提出防范风险的意见和建议。

（五）形成工程项目前期决策审计意见

在对项目建议书编制进行审计时，审计人员如发现项目在建议书阶段存在违反外部强制性、指导性制度、规定的问题，应评估违规决策可能给组织和项目带来的影响和风险。

在对可行性研究进行审计时，审计人员要提出关于完善项目决策机制、改进项目决策流程、调整项目决策意见、加强项目后期风险管控和提升项目效益的意见和建议。

在对报批报建进行审计时，审计人员要通过确认建设项目各项建设行为的合规性，评估建设项目法律风险，并提出防范风险的意见和建议。

三、工程项目前期决策审计方法

（一）审阅法

审阅法是审计的基础方法，是工程项目前期决策审计最基本、最直接的方法。实事求是地说，审计人员在对工程项目前期决策进行审计时，大多实施审阅程序而非审计程序。

（二）调查法

在工程项目前期决策审计中，审计人员主要采取问卷调查、访谈等方法，收集环境影响、国民经济和社会影响等方面的信息并进行分析，核查环境影响、国民经济和社会影响评价是否真实合理。

（三）对比分析法

对比分析法是通过对相关资料和技术经济指标的对比（拟建项目与国内同类项目对比）来确定差异，发现前期决策问题的方法。

（四）研究文献法

在工程项目前期决策审计中，审计人员既可以查阅公开出版物和有关组织的档案资料，包括统计资料，也可以利用计算机网络来获得资料。

（五）组织研讨法

在工程项目前期决策审计中，审计机构可召集一些拥有不同知识、经验和观点的人员，通过与他们进行沟通和讨论，来获得特定的知识、听取不同的意见和建议、寻求解决问题的办法、统一立场和观点。

（六）咨询专家意见法

工程项目前期决策审计涉及的审计事项复杂，专业知识多，单凭审计人员的知识、经验和技能往往无法完全满足审计工作的需要、充分实现审计目标。因此，工程项目前期决策审计工作中遇到超出审计人员知识范围、业务能力的事项或者问题时，审计人员应当考虑咨询专家的意见。

【观点分享】

前期决策审计思路与方法主要有以下六种。

（1）审阅相关资料。

（2）调查研究。

（3）对比分析。

（4）研究文献。

（5）组织研讨。

（6）咨询专家意见。

——摘自《公共投资审计读本》

3.3 工程项目前期决策审计问题案例

一、保障性安居工程跟踪审计发现程序问题案例

审计署2016年第9号公告（2015年保障性安居工程跟踪审计结果）显示：部分地区安居工程建设管理监督不够严格。1 272个项目在勘察、设计、施工、监理等环节未依法履行工程招投标程序；809个项目存在未取得建设用地批准、违规以“毛地”供应、擅自改变土地用途或调整容积率等问题，涉及用地2 309.27公顷；2 663个项目未履行工程规划许可、环境安全性评价等基本建设审批程序，或未采取必要的质量控制措施，有的存在未按工程设计图纸和技术标准施工、住房使用功能或质量缺陷等问题。另外，75个项目建设和管理单位拖欠承建单位工程款22.03亿元；14个城镇安居工程项目因规划失误、管理不善等造成损失浪费或额外支出1.04亿元。

二、新机场工程审计调查发现前期决策问题案例

审计署2011年第6号公告（10省区市部分机场建设情况审计调查结果）显示：5个机场是在环境影响评价报告未经批复的情况下，就开工建设的；15个机场是在未进行环保验收的情况下，就投入运行的；7个项目未按原设计要求建设污水处理系统，有些机场产生的污水直接排入河流或农田，存在污染隐患。

三、违反工程项目投资决策程序问题案例

A省B电厂建设规模为两台30万千瓦燃煤机组，工程总投资达28.88亿元。审计调查发现，在项目的建设过程中，当地有关部门和企业越权审批、违规批地、虚假申报、突击建设，在国家有关部门将其确定为违规项目、明令停工后，该电站建设施工仍

未得到制止；更严重的是，A 省全省违规建设电站规模高达 860 万千瓦，严重背离了科学发展的轨道。

相关人员将审计发现问题报告国务院后，国务院对 B 电厂违规建设问题和重大施工事故相关责任人员做出严肃处理，并责成对项目违规建设负有领导责任的 A 省政府正、副共三位省长向国务院做出书面检查。

上述问题是工程项目投资决策阶段的常见问题，主要表现如下。

- 违反“先评估论证，再决策是否上马”的原则，未进行评估论证，或者先建设后论证。
- 决策程序不规范，违反民主决策程序，主要领导个人单独或者擅自改变集体决策意见，或者民主决策走过场，“一言堂”“一支笔”，导致决策失误，造成重大经济损失。

四、建设规模超计划、资金不到位导致企业亏损案例

某企业为了加快发展，决定建一座现代化的宾馆大楼。新建宾馆大楼规划层高 12 层，计划投资 3 亿元。但由于前期工作不深入、资金不到位，建设项目在未取得施工许可证的情况下草率上马，中途变更大，施工不到一年，该项目不得不停工，企业濒临倒闭。

鉴于该企业的现状，上级主管部门委托中天恒达对该企业进行工程项目专项审计。

审计调查发现，该项目在企业高层“盲目贪大贪高”思想的支配下，宾馆大楼层高从规划的 12 层变更为 24 层，所需建设资金增加一倍多同时还存在建设规模超计划、建设资金不到位的情况。

案例启示：建设规模超计划，建设资金不到位将给工程建设带来巨大风险，因此，投资企业决策行为必须理性。

企业决策层应该进行充分的方案分析，包括项目实施前的可行性研究论证、项目经济分析、不确定因素（如经济影响）分析及项目实施后的信息反馈分析等，及时发现问题，保证建设项目如期完成。在本案例中，企业高层没有经过深入的可行性研究论证便开始工程建设，确定了与企业实际不相符的过高目标，导致入不敷出、财务陷入困境；加之该企业没有建立完善的信息反馈分析机制，导致工程建设出现失误后未能制定正确的应对策略，从而引发资金链断裂，项目难以进行。

第 4 章

工程项目征地拆迁审计实务及案例

随着基础设施项目的大规模建设，我国大量集体土地被征用。由于制度不完善、监管缺位等原因，征地拆迁过程中违法违规行为时有发生，这不仅是一个经济问题，更是一个关乎社会稳定和民生的社会问题。因此，工程项目征地拆迁审计越来越成为工程项目审计的一项重要内容。

做好工程项目征地拆迁审计工作是非常不容易的事。要把工程项目征地拆迁过程中的腐败问题深挖出来非常难，需要审计人员做很细致的工作。

工程项目征地拆迁审计一般应在跟踪审计初始阶段予以重点关注，部分内容，如移民安置审计等，会贯穿整个跟踪审计过程。对移民安置和征地拆迁工作跨年度甚至持续较长时间的事项，需要在后续跟踪审计或下一阶段跟踪审计中持续审查，并在每次审计中保持审计内容的延续和区别审计重点。审计人员应持续审查和关注跟踪审计提出的征地拆迁中存在问题的整改情况，对其中难以有效解决的问题要及时以其他方式反映。

4.1　工程项目征地拆迁审计导入案例

下面以杭州“房叔”落马案例作为导入案例介绍工程项目征地拆迁审计。①

2010 年 10 月，审计署组织对 18 个省（市）的财政收支情况进行审计。根据安排，由长沙特派办负责对浙江省杭州市 2010 年政府投资保障性住房情况进行审计。

本次审计的重点内容是廉租房、公租房、经济适用房等保障性住房的投资、建设、分配、后续管理及相关政策执行情况。审计组的主要任务是在摸清杭州市保障性住房总体情况的同时，突出对重大违法违规问题的审计，促进住房保障政策落实，维护群众住房保障权益。

① 摘自中国青年报《国家审计故事系列报道之十三：杭州“房叔”落马记》。

在审计资金使用情况时，审计人员发现了一个疑点——杭州市近年来有大量的廉租房建设资金被投入危旧房改造项目。审计组查明：张某涉嫌利用职务之便为私营企业牟利，使甲公司和乙公司通过伪造评估报告等方式至少多获得土地补偿款 8 225 万元，通过超出基准价销售安置房的方式多获利 7 089 万元，共计约 1.53 亿元。

该案件线索移交杭州市纪委后，当地纪委进一步调查发现，在 A 小区拆迁安置房项目中，张某和董某事先达成协议，张某利用职务便利为董某输送利益；而董某则将 53% 的利润赠送给张某。案发前，张某已实际收取 2 522.41 万元，并低价骗购商铺 4 间，非法占有公共财产 1 050.63 万元。同时，杭州市纪委顺藤摸瓜，发现张某利用职务便利先后从多个项目中受贿 1.24 亿余元，贪污 1 000 多万元，给国家造成了巨额损失。

4.2 工程项目征地拆迁审计实务操作

工程项目征地拆迁审计是由专业机构和人员对被审计单位工程项目征地拆迁的真实性、合法性、效益性进行的独立审查与评价工作。

一、工程项目征地拆迁审计内容

工程项目征地拆迁审计主要涉及国有土地上房屋征收与补偿审计、拆迁评估审计、集体土地征收审计、国有土地使用审计、临时使用土地审计等。

（一）国有土地上房屋征收与补偿审计

国有土地上房屋征收与补偿审计主要包括房屋征收决定审计和房屋补偿审计。

1. 房屋征收决定审计

房屋征收决定审计具体内容如下。

（1）审查房屋征收决定是否符合规定的需要范围和规划，征收补偿费是否足额到位。对于确需征收房屋的各项建设活动，审查应重点关注：房屋征收决定是否符合国民经济和社会发展规划、土地利用总体规划、城乡规划和专项规划；保障性安居工程建设、旧城区改建是否纳入市、县级国民经济和社会发展年度计划；市、县级人民政府做出房屋征收决定前，征收补偿费用是否足额到位、专户存储、专款专用。

（2）审查房屋征收补偿方案是否论证公布并征求意见。一般来说，房屋征收部门拟定征收补偿方案，报市、县级人民政府批准。审查应重点关注：市、县级人民政府是否组织有关部门对征收补偿方案进行论证并予以公布，征求公众意见，并且征求意见期限不得少于 30 日；市、县级人民政府是否将征求意见情况和根据公众意见修改的情况及时公布；因旧城区改建需要征收房屋，多数被征收人认为征收补偿方案不符合规定的，市、县级人民政府是否组织由被征收人和公众代表参加的听证会，并根据听证会情况修改方案。

（3）审查房屋征收的范围是否明确具体。审查应重点关注：房屋征收部门是否对房屋征收范围内房屋的权属、区位、用途、建筑面积等情况组织调查登记，被征收人是否予以配合；调查结果是否在房屋征收范围内向被征收人公布。房屋征收范围确定后，不得在房屋征收范围内实施新建、扩建、改建房屋和改变房屋用途等不当增加补偿费用的行为；违反规定实施的，不予补偿。

（4）审查房屋征收公告宣传工作是否及时到位。审查应重点关注：市、县级人民政府做出房屋征收决定后是否及时进行公告；公告是否载明征收补偿方案和行政复议、行政诉讼权利等事项；市、县级人民政府及房屋征收部门是否做好房屋征收与补偿的宣传、解释工作。房屋被依法征收的，国有土地使用权被同时收回。被征收人对市、县级人民政府做出的房屋征收决定不服的，可以依法申请行政复议，也可以依法提起行政诉讼。

2. 房屋补偿审计

房屋补偿审计具体内容如下。

（1）审查补偿费用的组成是否全面、具体、合理。做出房屋征收决定的市、县级人民政府对被征收人给予的补偿包括：被征收房屋价值的补偿；因征收房屋造成的搬迁、临时安置的补偿；因征收房屋造成的停产停业损失的补偿。对被征收房屋价值的补偿，不得低于房屋征收决定公告之日被征收房屋类似房地产的市场价格。因征收房屋造成搬迁的，房屋征收部门应当向被征收人支付搬迁费；选择房屋产权调换的，产权调换房屋交付前，房屋征收部门应当向被征收人支付临时安置费或提供周转用房。对因征收房屋造成停产停业损失的补偿，根据房屋被征收前的效益、停产停业期限等因素确定。征收个人住宅，被征收人符合住房保障条件的，做出房屋征收决定的市、县级人民政府应当优先给予住房保障。

市、县级人民政府做出房屋征收决定前，应当组织有关部门依法对征收范围内未经登记的建筑进行调查、认定和处理。对认定为合法建筑和未超过批准期限的临时建筑的，应当给予补偿；对认定为违法建筑和超过批准期限的临时建筑的，不予补偿。

（2）审查是否根据被征收人的意愿选择补偿方式。被征收人可以选择货币补偿，也可以选择房屋产权调换。审查应重点关注：被征收人选择房屋产权调换的，市、县级人民政府是否提供用于产权调换的房屋，并与被征收人计算、结清被征收房屋价值与用于产权调换房屋价值的差价。因旧城区改建征收个人住宅，被征收人选择在改建地段进行房屋产权调换的，做出房屋征收决定的市、县级人民政府是否提供改建地段或就近地段的房屋。

（3）审查补偿协议签订的要素是否全面。审查应重点关注：房屋征收部门是否与被征收人依照规定，就补偿方式、补偿金额和支付期限、用于产权调换房屋的地点和面积、搬迁费、临时安置费或周转用房、停产停业损失、搬迁期限、过渡方式和过渡期限等事项，订立补偿协议。补偿协议订立后，一方当事人不履行补偿协议约定的义务的，另一方当事人可以依法提起诉讼。房屋征收部门与被征收人在征收补偿方案确定的签约期限内达不成补偿协议，或被征收房屋所有权人不明确的，由房屋征收部门报请做出房屋征收决定的市、县级人民政府依照规定按照征收补偿方案做出补偿决定，并在房屋征收范围内予以公告。被征收人对补偿决定不服的，可以依法申请行政复议，也可以依法提起行政诉讼。

（4）审查搬迁是否在规定期限内完成，搬迁过程是否存在暴力等非法方式。实施房屋征收应当先补偿、后搬迁。审查应重点关注：做出房屋征收决定的市、县级人民政府对被征收人给予补偿后，被征收人是否在补偿协议约定或补偿决定确定的搬迁期限内完成搬迁；是否存在采取暴力、威胁或违反规定中断供水、供热、供气、供电和道路通行等非法方式迫使被征收人搬迁。在征地拆迁项目中，禁止建设单位参与搬迁活动。被征收人在法定期限内不申请行政复议或者不提起行政诉讼，在补偿决定规定的期限内又不搬迁的，由做出房屋征收决定的市、县级人民政府依法申请人民法院强制执行。

（二）拆迁评估审计

房屋拆迁估价是指为确定被拆迁房屋货币补偿金额，根据被拆迁房屋的区位、用途、建筑面积等因素，对其市场价格进行的评估。房屋拆迁评估价格为被拆迁房屋的房地产市场价格，不包含搬迁补助费，临时安置补助费，拆迁非住宅房屋造成停产停业的补偿费，以及被拆迁房屋室内自行装修装饰的补偿金额。拆迁评估审计主要内容如下。

（1）审查评估机构是否具有房地产评估资质，是否签订了评估合同。审查拆迁估价是否由具有房地产评估资格的估价机构承担，估价报告是否由专职注册房地产估价师签字。

审查市、县房地产管理部门是否向社会公示一批资质等级高、综合实力强、社会信誉好的估价机构，供拆迁当事人选择；拆迁估价机构的确定是否公开、透明，采取被拆迁人投票或拆迁当事人抽签等方式。房屋拆迁许可证确定的同一拆迁范围内的被拆迁房屋，原则上由一家估价机构评估；需要由两家或两家以上估价机构评估的，应审查估价机构之间是否就拆迁估价的依据、原则、程序、方法、参数选取等进行协调并执行共同的标准。

拆迁估价机构确定后，一般由拆迁人委托，且委托人应与估价机构签订书面拆迁估价委托合同。受托估价机构不得转让、变相转让受托的估价业务。估价机构和估价人员与拆迁当事人有利害关系或估价机构是拆迁当事人的，应当回避。

（2）审查评估是否遵循了房地产估价原则，被拆迁房屋的性质和面积是否明确。审查拆迁估价是否坚持独立、客观、公正、合法的原则，任何组织或个人不得非法干预拆迁估价活动和估价结果；拆迁估价时点是否正确，拆迁估价时点一般为房屋拆迁许可证颁发之日，拆迁规模大、分期分段实施的，以当期（段）房屋拆迁实施之日为估价时点。拆迁估价的价值标准为公开市场价值，不考虑房屋租赁、抵押、查封等因素的影响。

委托拆迁估价的，审查拆迁当事人是否明确被拆迁房屋的性质（包括用途）和面积。被拆迁房屋的性质和面积一般以房屋权属证书及权属档案的记载为准。对拆迁人与被拆迁人对被拆迁房屋的性质或面积协商一致的，可以按照协商结果进行评估。对被拆迁房屋的性质不能协商一致的，应当向城市规划行政主管部门申请确认。对被拆迁房屋的面积不能协商一致的，可以向依照《房产测绘管理办法》设立的房屋面积鉴定机构申请鉴定或委托具有房产测绘资格的房产测绘单位测算。

审查市、县级人民政府或其授权的部门是否根据当地房地产市场交易价格，至少每年定期公布一次不同区域、不同用途、不同建筑结构的各类房屋的房地产市场价格；拆迁估价是否参照类似房地产的市场交易价格和市、县人民政府或其授权部门定期公布的房地产市场价格，结合被拆迁房屋的房地产状况进行。

（3）审查房地产评估的方法是否适宜。审查拆迁估价是否采用市场比较法；不具备采用市场比较法条件的，采用其他估价方法，是否在估价报告中充分说明原因；拆迁估价人员是否对被拆迁房屋进行实地查勘，做好实地查勘记录，拍摄反映被拆迁房屋外观和内部状况的影像资料。实地查勘记录由实地查勘的估价人、拆迁人、被拆迁人签字认可。因被拆迁人的原因不能对被拆迁房屋进行实地查勘、拍摄影像资料或被拆迁人不同意在实地查勘记录上签字的，检查是否由除拆迁人和估价机构以外的无利害关系的第三人鉴证，并在估价报告中做出相应说明。

（三）集体土地征收审计

集体土地征收审计具体内容如下。

（1）审查征收土地是否按照法定的审批权限、级次和程序进行审批。建设占用土地涉及农用地转为建设用地的，重点审查是否办理了农用地转用审批手续。永久基本农田转为建设用地的，由国务院批准。在土地利用总体规划确定的城市和村庄、集镇建设用地规模范围内，为实施该规划而将永久基本农田以外的农用地转为建设用地的，按土地利用年度计划分批次由原批准土地利用总体规划的机关或者其授权的机关批准。在已批准的农用地转用范围内，具体建设项目用地可以由市、县人民政府批准。在土地利用总体规划以外的建设项目将永久基本农田以外的农用地转为建设用地的，由国务院或者国务院授权的省、自治区、直辖市人民政府批准。

征收永久基本农田、永久基本农田以外的耕地超过 35 公顷或其他土地超过 70 公顷的，重点审查是否由国务院批准；除此之外的，审查是否由省、自治区、直辖市人民政府批准。

征收农用地的，应当依照规定先行办理农用地转用审批。其中，经国务院批准农用地转用的，和经省、自治区、直辖市人民政府在征地批准权限内批准农用地转用的，同时办理征地审批手续，不再另行办理征地审批；超过省、自治区、直辖市人民政府征地批准权限的，应当依照规定另行办理征地审批。

依照法定程序批准征收土地的方案，由县级以上地方人民政府予以公告并组织实施。拟征收土地的所有权人、使用权人应当在公告规定期限内，持不动产权属证明材料办理补偿登记。

（2）审查征收土地补偿费用标准是否符合国家规定。征收农村土地的，审查是否给予公平、合理的补偿，保障被征地农民原有生活水平不降低、长远生计有保障；土地补偿费、安置补助费，以及农村村民住宅、其他地上附着物和青苗等的补偿费用的补偿标准是否符合国家规定。

征收农用地的土地补偿费、安置补助费标准，由省、自治区、直辖市通过制定公布区片综合地价确定。制定区片综合地价应当综合考虑土地原用途、土地资源条件、土地产值、土地区位、土地供求关系、人口及经济社会发展水平等因素，并至少每三年调整或者重新公布一次。

征收农用地以外的其他土地（包括集体建设用地、未利用地），其地上附着物和青苗等的补偿费用的补偿标准，由省、自治区、直辖市制定。对其中的农村村民住宅，应当按照先补偿后搬迁、居住条件有改善的原则，尊重农村村民意愿，采取重新安排宅基地建房、提供安置房或者货币补偿等方式给予公平、合理的补偿，并对因征收造成的搬迁、临时安置等费用予以补偿。

被征地农民的社会保障费用主要用于符合条件的被征地农民的养老保险等社会保险缴费补贴，费用的筹集、管理和使用办法，由省、自治区、直辖市制定。

县级以上地方人民政府拟申请征收土地的，应当开展拟征收土地现状调查和社会稳定风险评估，并将征收范围、土地现状、征收目的、补偿标准、安置方式和社会保障等在拟征收土地所在的乡（镇）和村、村民小组范围内公告至少30日，听取被征地的农村集体经济组织及其成员、村民委员会和其他利害关系人的意见。

大中型水利、水电工程建设征收土地的补偿费标准和移民安置办法，由国务院另行规定。

征地补偿安置方案确定后，有关地方人民政府应当予以公告，并听取被征地的农村集体经济组织和农民的意见。被征地的农村集体经济组织应当将征收土地的补偿费用的收支状况向本集体经济组织的成员公布，接受监督。

【知识分享】

（1）区片综合地价的内涵是什么？

区片综合地价是征收农民集体农用地的土地补偿费和安置补助费标准，不包括法律规定用于社会保险缴费补贴的被征地农民社会保障费用、征收农用地涉及的农村村民住宅、地上附着物和青苗等补偿费用。

土地补偿费是对农民集体土地所有权的补偿，安置补助费是被征地农民重新安排生产生活的补助，两项费用内涵不同，应在区片综合地价中分别明确各自的部分。

（2）土地补偿费和安置补助费的比例如何确定？

土地补偿费和安置补助费的比例，由各区政府参照近年征地补偿费用在农村集体和农民个人之间的实际支付比例合理确定，原则上一个区行政区域内执行一个比例，并向社会公布。

——摘自《关于〈北京市人民政府关于公布《北京市征收农用地区片综合地价标准》的通知〉的政策解读》

（四）国有土地使用审计

国有土地使用审计具体内容如下。

（1）审查使用国有土地的审批程序是否合法。经批准的建设项目需要使用国有土地的，审查建设单位是否持法律、行政法规规定的有关文件，向有批准权的县级以上人民政府自然资源主管部门提出建设用地申请，并经自然资源主管部门审查，报本级人民政府批准。

（2）审查使用国有土地的取得方式（有偿或划拨）是否符合规定的范围。审查建设单位使用国有土地，是否以有偿使用方式取得。国家机关用地和军事用地，城市基础设施用地和公益事业用地，国家重点扶持的能源、交通、水利等基础设施用地，法律、行政法规规定的其他用地，经县级以上人民政府依法批准，可以以划拨方式取得。

（3）审查土地有偿使用费是否按规定的标准缴纳。审查以出让等有偿使用方式取得国有土地使用权的建设单位，在使用土地前，是否按照国务院规定的标准和办法，缴纳土地使用权出让金等土地有偿使用费和其他费用。新增建设用地的土地有偿使用费，30% 上缴中央财政，70% 留给有关地方人民政府，具体使用管理办法由国务院财政部门会同有关部门制定，并报国务院批准。

（4）审查土地用途变更及土地使用权收回是否经过审批。建设单位使用国有土地的，审查是否按照土地使用权出让等有偿使用合同的约定或土地使用权划拨批准文件的规定使用土地；确需改变该幅土地建设用途的，审查是否经有关人民政府自然资源主管部门同意，报原批准用地的人民政府批准。其中，在城市规划区内改变土地用途的，审查在报批前，是否先经有关城市规划行政主管部门同意。有下列情形之一的，由有关人民政府自然资源主管部门报经原批准用地的人民政府或有批准权的人民政府批准，可以收回国有土地使用权：为实施城市规划进行旧城区改建及其他公共利益需要，确需使用土地的；土地出让等有偿使用合同约定的使用期限届满，土地使用者未申请续期或申请续期未获批准的；因单位撤销、迁移等原因，停止使用原划拨的国有土地的；公路、铁路、机场、矿场等经核准报废的。

（五）临时使用土地审计

临时使用土地审计具体内容如下。

（1）建设项目施工和地质勘察需要临时使用国有土地或农民集体所有土地的，审查是否由县级以上人民政府自然资源主管部门批准。其中，在城市规划区内的临时用地，审查在报批前，是否先经有关城市规划行政主管部门同意。

（2）审查土地使用者是否根据土地权属，与有关自然资源主管部门或农村集体经济组织、村民委员会签订临时使用土地合同，并按照合同约定支付临时使用土地补偿费。临时使用土地期限一般不超过2年，审查土地使用者是否按照临时使用土地合同约定的用途使用土地，是否存在在临时土地上修建永久性建筑物等行为。

【知识分享】

1. 征地补偿安置方案审批情况

审计人员针对征地补偿安置方案审批情况，主要审查：土地行政主管部门是否根据批准的征用土地方案及时制定征地补偿安置方案并报当地人民政府批准；补偿标准和安置方式是否符合国家和地方人民政府规定，被征地农村集体经济组织和个人有异议的是否按规定组织听证并妥善解决；被征地农民生产生活安置和社会保障安排是否切实可行。

2. 征地补偿安置方案执行情况

审计人员针对征地补偿安置方案执行情况，主要审查：是否根据批准的征地补偿安置方案与被征地农村集体经济组织和个人签订征地拆迁补偿安置协议；被征用土地的权属是否清晰，土地类别和面积是否准确，是否与地籍档案、测绘数据核对一致；被征用土地上青苗和附着物的权属是否无争议，补偿对象是否合规，产权和建设手续是否齐全，补偿标准是否恰当，补偿数量是否真实准确，有无征地公告发布后违规抢种抢建问题；土地补偿款、安置补偿款、青苗和附着物补偿款的计算是否准确，是否经被补偿人签字确认，是否按照规定建立健全征地补偿档案；被征地农民补偿安置是否在规定时间内落实到位，实行农转非的被征地农民是否及时纳入社会保障，是否存在补偿安置不到位引起的群体性事件隐患和社会稳定风险。

3. 征地拆迁资金管理使用情况

审计人员针对征地拆迁资金管理使用情况，主要审查：建设单位是否将征地

> 拆迁补偿资金纳入项目总投资，资金是否及时落实到位；征地拆迁补偿资金是否及时拨付，是否被滞留、截留、挤占、挪用，相关单位和个人有无弄虚作假骗取和侵占征地拆迁补偿资金问题；被征地农村集体经济组织对土地补偿费和安置补助费的分配和使用是否合规，管理使用情况是否向集体经济组织成员公开；青苗和地上附着物补偿费是否按规定直接拨付到被征地农民个人，有无克扣、挪用和侵占征地补偿资金问题。
>
> ——摘自《公共投资审计读本》

二、工程项目征地拆迁审计程序

（一）权属、安置人口、宅基地面积的审计

权属、安置人口、宅基地面积的认定的准确合规是工程项目征地拆迁审计的一个重点环节。权属、安置人口、宅基地面积一般由村镇人员组成的确权小组进行认定并公示，审计时，应取得认定和公示结果。

（二）评估复核

评估复核的具体内容为：取得房地产估价报告及相关附件资料；审查估价的程序和方法是否恰当，估价结果是否合理，发现估价结果严重偏离估价对象时，依据政策进行调整。

在全过程跟踪审计中，审计人员参与入户清登时，应采用以下四个审计程序。

- 拍取产权人权属证明等重要信息，如准建证、房产证、户口本、营业执照、税票等，为后期评估复核及补偿款复算提供参考依据。
- 在每户清登完毕后，立即取得清登明细单的复印件及该户的影像资料，以存档。
- 当天外勤工作结束后，及时整理、汇总数据并分户制作内页信息，以备后期与评估公司的估价单进行核对。
- 在后期入户复核时，对复核工作的过程要形成相应记录，发现的问题要编制专门的底稿予以记录。

（三）补偿协议、回迁房安置协议审核

审计人员在进行补偿协议、回迁房安置协议审核时，应重点关注补偿安置政策的执行情况，确认有无不符合补偿安置政策的补偿，复核补偿金额。具体审计时，审计人员应依据以下资料计算复核：货币补偿协议；户口本、身份证、结婚证等；入户调查表、清登底单、估价单；不动产权证、宅基地证、准建证等；营业执照（正副本）、税票、免税文件等。

在复核过程中，审计人员应依据《拆迁安置补偿方案》的规定，重点关注以下三方

面内容。

- 分户应具备什么样的条件。
- 生产经营用房的认定条件；经营面积如何确定；补偿标准；对不满足补偿条件的是否补偿，如何补偿。
- 被拆迁人选择不同的补偿方式时，如何计算确定补偿金额，如货币补偿方式和回迁安置方式下补偿金额的确定等。

（四）相关补偿款实际支付审核

相关补偿款实际支付审核的具体内容为：取得结算明细单、银行受理结算明细单及相关补充协议，检查银行是否在款项支付明细单上盖章，确认拆迁款是否已打入被拆迁人账户，防范拆迁款支付过程中出现舞弊。

三、工程项目征地拆迁审计方法

在工程项目征地拆迁审计中，除一般的检查、观察、询问、分析、外部调查、重新计算、重新执行等常用方法外，审计人员还会采用一些专门的技术方法，主要如下。

（1）应用地理信息系统（GIS）。GIS 是以数据库为基础，对地理数据进行输入、存储、管理、处理、分析和输出的计算机技术系统。GIS 的应用对象是地理实体数据。当前，应用 GIS 已经成为土地业务管理和地理信息处理中十分基础、重要的技术手段，全国土地行政主管部门全面部署的金土工程信息系统也是基于 GIS 的信息系统，各类土地业务数据也按 GIS 规范进行处理和存储。因此，在工程项目征地拆迁审计中应用 GIS 已成为审计人员的必要选择。

（2）多源信息分析性复核方法。多源信息分析性复核方法就是运用多种信息来源综合进行分析复核的方法。在拆迁补偿资金审计中，审计时，拆迁补偿对象往往已经拆除，拆迁之前的真实场景难以还原，因此，对拆迁补偿对象的真实性、权属的合规性及其数量规模的准确性如何进行核实，往往是审计过程中非常大的难点和风险点。针对该问题，应采用多源信息分析性复核方法解决。

4.3　工程项目征地拆迁审计问题案例

一、高等级公路项目审计发现征地拆迁问题案例

审计署 2007 年第 2 号公告（34 个高等级公路项目建设管理及投资效益情况的审计结果）显示：一些地方政府及项目建设单位违规征地，截留、挪用和长期拖欠农民征地补偿款，损害农民利益。

15 个项目未经审批占用土地或违规多征土地 10.29 万亩，改变土地使用性质或未按规定复垦 1 370 多亩。例如，2001 年 8 月开工、2002 年 10 月通车的北京六环路胡各庄

至西沙屯段，建设时征地 6 817 亩，但北京市政府迟至 2003 年才向国土资源部（现为自然资源部）申请征地审批；贵州省遵义至崇溪河高速公路批准用地 10 400 亩，实际征地 17 700 亩，多征了 7 300 亩；四川省广安至南充高速公路项目至审计时尚有 263 亩土地未复垦，其中 50 多亩已被用于办养殖场，其余土地荒芜废弃；广安市政府违规多征的 268 亩土地未用于公路建设，其中 11 亩土地挂牌拍卖，获利 600 万元。

湖北、湖南、四川、云南等 14 省（区）共 21 个项目应支付给农民征地补偿费 51.7 亿元，其中 16.39 亿元被当地政府及征地拆迁部门截留挪用、长期拖欠或扣减。例如，武汉绕城高速公路东北段工程征地 10 300 亩，其补偿标准应为每亩 1.89 万元，但实际仅按每亩 4 800 元补偿给农民，共少补偿了 1.45 亿元；四川省大竹县至邻水县邱家河和广安至南充两个高速公路项目的征地补偿款，被当地政府及其所属部门挪用 1.95 亿元，占补偿款的 46%，主要用于市政工程、开发区建设和政府部门经费支出等；湖南省湘潭至邵阳等 3 条高速公路的征地拆迁部门在征地拆迁费中列支工作经费 1.60 亿元，比省政府规定的工作经费标准高出 12.30 倍，从中挤占 1.48 亿元，用于购买汽车、发放补贴与奖金等；云南省元江至磨黑高速公路到 2005 年年底已通车两年，但仍有 2 500 多万元征地补偿费未支付给失地农民。

二、轨道交通建设资金管理使用情况审计发现征地拆迁问题案例

北京市审计局 2016 年第 8 号公告（关于本市轨道交通建设资金管理使用情况的审计结果）显示的审计发现的主要问题如下。

一是部分轨道交通线路拆迁结余资金未及时退回。2011 年以来，地铁 4 号线、5 号线、10 号线一期、10 号线二期、15 号线一期东段、大兴线、亦庄线、昌平线一期、房山线共 9 条线路拆迁结余资金 14.26 亿元，在相关区财政局、建设主管部门滞留，尚未退回京投公司，增加了轨道交通建设资金利息负担。

二是地铁 4 号线、8 号线（奥运支线）和 10 号线一期 3 条线路已建成通车，但 3 条线路有 4 个股东资本金尚未实缴到位，涉及资金 6.86 亿元。

三是部分已通车的线路存在未实施的尾工。“十二五”期间投入运营的地铁 6 号线、7 号线、8 号线（含昌八联络线）、10 号线二期、14 号线、15 号线共 6 条线路，均有尾工尚未实施，共计 321 项，其中 249 项尾工对运营效率有所影响。

四是部分线路调整建设内容，个别已投入运营线路车站出入口建成后拆除，导致投资增加。

三、从入户调查表、评估报告、补偿协议多方比对发现异常补偿问题案例

审计人员在对某拆迁项目进行审计时发现，某被补偿人夫妻共取得苗木补偿约 3 000 万元。审计人员通过查阅原始补偿档案发现，该户原始调查表中树木胸径有较多

修改的痕迹，且存在青苗种植面积大于租地协议面积、补偿时未对树木进行密植度认定、补偿协议多次修改、被补偿人在获取补偿款后又将已补偿的苗木进行迁移等问题。

审计人员将发现的事项及取得的相关证据及时提交给了委托方，由委托方进一步核实后移交纪检部门。

四、从房屋的位置入手发现补偿重大问题案例

审计人员在对某拆迁项目进行审计时，要求评估公司将评估的全部非住宅房屋在项目的钉桩图进行位置标注，并提出标注完成后与影像图进行比对的要求。评估公司标注完成后，审计人员发现约 3.5 万平方米的房屋在项目红线外，涉及各项补偿约 1.1 亿元。审计人员对红线外的非住宅又进行了实地勘察，发现大部分房屋并未拆除。在充足的证据面前，被拆迁单位不得不将红线外的补偿全部退回。

第 5 章

工程项目勘察设计审计实务及案例

勘察设计是工程项目建设准备阶段的主要工作，是工程项目前期工作的重要组成部分。勘察设计费用一般仅占工程总投资的 3% ~ 5%，而勘察设计工作对工程造价的影响达到 80% 左右。在建设单位对工程项目做出投资决策后，勘察设计成为控制工程投资的关键环节。勘察设计是工程项目建设过程中一个十分重要的环节，在很大程度上决定了工程的质量和造价，并影响工程的工期。因此，加强工程项目勘察设计审计对节约建设资金、避免损失浪费，都具有十分重要的意义。

工程项目勘察设计审计是工程项目全过程审计的重要内容，是政府审计、内部审计的关注重点。

5.1 工程项目勘察设计审计导入案例

下面以某大学图书馆工程设计审计案例作为导入案例介绍工程项目勘察设计审计。

一、背景描述

某大学图书馆工程建筑面积为 56 000 平方米，批复工程投资为 22 081.30 万元，其中工程费用为 19 201.10 万元。2016 年 7 月，该工程项目开展了方案设计招标，招标文件中明确本项目采用限额设计，通过公开招标最终选择了北京某建筑设计院作为设计中标单位。2016 年 9 月，设计单位进行初步设计，并向业主提供了初步设计图纸和初步设计概算，提交的初步设计概算为 21 611.40 万元（其中工程费用为 18 792.48 万元）。受学校委托，中天恒达负责该项目的全过程审计。

二、存在问题

中天恒达根据设计单位提供的初步设计图纸对初步设计概算进行审核，发现设计单位提交的初步设计概算中，工程费用没有完全按初步设计图纸计算。例如，主体结构工程提交的初步设计概算为 871.20 元 / 平方米，而按初步设计图纸计算，初步设计概算应为 1 236 元 / 平方米，经过核实后的最终初步设计概算应为 23 654.28 万元，超出批复的投资估算。

三、审计意见

该项目中虽然采用了限额设计，但限额设计落实不到位，导致初步设计概算超出批复的投资估算，其主要原因如下。

- 设计人员的投资控制观念淡薄，在设计中一味追求建筑效果，将安全系数层层加大，未考虑对工程造价的影响。
- 设计人员和造价人员没有形成有机整体，相互脱节，限额设计也就无从谈起。
- 超出限额设计后的责任追究制度不明确，导致限额设计没有落到实处。

四、案例启示

该工程项目审计可为工程项目勘察设计提供以下四点启示。

- 积极推行限额设计，保证总投资额不被突破。
- 促使设计单位内部负责设计和造价的部门或人员形成有机整合，增强设计人员的经济观念。在设计各阶段，设计人员与造价人员密切联系，避免设计人员只管画图、造价人员只管算账的现象。
- 建立健全设计单位的经济责任制，约定限额设计奖惩条款，实行“节奖超罚”。
- 加强对设计概算的审查，保证设计概算的准确性，避免设计概算与设计图纸脱节。

5.2 工程项目勘察设计审计实务操作

工程项目勘察设计审计是由专业机构和人员对被审计单位工程项目勘察设计的真实性、合法性、效益性进行的独立审查与评价工作。

一、工程项目勘察设计审计内容

工程项目勘察设计审计实务包括勘察设计管理审计、工程概算审计、工程预算审计等方面审计。这里仅阐述勘察设计管理审计的内容，工程概算审计和工程预算审计等审计内容将在“工程项目造价审计实务及案例”中阐述。

【观点分享】

勘察设计审计内容如下。

（1）勘察设计单位资质资格审查情况。

> （2）勘察设计合同管理情况。
> （3）勘察设计文件编制情况。
>
> ——《公共工程项目跟踪审计指南》

（一）勘察设计招投标管理审计

工程项目勘察设计工作专业性强，建设单位一般委托专业的勘察、设计单位来进行勘察、设计工作。勘察设计招投标管理审计以符合性审计为主，重点审查以下八项内容。

- 勘察设计招标方式是否符合国家相关规定。
- 勘察设计招标文件内容是否完整，是否符合国家和行业相关规定，是否明确设计控制要求（如设计总建筑面积、设计总估算等），有无采取限额设计。
- 勘察设计招标文件中的评分办法是否合理，有无从技术、经济上体现竞争性。
- 勘察设计任务书是否详细，意图是否表达清楚。
- 勘察设计投标书是否满足招标文件的要求。
- 勘察设计收费的计费基数是否准确，报价限额标准是否合理，有无体现竞争性。
- 设计投标书中的投资估算是否在批复投资范围内，投资估算是否详细，各项费用划分是否合理。
- 设计方案是否符合招标文件要求及相关规范要求，是否合理、新颖，有无满足功能要求。

（二）初步设计管理审计

初步设计是投资概算的编制依据，也是建设工程施工图设计的依据。初步设计管理是工程投资管理的关键环节。初步设计管理审计应侧重于关注初步设计的管理方式、管理制度，以及设计合同、初步设计批复文件、初步设计图纸等资料，重点审查以下七项内容。

- 是否建立健全初步设计审查和批准的内部控制制度。
- 初步设计完成的时间及其对建设进度的影响。
- 是否及时对初步设计进行审查，并进行多种方案的比较和选择。
- 初步设计深度是否符合规定，有无因设计深度不足而造成投资失控的风险。
- 是否采取限额设计、方案优化等控制工程造价的措施。
- 限额设计是否与类似工程进行比较和优化论证，是否采用价值工程等分析方法。
- 初步设计文件是否规范、完整；初步设计批准的编制依据是否充分，程序是否合法，手续是否完备，内容是否真实合法。

（三）施工图设计管理审计

施工图设计管理审计以符合性审计为主，重点审查以下七项内容。

- 是否建立健全施工图设计的内部控制制度，该制度执行是否有效。
- 施工图设计完成的时间及其对建设进度的影响，有无因设计图纸拖延交付导致的进度风险。
- 施工图设计深度是否符合规定，有无因设计深度不足而造成投资失控的风险。
- 施工图预算的编制依据是否有效，内容是否完整，数据是否准确。
- 设计交底、施工图会审的情况及施工图会审后的修改情况。
- 施工图设计的内容及施工图预算是否符合经批准的初步设计方案、概算及标准。
- 施工图设计文件是否规范、完整，包括设计依据、地形地貌资料、建设地点的自然状况、有关部门及地方政府签订的正式协议书、施工条件、有关的建筑和设备的技术与经济数据等资料。

（四）设计变更管理审计

设计变更管理审计以符合性审计为主，重点审查以下五项内容。

- 是否建立健全设计变更的内部控制制度，有无因过失而造成设计变更的责任追究制度，该制度执行是否有效。
- 是否及时签发与审批设计变更通知单，是否存在影响建设进度的风险。
- 设计变更的内容是否符合经批准的初步设计方案。
- 设计变更对工程造价和建设进度的影响，是否存在工程量只增不减从而提高工程造价的风险。
- 设计变更的文件是否规范、完整。

（五）设计资料管理审计

设计资料管理审计以符合性审计为主，重点审查以下两项内容。

- 是否建立健全设计资料的内部控制制度，该制度执行是否有效。
- 工程图纸和其他设计资料的归档是否规范、完整、及时。

二、工程项目勘察设计审计程序

笔者团队编制的工程项目勘察设计审计程序表如表 5-1 所示。

表 5-1　工程项目勘察设计审计程序表

单位			签名		日期	
项目		投资决策审计程序表	编制人		索引号	
截止日期			复核人		页次	
序号	审计目标					
1.1	确定工程项目勘察设计的真实性，即审查和评价工程项目勘察设计活动的真实性					
1.2	确定工程项目勘察设计的合规性及合法性，即审查和评价工程项目勘察设计活动的合规性及合法性					
1.3	确定工程项目勘察设计的效益性，即审查和评价工程项目勘察设计活动的效益性					
序号	审计程序				执行情况	索引号
1.1	收集工程项目勘察设计相关法律法规和规范性文件					
1.2	收集工程项目勘察设计相关材料					
1.3	调查了解工程项目勘察设计情况					
1.4	查证核实工程项目勘察设计情况（对专业技术文件可委托专业中介机构进行审核，并出具专业审核意见）					
1.5	形成工程项目勘察设计审计意见					

（一）收集工程项目勘察设计相关法律法规和规范性文件

笔者团队编制的工程项目勘察设计审计法律法规体系汇总表如表 5-2 所示。

表 5-2　工程项目勘察设计审计法律法规体系汇总表

单位			签名		日期	
项目		投资决策审计依据表	编制人		索引号	
截止日期			复核人		页次	
序号	类别	文件名称				
1	法律	《中华人民共和国建筑法》 《中华人民共和国民法典》 《中华人民共和国招标投标法》 《中华人民共和国政府采购法》				
2	法规	《中华人民共和国招标投标法实施条例》 《建设工程质量管理条例》 《建设工程勘察设计管理条例》 《建设工程抗震管理条例》				
3	规章	《工程建设项目勘察设计招标投标办法》 《建筑工程设计招标投标管理办法》 《房屋建筑和市政基础设施工程施工图设计文件审查管理办法》 《建设工程消防设计审查验收管理暂行规定》 《建设工程勘察设计资质管理规定》				

（续表）

序号	类别	文件名称
4	规范	《建筑工程方案设计招标投标管理办法》 《建设工程工程量清单计价规范》 国家或省级、行业建设主管部门颁发的计价定额和计价办法 工程造价管理机构发布的工程造价信息 国家及相关行业部门制定的勘察、设计、监理、施工、材料的工程建设强制性标准和规范
5	审计相关法律法规	《中华人民共和国宪法》 《中华人民共和国审计法》 《中华人民共和国国家审计准则》 《国务院关于加强审计工作的意见》 《审计署关于内部审计工作的规定》 《会计师事务所从事基本建设工程预算、结算、决算审核暂行办法》
简要说明	本法规体系是工程项目勘察设计审计工作的主要依据	

（二）收集工程项目勘察设计相关材料

工程项目勘察设计审计依据的主要资料如下。

- 委托勘察设计管理制度。
- 经批准的可行性研究报告及估算。
- 设计所需的气象资料、水文资料、地质资料、技术方案、建设条件批准文件、设计界面划分文件、能源介质管网资料、环保资料概预算编制原则、计价依据等基础资料。
- 勘察和设计招标资料。
- 勘察和设计合同。
- 初步设计审查及批准制度。
- 初步设计审查会议纪要等相关文件。
- 组织管理部门与勘察、设计商往来函件。
- 经批准的初步设计文件及概算。
- 修正概算审批制度。
- 施工图设计管理制度、施工图设计交底和会审会议纪要。
- 经会审的施工图设计文件及施工图预算。
- 设计变更管理制度及变更文件。
- 设计资料管理制度。

（三）调查了解工程项目勘察设计情况

笔者团队编制的工程项目勘察设计情况调查表如表 5-3 所示。

表 5-3　工程项目勘察设计情况调查表

单位		签名		日期	
项目	勘察设计审计调查表	编制人		索引号	
截止日期		复核人		页次	
序号	调查内容		是	否	备注
1	初步设计概算				
1.1	编制人员是否具有相应的编制资格				
1.2	编制依据是否经过有关单位的批准				
1.3	编制说明和单项工程概算表、单位工程概算表、分项工程概算表等是否完整，是否按有关规定的深度进行编制				
1.4	项目总费用是否包括了全部设计内容				
2	施工图预算				
2.1	工程项目投资额是否在工程造价咨询企业的资质许可范围内				
2.2	工程数量计算是否正确				
2.3	综合单价计算是否正确				
2.4	暂估价中的材料单价是否按照工程造价管理机构发布的工程造价信息或参考市场价格确定				
3	设计变更				
3.1	设计变更是否存在超越时限的情况				
3.2	是否违反规定实施变更审批				
3.3	业主、设计方、承包商提出的变更是否合理				
3.4	设计变更是否存在重复或多计工程量				
4	勘察设计单位资格				
4.1	建设单位是否存在降低资质发包勘察设计工作				
4.2	勘察设计人员资质是否满足要求				
4.3	勘察设计人员是否按要求到位				

（续表）

序号	调查内容	是	否	备注
5	勘察设计合同管理			
5.1	是否存在向协作单位支付勘察设计费的情况			
5.2	勘察设计工作是否被转包 / 分包			
6	勘察设计文件编制			
6.1	是否存在越权审批勘察设计文件的问题			
6.2	勘察设计文件内容是否完备			
6.3	设计的标准规范是否符合国家关于编制、审核的规定			

（四）查证核实工程项目勘察设计情况

在具体工作中，专业技术文件可委托专业中介机构进行审核，并出具专业审核意见。

（五）形成工程项目勘察设计审计意见

具体审计程序因审计要求和审计内容的不同而不同，但工程项目勘察设计审计必须履行基本审计程序，并编制相应审计工作底稿。对工程项目勘察设计进行审计，审计人员要通过确定工程项目勘察设计行为的合规性、合法性及有效性，提出审计意见和建议。

三、工程项目勘察设计审计方法

工程项目勘察设计管理审计主要采用分析性复核、复算、文字描述、现场核查等方法。

以上是实际工作中常用的几种审计方法，审计人员在具体审计工作中应综合使用。在实施项目跟踪审计时，审计人员对上述方法的运用具体体现为：通过了解、检查招标组织形式、招标方式及资质管理，判断项目勘察设计单位的选取方式的合规性及选取的有效性，及时给予预警；在合同签订前，关注勘察、设计费计取的合理性；关注项目勘察、设计过程管理，包括勘察、设计成果审查、审批，结合项目实施情况，判断有无管理不到位的风险及漏洞，及时给予提示，帮助相关单位有效规避风险。

在已完成项目事后审计中，审计人员可通过访谈了解项目勘察、设计过程，并结合收集的相关勘察设计资料、项目实施资料等，进行对比分析，以判断项目勘察设计管理过程是否规范，审查有无风险及问题。

5.3 工程项目勘察设计审计问题案例

一、勘察设计失误问题案例

审计署 2007 年第 2 号公告（34 个高等级公路项目建设管理及投资效益情况的审计结果）显示：16 个项目因勘察设计失误、违反基本建设程序、盲目赶工抢工等原因，造成损失浪费和增加投资 27.18 亿元。例如，贵州省一家设计单位的部分领导收受贿赂 296 万元后，将遵义至崇溪河高速公路的地质勘察工作违规分包给 10 家单位；因部分勘察人员不具备勘察资质，造成勘察结果与实际地质状况严重不符，使工程增加投资和损失浪费共 7.2 亿元。内蒙古自治区交通部门在呼和浩特至老爷庙高速公路建设中，为追求速度，将 4 年工期压缩为 28 个月，并以未经批准的初步设计方案进行招标，后因批准的设计方案较初步设计方案有变化，实际弃土量超过设计弃土量 513 万立方米，增加投资 3 827 万元。

二、未进行初步设计问题案例

某市审计局在对该市公交车用天然气加气站工程进行审计时发现：已建和在建的 24 个加气站均未进行初步设计，违反了《市政府投资建设项目管理暂行规定》第十六条“政府投资建设项目设计包括规划设计方案、初步设计、施工图三个阶段”的规定。

某市审计局在对某自然博物馆改扩建工程进行审计时发现：该改扩建工程没有编制和报批完整的初步设计，施工图设计只编制了土建及设备安装部分概算，没有总体概算，违反了《关于 ×× 地区建设工程初步设计审查的规定》第十条“凡初步设计未经批准的建设工程，设计单位不得编制施工图”的规定。按照这一规定，该改扩建工程应做初步设计并由市科研院审批。

某市审计局在对某监狱扩建项目进行审计时发现：该工程项目未编制初步设计文件，违反了《市政府投资建设项目管理暂行规定》第六条“政府投资建设项目要按照国家规定履行报批手续，严格执行建设程序。建设程序主要包括：项目建议书、可行性研究报告、初步设计……”的规定。

某市审计局在对某污水处理厂工程进行审计时发现：该工程初步设计未报批，违反了《关于 ×× 地区建设项目初步设计审查的规定》第六条第三款“市政公用基本建设项目，包括市政场站……总投资 500 万元以上，由 ×× 审批”的规定。

三、工程勘察招标的方法、程序不符合规定问题案例

某事业单位办公大楼经主管部门批准立项，该项目总建筑面积为 10 000 平方米，总投资为 8 000 万元，建设资金为财政拨款。在立项批复中，明确批示“该项目要严格按照《中华人民共和国招标投标法》等法律法规和有关部门的规章，规范招标投标行为”。

该项目的具体招标投标工作按照建设主管部门核准的意见进行。该事业单位基建处根据主管部门的批示，将工程勘察直接委托给某勘察设计院，工程勘察费为 49 万元。

审计调查发现，该工程勘察未经过招标程序，工程勘察招标的方法、程序不符合规定。

该事业单位所在的某省制定的《实施〈中华人民共和国招标投标法〉办法》第十一条第三款规定，“勘测、设计、监理等服务，单项合同估算价在三十万元人民币以上的要进行招投标”，审计建议工程勘察必须按照《中华人民共和国招标投标法》的规定进行招标。

该事业单位基建处根据审计意见组织进行了工程勘察的招标工作，经过竞争，某勘察设计院最终中标，工程勘察费由 49 万元降为 38 万元。

工程项目建设是否招标，一方面要根据资金来源的渠道确定，另一方面要根据当地政府依据《中华人民共和国招标投标法》结合当地情况制定的相关规定确定。

第6章

工程项目招投标审计实务及案例

我国招投标制度规定，建设单位应当根据招标项目的特点和需要自行或委托相关机构编制招标文件，明确招标项目的技术要求、对投标人资格审查的标准、投标报价要求和评标标准等所有实质性要求和条件，以及拟签订合同的主要条款。

实行招投标制度，通过市场竞争选择报价合理的合格承建单位，是建设单位降低建设成本、防范建设风险的有效途径，也是预防工程项目建设领域滋生腐败的有效途径。

工程项目招投标审计应涵盖招投标前准备工作的审计，招投标文件及标底文件的审计，以及开标、评标、定标的审计。开展全面招投标审计，可以揭示各个招投标管理环节存在的问题，为工程管理提供审计预警。

【知识分享】

工程招标投标过程一般包括招标准备、招标投标、开标、评标、中标和合同签订等环节。

——摘自《公共工程项目跟踪审计指南》

6.1　工程项目招投标审计导入案例

下面以某市属重点中学新建教学楼工程招投标审计案例作为导入案例介绍工程项目招投标审计。

某市属重点中学新建教学楼为四层框架结构，资金来源为自筹资金。该中学教学楼筹建办考虑到工期紧，为了加快进展，由筹建办会同学校工会等部门经考察后直接委托某市第五建安公司承担基础部分施工，仅对土建主体部分进行招标。该中学教学楼筹建办参照有关招标文件范本自行编制了招标文件，并邀请了包括某市第五建安公司在内的三家施工单位参加投标，最终，某市第五建安公司中标。

市审计局审计后认为，该中学教学楼筹建办为两名临时抽调教师组成的临时机构，不具备编制招标文件及组织开标所应具有的专业能力及相应的场地和专家评委库。该中学教学楼筹建办在不具备自行招标能力且未向有关行政监督部门备案情况下自行招标，违反了《中华人民共和国招标投标法》第十二条“招标人具有编制招标文件和组织评标能力的，可以自行办理招标事宜”及“招标人自行办理招标事宜的，应当向有关行政监督部门备案”的规定。

《工程建设项目招标范围和规模标准规定》第七条规定，施工单项合同估价在200万元人民币以上的必须进行招标；第九条规定，依法必须进行招标的项目，全部使用国有资金投资或者国有资金投资占控股或者主导地位的，应当公开招标。《中华人民共和国招标投标法》第四条规定，任何单位和个人不得将依法必须进行招标的项目化整为零或者以其他任何方式规避招标。

6.2 工程项目招投标审计实务操作

工程项目招投标审计是由专业机构和人员对被审计单位工程项目招投标的真实性、合法性、效益性进行的独立审查与评价工作。

一、工程项目招投标审计内容

一般来说，工程项目招投标审计的对象为招标单位，当然理论上也可以延伸审计投标单位。工程项目招投标审计的内容，理论上大多概括为招投标前准备工作的审计，招投标文件及标底文件的审计，开标、评标、定标的审计。工程项目招投标审计业务因工程招投类型、方式等的不同而不同，一般应包括工程项目招投标管理审计、资格预审文件和招投标文件审计、工程量清单计价审计、工程招标控制价审计等。

（一）工程项目招投标管理审计

工程项目招投标管理审计主要分为招标、投标、评标、中标四个过程的管理审计。

1. 招标过程管理审计

（1）工程项目招标过程管理审计要点如下。

- 审查招标范围是否符合国家有关规定，重点审查是否存在规避招标的行为。
- 审查标段的划分是否合理，是否有利于建设管理和施工管理。
- 审查招标工作是否进行了行政监督和执法监察。

- 审查自行招标是否经有关主管部门批准同意，代理招标是否具有相应的资质。
- 审查设计、监理、施工及物资采购等招标项目在招标时，是否具备招标条件，是否制定评标办法。
- 审查采用邀请招标的项目是否符合规定的范围，是否经有关主管部门批准。
- 采用公开招标方式的项目，审查招标人是否公开发布招标公告；大型工程建设项目及国家重点项目、中央项目、地方重点项目，审查是否同时在规定媒体发布招标公告。
- 审查公告从媒介正式发布至发售资格预审文件（或招标文件）的时间间隔是否满足规定，招标公告的内容是否真实合法，招标公告是否存在限制潜在投标人的内容。
- 已发出的招标文件进行必要澄清、答疑或者修改的，审查是否在招标文件要求提交投标文件截止日期规定的时间（15 日）前完成，是否以书面形式通知所有投标人，澄清或者修改的内容是否作为招标文件的组成部分。
- 审查自招标文件发出之日起至投标人提交投标文件截止之日止的时间是否少于规定的最短时间。
- 审查招标文件的出售价格及投标保证金数额是否在规定的限额内。
- 审查建设工程是否实行工程量清单招标，是否编制招标控制价。

（2）工程项目招标过程管理审计重点如下。

- 审查招标条件。审阅招标公告、招标文件，审查招标范围、招标方式和招标组织形式是否履行有关审批核准手续，内容是否齐全；相应资金或资金来源是否得到落实；征地拆迁工作是否已完成；是否具备招标所需的设计图纸及技术资料。查阅招标文件编制单位资质，审计招标人是否具有编制招标文件和组织评标的能力；如果招标人不具有相关资格，是否委托具备相应资格的招标代理机构组织招标。
- 审查招标方式。查阅招标公告及评标报告，审查招标是公开招标还是邀请招标，程序是否合规，有无化整为零或以附属工程为名规避招标的情况。采用公开招标的，审查招标人是否在国家指定的报刊和信息网络上公开发布招标公告，招标公告内容是否完整；采取邀请招标的，审查招标人是否向 3 家以上具备承担施工招标项目能力、资质信誉良好的特定法人或者其他组织发出投标邀请书，投标邀请书的内容是否完整。

【案例分享】

某项目施工过程资料反映，建设单位于5月8日委托××单位进行工程的施工；招标资料反映，建设单位于当年8月5日发布招标公告组织该项目的施工招标，并于当年8月25日确定早已开展项目施工的××单位为项目中标单位。该项目先委托实施，后招标，招标工作流于形式，违反招标投标法，存在法律法规风险。

2. 投标过程管理审计

（1）工程项目投标过程管理审计要点如下。

- 审查投标人是否具备工程建设项目所需的资质（资格），是否符合招标文件的要求。
- 审查投标文件的编写、密封、撤回、更正、补充、替代方案等是否符合有关规定及招标文件的要求。
- 两家或两家以上单位组成联合体投标的，审查其资质等级是否符合招标文件的要求。
- 审查投标人在递交投标文件的同时，是否递交了投标保证金。

（2）工程项目投标过程管理审计重点如下。

- 审查投标人资格。审阅投标人资质原件及复印件，关注投标人是否拥有规定资格，是否达到所要求的资质等级，是否具有良好的信誉、优良的施工和安全生产记录，是否拥有雄厚的技术力量和充足的机械设备，是否按要求缴纳投标保证金等。
- 审查围标串标。审查投标人是否按照招标文件的要求编制投标文件，是否对招标文件提出的实质性要求和条件做出明确响应，投标文件内容是否齐全、规范，投标报价和施工组织设计是否合理，是否存在对招标人不利、不合理的条款等。
- 审查不同投标人的投标文件是否由同一单位或者个人编制，不同投标人是否委托同一单位或者个人办理投标事宜，不同投标人的投标文件载明的项目管理成员是否相同，不同投标人的投标文件是否雷同或者投标报价呈规律性差异，不同投标人的投标文件是否相互混装，不同投标人的投标保证金是否从同一单位或者个人的账户转出。

3. 评标过程管理审计

（1）工程项目评标过程管理审计要点如下。

- 审查招标文件中是否载明评标标准和方法；在评标时，是否另行制定或修改、补充评标标准和方法，评标标准和方法是否对所有投标人都相同。

- 审查评标的指标、标准是否科学合理，招标控制价的编制和确定是否符合规定。
- 审查参加开标会议的人员、开标时间、开标记录及开标程序是否符合规定。
- 审查评标委员会人员的确定、人员构成及专业结构是否符合规定，是否满足招标项目的要求。重点审查评标委员会成员是否在规定的专家库中随机抽取，项目法人指派的评委是否超过 1/3。
- 审查评标程序及无效标的处理是否符合规定。
- 审查评标委员会是否按规定进行评标，是否遵守了评标纪律。重点审查是否存在领导打招呼、暗示等干预评标工作的行为。
- 审查评标报告的内容是否真实完整。

（2）工程项目评标过程管理审计重点如下。

- 审查评标是否由招标人依法组建的评标委员会负责；评标委员会是否由招标人的代表和有关技术、经济等方面的专家组成，人数是否为 5 人以上单数，其中技术、经济方面的专家成员总数是否在 2/3 以上；评标委员会成员是否从专家库中随机抽取；与投标人有利害关系的人是否进入评标委员会；评标委员会成员名单在中标结果确定前是否保密。
- 审查评标专家和评标委员会在评标过程中能否做到公平、公正，包括评标委员会是否按照招标文件确定的评标标准和方法，对投标文件进行评审和比较；设有标底的，是否参考了标底；投标文件初审后符合废标条件的是否按废标处理；评标委员会是否向投标人提出带有暗示性或诱导性的问题，或者向其明确投标文件中的遗漏和错误；评标报告是否由评标委员会全体成员签字确认；评标委员会完成评标后，是否向招标人提出书面评标报告，并推荐 1 ~ 3 名中标候选人，标明排列顺序。

【案例分享】

在某市政府大楼电梯采购招标中，评委孙某等人在参加评标前接到 A 公司电话，对方让他们“关照”一下，并表示事后会“感谢”。孙某等人在随后的评标中采取压低其他投标人抬高 A 公司的方式进行打分，最终 A 公司总分排名第一并中标。事后，A 公司经理夏某分别请各评委吃饭，并当场奉上“感谢金”。孙某等人共收受钱物 223 万元、1 部手机和 0.6 万元购物卡。

——摘自《公共投资审计读本》

4. 中标过程管理审计

（1）工程项目中标过程管理审计要点如下。

- 审查候选中标人的基本条件是否符合规定的条件，是否按规定进行了排序。
- 审查中标人的确定方法是否符合规定，是否在规定的时间内向有关主管部门书面报告。
- 审查中标通知是否按规定发出；合同是否在规定期限内签订；中标人放弃中标、拒签合同后，是否按规定处理。
- 审查招标完成后，是否按规定退还投标保证金。

（2）工程项目中标过程管理审计重点如下。

- 审查定标是否公平、公正。通过查阅评标报告，审查是否存在虚假招标、明招暗定等情况。明招暗定这种行为会使公共投资项目招标投标活动流于形式，对招标投标市场建设产生严重的不良影响。

【案例分享】

在某流域治理项目工程招标投标中，审计人员通过审查主管部门、投标单位、评标委员等人员名单发现，部分主管部门人员不仅兼任所属A水电公司管理人员，还是评标委员会成员，评标委员会在A水电公司投标得分排名为第6名的情况下，将其定为中标人。

——摘自《公共投资审计读本》

- 审查中标人与合同签订人是否一致。通过审查招标人的评标报告及项目实施合同，查看评标报告提供的中标候选人是否与合同签订人一致；审查招标人是否接受评标委员会推荐的中标候选人，招标人是否在评标委员会推荐的中标候选人之外确定中标人；审查招标人在发出中标通知书的同时是否将中标结果通知其他投标人；审查中标人中标后是否按约定提供履约保证金。

（二）资格预审文件和招投标文件审计

资格预审文件和招投标文件审计分为资格预审文件审计和招投标文件审计两部分。

1. 资格预审文件审计

（1）工程项目资格预审文件审计要点如下。

- 审查资格预审文件内容的完整性、相关资质要求的合理性。
- 审查资格预审公告内容是否完整，申请人资格要求是否符合有关规定。

- 审查资格预审程序的合理、合法性，方法、评审标准的合理性及评审工作的公正、公平性。

（2）工程项目资格预审文件审计重点及方法。通过查阅资格预审文件或招标文件，检查投标人资格条件、投标报价要求、评标标准和方法、进度款付款办法、计价取费依据、结算办法、合同主要条款、技术条款、竣工验收后保修工作的措施和承诺及违约责任等，关注是否存在招标人以不合理的条件限制或者排斥潜在投标人，或者实行歧视性待遇等问题。

【案例分享】

审计人员在审计某市道路工程招标资料时发现，该招标项目存在限定潜在投标人为本市境内的施工企业，且自招标文件发出之日起至投标人提交投标文件之日止仅四天时间，开标时间与要求提交投标文件截止时间不在同一时间等典型的地方保护主义问题。

——摘自《公共投资审计读本》

2. 招投标文件审计

（1）审查招标文件编制依据。

审计人员主要检查内容如下。

- 国家现行的法律法规、地方性法规、部门规章、地方政府规章、国家标准、建设单位内控制度等。
- 项目特点、标段划分、招标范围、工作内容、工期要求、合同价款支付方式、设计图纸、技术要求、地质资料、参考资料、现场条件、管理要求等由委托人提供的文件资料。
- 工程建设标准、标准图集、预算定额、费用定额、价格信息、规范性文件等。
- 市场竞争状况、施工技术能力、施工设备状况等其他因素。

（2）审查拟定招标文件的程序。

拟定招标文件应当遵循的程序如下。

- 做准备工作。
- 文本选用。
- 文件编制。
- 文件评审。
- 成果文件提交。

（3）审查招标文件内容。

一般来说，工程项目招标文件应包括以下九项内容。

- 招标公告（或投标邀请书）。
- 投标人须知。
- 合同条款。
- 投标文件格式。
- 采用工程量清单招标的，应当包括工程量清单。
- 技术标准、规范及有关技术文件。
- 工程设计图纸。
- 评标标准和方法。
- 投标辅助材料。

审核招标文件应重点关注以下八个方面。

- 招标范围是否明确，是否存在擅自扩大范围或缩小范围的情况。
- 标段划分是否科学合理，有无利用划分标段限制或者排斥潜在投标人的情况，有无招标人利用划分标段规避招标的情况。
- 投标人和项目经理、主要负责人的资质、业绩等的要求是否符合项目本身的特点，是否存在招标人以不合理的条件限制、排斥潜在投标人或者投标人的情况；是否存在以特定行政区域或者特定行业的业绩、奖项作为加分条件或者中标条件的情况。
- 招标文件的发售期是否不足5日，是否存在因发售期不足导致潜在投标人数量不足而不能公开招标的情况。
- 是否存在自招标文件发出之日起至投标人提交投标文件截止之日止少于20日的情况；招标文件存在必要澄清、答疑或者修改事项的，是否在要求提交投标文件截止日期至少15日前将相关事项以书面形式通知所有投标人等。
- 评标委员会的组成是否由招标人的代表和有关技术、经济等方面的专家组成，人数是否为5人以上单数，成员中技术、经济等方面的专家是否为成员总数的2/3。
- 评标办法中对施工组织设计、项目管理机构设置、投标报价、企业业绩等评分因素设置和分值设置是否科学合理。
- 合同专用条款中是否针对项目特点进行设置，如合同价款的支付方式、合同价款的调整方法、合同双方的权责利益分配等。

（4）审查投标文件（清标）。

清标工作一般在开标后到评标前进行。清标工作应包括以下九项内容。

- 对招标文件的实质性响应。
- 错漏项分析。
- 分部分项工程量清单项目综合单价的合理性分析。
- 措施项目清单的完整性和合理性分析，以及其中不可竞争性费用正确性分析。
- 其他项目清单的完整性和合理性分析。
- 不平衡报价分析。
- 暂列金额、暂估价正确性复核。
- 总价与合价的算术性复核及修正建议。
- 其他应分析和澄清的问题。

中介机构应按合同要求向发包人出具对各投标人投标报价的清标报告。中介机构对承接的清标工作负有保密义务。

清标工作的重点内容如下。

- 对照招标文件，查看投标人的投标文件是否完全响应招标文件。
- 对工程量大的单价和单价过高于或过低于清标均价的项目进行重点审查。
- 对措施费用合价包干的项目单价，要对照施工方案的可行性进行审查。
- 对工程总价、各项目单价及要素价格的合理性进行分析、测算。
- 对投标人所采用的报价技巧，要辩证地分析判断其合理性。
- 在清标过程中要发现清单不严谨的表现，并妥善处理。

（三）工程量清单计价审计

工程量清单计价审计要点详见“工程项目造价审计实务及案例”部分内容。

（四）工程招标控制价审计

工程招标控制价审计要点详见“工程项目造价审计实务及案例”部分内容。

二、工程项目招投标审计程序

笔者团队编制的工程项目招投标审计程序表如表 6-1 所示。

表 6-1　工程项目招投标审计程序表

单位		签名		日期	
项目	投资决策审计程序表	编制人		索引号	
截止日期		复核人		页次	
序号	审计目标				
1.1	确定工程项目招投标的真实性，即审查和评价工程项目招投标活动的真实性				
1.2	确定工程项目招投标的合规性及合法性，即审查和评价工程项目招投标活动的合规性及合法性				
1.3	确定工程项目招投标的效益性，即审查和评价工程项目招投标活动的效益性				

（续表）

序号	审计程序	执行情况	索引号
1.1	收集工程项目招投标相关法律法规和规范性文件		
1.2	收集工程项目招投标相关材料		
1.3	调查了解工程项目招投标情况		
1.4	查证核实工程项目招投标情况（对专业技术文件可委托专业中介机构进行审核，并出具专业审核意见）		
1.5	形成工程项目招投标审计意见		

【经验分享】

某集团工程项目招投标审计程序如下。

- 建设单位在发布招标公告前，向审计项目组提供拟定的招标（招标资格审查）文件、评标办法等。
- 审计项目组对上述资料进行审核，提出审计意见或建议。必要时，审计项目组可以参加招标（招标资格审查）文件的讨论，提供审计专业意见。
- 建设单位根据审计意见，对招标文件进行完善后，开展招投标工作。
- 审计项目组参加招标踏勘答疑会，对招标现场踏勘、答疑提供第三方审计鉴证。必要时，审计项目组可以以审计监标人身份参加内部招标项目的开标、评标工作，对招投标程序及其结果的真实性、合法性和公正性进行监督。必要时，审计项目组可以列席建设单位与中标候选人的澄清、谈判会议，提供第三方审计鉴证和专业咨询意见。
- 建设单位在签约前，向审计项目组提供拟定的合同文件、招投标文件及定标文件，审计项目组对上述资料进行审核，提出签约审计意见或建议。
- 建设单位根据审计意见进行合同签约。

三、工程项目招投标审计方法

工程项目招投标审计方法主要包括观察、询问、分析性复核、现场核查等方法。

以上是实际工作中常用的几种审计方法，在具体审计工作中应综合使用。在实施项目跟踪审计时，审计人员对上述方法的综合运用具体体现为：通过跟踪关注项目招标规划、招标方案的确定，对违反招标投标法律法规的情况给予预警；在过程跟踪中，严格依据项目招标方案核准意见关注项目招投标制度执行情况，对发现未严格执行的情况及时给予预警；通过审核招标文件，关注项目招标条件是否具备、招投标程序约定是否合规、招标内容约定是否严谨，对发现的问题及时提示，帮助相关单位有效规避风险；通过审核工程量清单、招标控制价，对工程量清单、招标控制价存在的问题及时给予提示；通过事后监督，关注项目招投标程序的实际执行情况，并通过资料分析，判断有无问题。

在已完成项目事后审计中，审计人员可通过访谈了解项目招投标管理模式及机制，并结合收集的相关招投标资料、项目实施资料等，进行对比分析，以判断项目招投标管理过程中招投标制度的执行情况、招投标实施程序的合规性、招标文件内容的完整性及严谨性、招标控制价的完整性及准确性，审查有无问题及风险。

6.3　工程项目招投标审计问题案例

一、西电东送 21 个输变电项目审计发现招投标问题案例

审计署 2014 年第 4 号公告（西电东送 21 个输变电项目审计结果）显示了以下内容。①工程建设中存在违反招投标规定的问题。主要是电网公司未经招标将部分电网工程直接发包给关联企业，招标中存在大幅压缩招投标时间、评标不合规等问题，涉及金额 34.39 亿元，占审计抽查金额的 16%。②设备材料采购、招标代理等业务中存在未按规定招标问题。主要是电网公司直接指定关联企业承担部分设备材料采购、招标代理等业务，并借机多支付相关费用，由此向关联企业输送利益 8.19 亿元。

二、京沪高速铁路建设项目跟踪审计发现招投标问题案例

审计署 2012 年第 3 号公告（京沪高速铁路建设项目 2011 年跟踪审计结果）公布了土建施工和个别物资采购招投标不规范问题。一是京沪高铁全线土建施工招标未认真执行有关招投标法规的时限规定。铁道部（现已撤销）2007 年 12 月在京沪高铁全线土建 1 至 6 标招标中，将资格预审申请文件的获取时间由规定的不得少于 5 个工作日，缩短至 13 小时；将资格预审申请文件从获取到递交时间由规定的一般不少于 7 天，缩短至不到 24 小时。二是个别物资采购未按规定招标或招标评标不规范，涉及金额 8.49 亿元。例如，京沪公司自 2009 年 10 月起，未经招标采购滑动层材料 71.80 万平方米，涉及金额 2 833.73 万元；在 2010 年 3 月公开招标后，京沪公司继续以应急采购的方式从未中标企业采购 130.35 万平方米，涉及金额 4 952.51 万元，且有 86.20 万平方米的供应单价高于中标企业的单价，合计高出 391.80 万元。京沪公司 2009 年 8 月在桥面防水材料招标中，未按招标文件要求评价企业最大履约能力，将 12 个物资包件授予了 10 家供货商，合同金额 6.98 亿元，不符合招标文件有关按照最经济原则确定中标人的要求。

三、工程项目应实行招投标而未实行招投标问题案例

经某市审计局审计，某通风与空调系统安装工程未按规定实行招投标，合同金额达 1 910 365.82 元。

该通风与空调系统安装工程未按某市发展改革委核准的招标方式进行委托公开招标，而是以签订工程总包合同补充协议的方式，直接委托给项目总包单位——某市第五建筑工程有限责任公司进行施工。此做法违反了《中华人民共和国招标投标法》第三条规定：“在中华人民共和国境内进行下列工程建设项目包括项目的勘察、设计、施工、监理以及与工程建设有关的重要设备、材料等的采购，必须进行招标：（一）大型基础设施、公用事业等关系社会公共利益、公众安全的项目；（二）全部或者部分使用国有资金投资或者国家融资的项目；（三）使用国际组织或者外国政府贷款、援助资金的项目。”

对于未按规定实行招投标的问题，审计项目组建议建设单位认真学习《中华人民共和国招标投标法》，在今后的工程管理中，严格执行相关法规，杜绝此类问题的发生。

四、工程项目资格预审文件内容不完整、不规范问题案例

中天恒达对某房地产开发公司项目部编制的《施工招标资格预审文件》进行审核后发现，该《施工招标资格预审文件》内容存在不完善、不规范之处，主要如下。

- 资格审查委员会 7 名成员中有 3 名成员是该房地产开发公司员工，主任委员由该房地产开发公司总经理担任，此人员组成不符合《省房屋建筑和市政基础设施工程施工招标投标人资格审查办法》的规定。
- 资格预审文件中要求拟任项目经理具有注册一级造价工程师执业证书，但没有对挂靠证书现象做特别说明，也没有对投标企业的资质等级提出要求。

中天恒达针对上述问题提出的审核意见如下。

- 在资格审查委员会 7 名成员中，该房地产开发公司所占的人员数量由 3 名改为 2 名，主任委员由该房地产开发公司总经理担任改为由资格审查委员会推荐。
- 明确参与投标的项目经理不得挂靠、不得同时兼任其他工程项目经理，同时对投标企业资质明确规定为不得低于房屋建筑总承包一级施工企业资质。

本案例启示如下。

- 《施工招标资格预审文件》是一份重要的文件，对确定施工队伍的质量起着至关重要的作用，影响着工程的进度、质量和工期。
- 《施工招标资格预审文件》的内容要依据《房屋建筑和市政基础设施工程施工招标投标人资格审查办法》完整编制。

第 7 章

工程项目合同管理审计实务及案例

【[illegible]】

[illegible]

工程项目合同也称建设工程合同，是承包人进行工程建设、发包人支付价款的合同，是工程承包、发包双方实现市场交易的重要方式和依据。建设工程合同包括工程勘察、设计、施工、监理等合同。《中华人民共和国建筑法》《中华人民共和国民法典》《建设工程质量管理条例》中都有关于建设工程合同的规定。

工程项目合同管理是指对工程项目合同的签订、履行、变更、终止等环节的全过程进行全方位管理，以全程跟踪、监控的方式，确保工程项目合同管理规范、有效。工程项目管理是以合同管理为核心的，离开合同，工程项目管理就无从谈起，合同是工程项目管理的主要法律依据。

工程项目专业工程类型多，施工、供货单位多，一个大型建设项目往往涉及几百份工程合同。因此，建立健全工程项目相关管理制度，设置审计前置环节，把工程项目合同审计纳入常规审计工作范围是工程项目审计的重要工作内容。工程项目合同管理审计是工程项目各专项审计的基础审计工作之一。

简单地把合同管理审计界定为对合同签订和履行情况进行的审计，这是理论上的高度概括，缺乏可操作性。从务实角度考虑，工程项目合同管理审计除了对合同管理情况（如合同管理方面的内部制度、管理流程、管理职责等）进行符合性审计外，还应重点对主要工程项目合同等进行实质性审计。因此，工程项目合同管理审计，即依据符合性测试确定合同管理审计的重点合同（环节），根据对重点合同（环节）的实质性审计，揭露工程项目合同管理中存在的缺陷和问题，从而形成工程项目合同管理（签订和履行）情况的审计结论。

工程项目合同管理审计具体内容因具体工程项目合同管理制度、管理流程及其合同种类的不同而不同，也因审计方式、审计介入的时间等因素的不同而不同，不能固定化。

【知识分享】

重大公共工程项目承包合同关系着工程价款结算，合同如果不够规范和严密，可能给建设单位或承包单位带来直接或间接的经济损失，给竣工结算埋下隐患。这就要求保证合同签订内容的合法性、全面性和严密性。因此，应特别加强对重大公共工程项目合同的跟踪审计，如审核合同中的责任、权利、质量、工期、取费、拨付款办法、奖罚、保修及时有效等约定是否全面合规，合同中的主要条款是否与招标文件、中标条件相符。

——摘自《公共工程项目跟踪审计指南》

7.1 工程项目合同管理审计导入案例

下面以兴华工程项目合同管理审计案例作为导入案例介绍工程项目合同管理审计。

一、项目概况

兴华工程项目位于洋浦市高科技开发区，拟建厂区面积82 000平方米，总建筑面积为160 000平方米，包括厂房、办公楼、变电站、污水处理站、厂区道路及管线、厂区绿化用地等，预计项目总投资4亿元。

由于承包单位提出项目委托方即某集团严重拖欠工程款，根据合同规定停止了工程施工，导致工期延误近两年。

为了解决工程问题，该集团基建审计部李某、王某等审计人员对该工程项目进行了合同管理审计。

二、审计过程

针对兴华工程项目合同管理情况，集团基建审计部的审计人员进行了以下审计过程。

（一）收集与兴华工程项目合同管理审计有关的各种资料。审计人员根据集团公司工程项目合同管理审计程序表的计划安排，实施了收集与兴华工程项目合同管理审计有关的各种资料的审计程序。

（二）调查总包合同签订情况。审计人员根据集团公司工程项目合同管理审计程序表的计划安排，实施了调查总包合同签订情况的审计工作。

（三）评审合同制度建立和执行情况。审计人员根据集团公司工程项目合同管理审计程序表的计划安排，实施了评审合同制度建立和执行情况的审计工作。

（四）审查具体合同情况。审计人员通过合同台账对该项目的六大类合同进行了审查，初步掌握了本项目的合同签订、执行状况。

三、审计结论

（一）合同的内部控制管理。通过审计，审计人员认为本项目建立了较为全面的合同管理制度，合同签订规定实行审批、备案制，但在实际执行中，相关人员没有严格遵守已建立的合同管理制度；同时，审计人员发现该项目没有明确专门的部门和人员负责合同的管理工作，存在着分散管理合同的现象，合同多部门存放、多部门管理，不能对合同实行有效、动态控制。

除此之外，审计人员还发现合同的风险管理没有系统性的情况，具体表现为：工程量的确认程序及有关内部控制不健全，无防范价格风险的措施，项目实施中合同管理失控；集团在合同管理中没有建立健全防范重大设计变更、不可抗力、政策变动等的风险管理体系。

（二）合同的签订管理。通过审计，审计人员发现总承包合同是由某特一级施工企业甲和某二级施工企业乙联合承包的，而招标文件要求施工单位资格为总承包一级，根据《中华人民共和国建筑法》的规定，本项目的承包联合体资质应按二级核定，不具备承包本项目工程的资质，经济合同主体不合法。

（三）合同的履行管理。通过审计，审计人员发现部分施工合同因合同条款不严谨或不明确等原因，存在合同款支付、合同变更、合同结算等执行事宜未参照相应管理办法执行的现象。合同条款约定，在项目实施过程中，施工方应于每周二以前，以书面形式向集团提交项目完成工作量的周报；同时，审计人员发现集团并没有收到完整的工作量周报，造成集团不了解项目进展情况。

7.2　工程项目合同管理审计实务操作

工程项目合同管理审计是由专业机构和人员对被审计单位工程项目合同管理的真实性、合法性、效益性进行的独立审查与评价工作。

一、工程项目合同管理审计内容

简单地说，工程项目合同管理审计就是对工程项目合同签订和履行情况的真实性、合规性和有效性进行审查和评价。

不同的工程项目、不同的合同类别，其合同内容和管理要求等肯定不同，但均要符合基本的合同管理要求，因此，不论对哪个工程项目的哪一类合同进行审计，审计的基本内容应该都是一致的。

【知识分享】

重大公共工程项目合同审计内容主要如下。

（1）重大公共工程项目合同主体资格情况。

（2）重大公共工程项目合同主要条款。

——摘自《公共工程项目跟踪审计指南》

在实践中，工程项目合同管理审计应在对合同管理制度、合同管理流程进行审计的基础上，选择重点工程项目施工合同，工程项目材料、设备购置合同，工程项目勘察设计合同及工程项目委托监理合同等重点合同进行详细审计。

（一）工程项目合同管理制度审计

工程项目合同管理制度审计主要内容如下。

- 审查是否根据国家合同管理法律法规，并根据本项目实际情况建立了合同管理制度。
- 审查建立的合同管理制度是否健全，是否具有可操作性。
- 审查是否设置了专门的合同管理机构或者确定了专职或兼职合同管理人员。
- 审查相关部门和人员在合同管理中的职责是否明确。
- 审查确定的合同管理人员是否具备合同管理的知识和能力。
- 对于各相关合同，审查是否明确了合同的承办部门和承办人员。
- 审查是否建立了合同管理台账。
- 审查合同管理是否实行审查会签制度。
- 审查合同管理是否建立了审计监察制度和责任追究制度。
- 审查合同管理机构是否建立健全了防范重大设计变更、不可抗力、政策变动等的风险管理体系。

（二）工程项目合同管理流程审计

工程项目合同管理流程审计涉及合同签订、合同履行、合同变更与解除、合同索赔、合同分包、合同终止、合同档案管理等多个环节。

1. 合同签订审计

合同签订审计主要内容如下。

- 审查合同主体的选择是否通过招投标确定，是否合规。
- 审查合同主体是否符合规定的资质条件，资信状况是否良好。
- 审查合同是否在规定时间内签订。

- 审查合同是否经过相关部门的会签。
- 审查合同是否经过法律部门或法律顾问及造价咨询机构的审核。
- 审查合同是否按照规定的审批权限报上级主管部门审批、备案。
- 审查合同签订是否按照规定进行授权。
- 审查合同的订立是否按规定程序执行，是否经过资质审查、合同谈判、合同起草、合同会签、合同签署过程。

在工程项目合同签订阶段，重点审查合同与招标文件的相符性。审计人员主要审查内容如下。

- 合同条款是否经当事人双方协商一致。
- 合同中数量和计量单位的规定是否明确、具体。
- 合同规定的质量要求是否执行国家标准、行业标准或企业标准。
- 价格或报酬标准是否合理、合法。
- 是否明确规定合同履行期限、地点和方式。
- 违约责任条款规定是否明确。
- 合同条款中是否规定解决合同争议的方式。

在实际工作中，投标人为了多获得工程价款，可能会进行工程变更或签订补充协议以规避招标投标文件中的责权利条款。审计人员应认真研究招标文件中有关招标人及投标人的责权利条款及投标文件中投标人的承诺，审查工程变更及补充协议增加内容是否属于投标人应承担的义务。

2. 合同履行审计

合同履行审计主要内容如下。

- 审查是否确定相关合同的承办部门和承办人员。
- 审查是否建立了合同台账。
- 审查有无提前履行合同义务的情况。
- 审查是否定期对合同履行情况进行检查和分析，对合同履行中的差异问题的处理是否及时，是否编制了专门的分析性报告。
- 审查是否按照合同规定支付了合同款项。
- 审查对于合同履行过程中出现的问题，是否按照规定程序进行了处理。
- 审查对于合同履行过程中出现的有关问题，是否签订了补充协议。

合同履行审计重点如下。

- 审查中标人是否按照规定提交了履约保证金或者其他形式的履约担保。
- 审查中标人是否将中标项目转包给他人。中标人将中标项目肢解后分包给他人，违反《中华人民共和国招标投标法》的规定。

- 审查中标人是否将中标项目分包给不具备相应资质条件的单位。
- 审查是否存在承包人利用其他承包商名义签订合同或超越本企业资质等级签订合同的情况。
- 审查合同变更情况。合同变更几乎不可避免，变更原因也多种多样。正常情况有工程地质发生变化、设计图纸缺项漏项、赶工期、改变施工工艺、物价大幅变动等。非正常情况则是借合同变更之名增加工程量，套取建设资金。

3. 合同变更与解除审计

合同变更与解除审计主要内容如下。

- 审查是否存在合同变更的相关内部控制，合同变更条款是否明确合理。
- 审查合同变更程序执行的有效性及索赔处理的真实性、合理性。
- 审查合同变更的原因，以及变更对成本、工期及其他合同条款的影响的处理是否合理。
- 审查合同变更是否符合法律法规，是否经双方当事人协商一致。
- 审查合同变更的批准是否按重大变更、重要变更和一般变更等类别分权限或授权确定。
- 审查合同变更后的文件处理工作，有无影响合同继续生效的漏洞。
- 审查对变更项目的确定、变更费用的处理程序及变更费用的审核办法等是否制定了详细的处理办法和工作流程。
- 审查是否在合同中规定了变更结算方式。例如，规定变更结算方式按照国际惯例采用调值公式，或招标文件中明文规定变更费用要按合同价与标底价同比例下浮等。
- 审查各类工程变更是否设有相应的控制程序并有效执行，对于重大设计变更，是否建立了相应的责任追究制度。
- 审查合同解除的原因是否合理。
- 审查合同解除是否按规定的程序进行。
- 审查合同解除的批准、登记等手续是否按规定程序办理。

4. 合同索赔审计

合同索赔审计主要内容如下。

- 审查建设单位是否制定并执行了反索赔制度。
- 审查承包人提出的合同索赔理由是否合理、充分。
- 审查承包人提出的合同索赔资料是否合理、齐全。
- 审查承包人提出的合同索赔理由是否在合理期限内。

- 审查承包人索赔是否按照规定程序进行处理。

5. 合同分包审计

合同分包审计主要内容如下。

- 审查合同分包是否在总包合同中明确约定。
- 总承包企业实行分包的，审查是否经过甲方的同意，并接受甲方的监督与指导。
- 总承包企业实行分包，且符合招标范围的，审查是否按照规定的程序实施招标。
- 审查是否存在总包企业将其承包的全部建设工程肢解后以分包的名义分别转包给第三人的情况。

6. 合同终止审计

合同终止审计主要内容如下。

- 审查合同终止是否符合法律法规规定的合同终止条件。
- 审查乙方是否全部履行了合同义务，并通过质量验收，达成合同规定的各项责任目标。
- 审查是否按照规定留存质量保证金。
- 审查是否存在未处理完的合同纠纷。
- 对于单方面中止合同的情况，审查是否已经达成并履行了违约、索赔等事项。
- 审查是否按照考核与奖惩管理规定实施了考核与奖惩。
- 审查最终合同费用及其支付情况。

7. 合同档案管理审计

合同档案管理审计主要内容如下。

- 审查各项合同档案资料的收集和保管（包括合同签订、履行分析、跟踪监督，以及合同变更、索赔等一系列资料的收集和保管）是否完整，是否按照规定进行立卷归档。
- 审查合同档案是否通过档案验收，是否按照规定将所有合同档案资料移交档案管理部门。

（三）工程项目施工合同审计

工程项目施工合同审计主要内容如下。

- 审查合同文件是否齐全，合同签署流程是否符合行业和建设单位的相关规定。
- 审查合同各方的主体单位是否具备法人资格，各种签章是否齐全，是否与招标人（委托人）和中标人（受托人）名称完全一致。
- 审查通过当地建设行政管理部门进行招标监管的项目是否进行合同备案，备案合同与实际执行中的合同是否完全一致。

- 审查合同金额与中标金额、合同工期与中标人所递交的投标文件中承诺的工期是否存在差异。
- 审查合同条款是否完整，是否符合国家、行业和地方相关法律法规的基本要求。
- 审查合同中的计价形式、洽商变更、清单错漏项及风险约定是否清晰，在不违背国家和地方法律法规的前提下是否有效地保护了建设单位的利益；合同条款中合同款支付的方式和支付进度及合同履约等约定是否符合行业和建设单位的相关规定。
- 审查合同中关于“违约责任”及“争议解决”的表述条款是否清晰严谨，相关处理措施是否得当，是否能够在不违背国家和地方法律法规的前提下有效地保护建设单位的利益。
- 审查合同执行过程中的主要责任人是否明确，建设方的合同内部管理和执行流程是否已经建立并运行良好，是否可以确保各个环节均落实到具体责任人。
- 审查总承包合同和专业分包合同之间及主从合同之间的关系是否清晰，相关费用支付方式和支付进度、合同价调整（洽商、变更、风险约定）、质保期、开工竣工时间等主要约定条款是否保持一致或有延续性。
- 审查确定的合同条款是否完整、无歧义，是否与招标文件规定或投标承诺一致且准确地体现在合同文本中。

（四）工程项目材料、设备购置合同审计

工程项目材料、设备购置合同审计主要内容如下。

- 审查合同书格式是否合规，文字表述是否严谨可靠。
- 审查合同签订是否按照公平竞争、择优择廉的原则来确定供应商；重点审查建设单位的材料及设备采购是否通过真正意义上的招标竞价，采购价格是否合理。
- 审查合同中是否明确了材料和设备的规格、品种、质量、数量、单价、总价、包装方式、结算方式、运输方式、交货地点、交货时间、交货方式。
- 审查合同中是否明确了付款时间和方式。
- 审查合同中是否明确了验收时间、地点、标准和方式。
- 审查合同中是否明确了保修方式、违约责任和争议处理方式。

（五）工程项目勘察设计合同审计

工程项目勘察设计合同审计主要内容如下。

- 审查合同是否明确规定需要提交的勘察设计基础资料、设计文件及其提供期限。
- 审查合同是否有明确的限额设计要求和违约责任条款。
- 审查合同是否明确规定勘察设计的工作范围、进度、质量和勘察设计文件份数。

- 审查勘察设计费的计费依据、收费标准及支付方式是否符合有关规定。
- 审查合同是否明确规定双方的权利和义务。
- 审查合同是否明确规定协作条款和违约责任条款。
- 审查合同条款中是否有针对控制设计变更的量或金额的奖惩约定。
- 审查合同条款中对拟建项目的勘察设计有无明确的投资和功能要求。
- 审查合同条款是否符合建设工程勘察设计合同管理的有关规定。

（六）工程项目委托监理合同审计

工程项目委托监理合同审计主要内容如下。

- 审查监理公司的监理资质与建设项目的建设规模是否相符。
- 审查合同是否明确所监理的建设项目的名称、规模、投资额、建设地点。
- 审查监理的业务范围和责任是否明确。
- 审查监理所提供的工程资料及时间要求是否明确。
- 审查监理报酬的计算方法和支付方式是否符合有关规定。
- 审查合同有无违约责任的追究条款。

二、工程项目合同管理审计程序

笔者团队编制的工程项目合同管理审计程序表如表 7-1 所示。

表 7-1 工程项目合同管理审计程序表

单位		签名		日期	
项目	合同管理审计程序表	编制人		索引号	
截止日期		复核人		页次	

序号	审计目标
1.1	确定工程项目合同管理的真实性，即审查和评价工程项目合同管理活动的真实性
1.2	确定工程项目合同管理的合规性及合法性，即审查和评价工程项目投资决策活动的合规性及合法性
1.3	确定工程项目合同管理的效益性，即审查和评价工程项目合同管理活动的效益性

序号	审计程序	执行情况	索引号
1.1	收集工程项目合同管理相关法律法规和规范性文件		
1.2	收集工程项目合同管理相关材料		
1.3	调查了解工程项目合同管理情况		
1.4	查证核实工程项目合同管理情况（对专业技术文件可委托专业中介机构进行审核，并出具专业审核意见）		
1.5	形成工程项目合同管理审计意见		

【经验分享】

工程项目合同管理审计程序一般如下。

- 建设单位向审计项目组提供拟定的合同文件初稿。
- 审计项目组对上述资料进行审核，提出审计意见或建议。必要时，审计项目组可参与合同文件编制的讨论，提供审计专业咨询意见；另外，审计项目组还可列席建设单位与合同相对方的澄清、谈判会议，提供第三方审计鉴证和专业咨询意见。
- 建设单位在签约前，将拟定的合同文件终稿提供给审计项目组，审计项目组对上述资料进行审核，提出签约审计意见或建议。
- 建设单位参考审计意见或建议，修改完善合同文件后正式签订合同。
- 审计项目组根据合同约定，在项目实施过程中审计合同的履行情况。
- 审计项目组在项目实施过程中审计合同管理情况。

——摘自《中天恒达3C工程项目审计研究报告》

三、工程项目合同管理审计方法

工程项目合同管理审计方法主要包括审阅、核对、重点追踪审计等方法。

在实施项目跟踪审计时，审计人员对审计方法的运用主要体现在以下四个方面。

- 对照招标文件及投标文件承诺，审查合同文件实质性条款与招标文件及投标文件承诺的是否一致，并提示风险。
- 对合同的关键条款进行一一审查，审查约定是否完整、严谨、合规，并提示风险。
- 通过跟踪，结合项目实施情况，关注实施项目合同签订情况，检查有无未签、补签及“黑白合同”的情况，并提示风险。
- 通过跟踪，审查项目合同台账的建立情况及其完整性、适用性，以及合同文本存档的规范性。

在已完成项目事后审计中，审计人员可通过访谈了解项目合同管理模式及机制，并结合收集的相关合同资料、项目实施资料等，进行对比分析，以判断项目合同管理过程中合同制度的执行情况，合同签订程序的合规性，合同文件内容的符合性、完整性及严谨性，审查有无风险及问题。

【经验分享】

公共投资合同管理审计思路与方法如下。

首先，收集并熟悉与公共投资项目合同管理有关的法律法规和规范性文件，并以此作为审计依据。要求被审计单位提供以下资料：中标通知书、招标文件和中标人投标文件、合同协议、补充合同或协议、合同变更文件资料等。

其次，对建设单位签订的合同管理情况实施现场审计。审阅中标人的投标文件及让中标人提供相应资质证明材料，审查合同主体资格是否合规。审阅招标文件、中标人投标文件和合同，审查合同的主要条款与投标文件、中标人投标文件中主要内容是否一致，是否存在订立背离合同实质性内容的其他协议，重点审查合同造价条款是否清晰、有效、合法、合规。审阅合同变更、合同终止和合同履行过程中的索赔资料，审查合同的履行情况及其结果。

最后，整理、总结和归纳合同管理审计情况，对审计发现的问题，按照《中华人民共和国国家审计准则》的有关规定取得审计证据，对建设单位合同管理情况进行审计评价，形成阶段性审计结论，并对发现的问题提出处理意见。

——摘自《公共投资审计读本》

7.3　工程项目合同管理审计问题案例

一、某公路工程项目未按规定与公用管线项目分签合同问题案例

某审计厅在对某公路工程项目进行审计时发现，实行“道路与公用管线”统一招标的工程项目，未按规定与公用管线项目分签合同。

某公路工程项目与同步实施的公用管线项目（污水、中水、电信）统一由 ×× 公司进行招标，×× 公司按统一招标的中标价格与中标单位签订建设工程施工合同，造成合同订立的发包人与支付合同价款的发包人不一致，即合同价款支付涉及多个发包人。这不符合《中华人民共和国招标投标法》第八条“招标人是依照本法规定提出招标项目、进行招标的法人或者其他组织”的规定。

二、工程监理合同约定的业务范围及违约责任不明确问题案例

中天恒达在对某水电项目工程监理合同进行审计时发现，该项目工程监理合同约定的业务范围及违约责任不明确，主要表现如下。

- 合同条款中未对监理服务范围和内容做出明确、具体约定，可能导致监理公司通过附加工作酬金和额外工作酬金的方式多计取监理服务费的结果。

- 合同条款中未就发生工程质量问题时监理的责任、监理人承担违约及侵权责任的赔偿范围和赔偿数额的计算方式、工程延期监理费用调整计算方式和调整程序做出明确规定。

中天恒达的审计意见如下。

- 在监理合同专用条件部分有关监理范围和监理工作内容的条款中，未列出具体的服务范围和内容，更多只强调对工程质量的控制。在有关监理人权利的条款中，却根据建设工程委托监理合同范本赋予了监理人有关工程造价和进度的一系列权利（激励措施），造成了权利和义务的不对称。
- 合同中未明确建设单位和承包单位之间与建设工程合同有关的联系活动应通过监理单位进行，由此造成建设单位在工程建设过程中工作上的被动。
- 在监理人责任条款中，对过失和故意行为未加区分，对委托人造成经济损失的责任无法正确划分。

委托人采纳了中天恒达的审计意见，对该监理合同进行了以下修改和补充。

- 根据权利义务对等原则，在合同条款中增列具体监理范围和监理工作内容，对服务范围内的工作不计取附加（额外）工作酬金；与激励措施相对应，补充处罚条款。
- 在合同中约定建设单位和承包单位之间与建设工程合同有关的联系活动应通过监理单位进行。
- 在合同中明确规定：对监理人没有监理资质、与承包人串通损害委托人利益或拒绝履行监理义务等故意违反合同义务的行为，要求其承担全部赔偿责任（不受“累计赔偿总额不应超过监理报酬总额”的限制）；而对于监理人的过失行为，只要造成损失，就推定其主观上存在故意，除非监理人有足够证据证明此行为是由其过失所致，且承担相应的损失。

本案例启示如下。

- 服务范围和内容是监理人计取监理服务费的重要依据，合理确定服务范围和内容是避免监理人多收取附加工作酬金及额外工作酬金的有效措施之一，因此，合同条款中必须明确监理人具体的业务范围，将其作为划分责任的依据。
- 鉴于监理合同范本“因监理人的过失给委托人造成经济损失的责任，监理人累计赔偿总额不应超过监理报酬总额”的规定，合同中要严格区分监理人的故意和过失行为，故意行为所致经济损失监理人一定要全额赔偿，过失行为赔偿金额按规定确定。

【知识分享】

工程监理合同的内容主要包括：监理的范围和内容，监理人的权限范围，监理期限，双方的权利和义务，监理费的计取标准和支付方式；合同提前终止，解除的条件，确认和处理程序，违约责任；争议解决及双方认为需要约定的其他事项。施工阶段的监理应包括对工程质量、造价、进度进行全面控制和管理，安全生产监督管理，对合同、信息等方面进行协调管理等。

【知识分享】

所谓"黑白合同"，就是建设单位在工程招标投标过程中，为获取不正当利益，除了公开签订的合同外，私下与中标单位签订另一份合同。这种行为一般会产生以下三种后果。

- 损害国家利益或第三者利益。
- 强迫中标单位垫资或带资承包、压低工程款等。
- 欺诈与要挟。

三、工程施工合同履行违约问题案例

中天恒达在对某厂房工程项目施工合同进行审计时，发现该项目工程施工合同履行存在违约的情况，对违约的处理也不恰当。

该工程采用工程量清单招标，某建筑公司中标，中标价为 13 542 万元。甲、乙双方根据招标文件中的施工合同格式签订了施工合同。在合同专用条款中，双方约定如下：开工前，建设单位按合同金额的 5% 支付工程预付款；在施工过程中，每月 25 日施工单位申报工程进度款，按核定的工程进度的 85% 支付工程进度款等；施工单位必须按约定的工期完成工程项目建设，竣工时间每推迟一天，处罚违约金 1 万元。

由于资金紧张，建设单位未按合同约定支付工程预付款。施工单位进场后，制定了详细的施工组织设计方案，但实际施工进度滞后于原定的施工进度计划。建设单位因为急于投产使用，多次催促施工单位加快进度，但施工进度一直滞后。建设单位对照施工组织设计方案中的施工进度计划，估算实际进度滞后 18 天，认为施工单位的行为已经造成工期违约，按合同规定对施工单位处以 18 万元的违约金处罚。施工单位对此极为不满，认为自己违约是因为建设单位违约在先，违约责任应由建设单位承担，并认为只要建设单位工程预付款到位，就可保证工程按期竣工并交付使用。

中天恒达听取了双方的意见，在进行调查核实后发现以下两种情况。

- 施工单位工期按原计划延误18天属实，但当时工程并没有竣工，工程仍在施工过程中，并不一定会造成竣工日期的推迟。施工单位可以在后期通过增加人力、物力的投入来调整施工进度计划，加快施工进度，满足合同工期的要求。
- 建设单位没有按合同规定按时支付工程预付款，属于违约行为。工程预付款不到位，客观上造成了施工单位资金紧张，不能按要求投入足够的人力、物力，最后导致实际施工进度滞后，建筑单位针对施工单位的按工期违约的处罚显然不妥。

本案例启示如下。

- 为了加强项目管理，防止出现责任不清的情况，合同双方应严格履行合同义务。
- 在进行工程施工合同管理时，相关单位应具体问题具体分析，不应机械地执行相关合同条款，而应透过现象看本质，找出问题的根源，这样才能达到合同管理的最终目的。

第8章

工程项目设备材料审计实务及案例

工程项目设备材料的采购和管理对建设项目的质量控制及成本控制均起着关键作用。设备材料是工程的基本组成部分，在建设工程中，设备材料费用一般占建安投资总额的 60% ~ 80%。因设备材料采购或管理不善，造成项目投资成本大幅增加、建设资金大量流失的问题时有发生。因此，对工程项目设备材料加强管理具有十分重要的意义。工程项目设备材料管理审计是工程项目全过程审计的重要环节。

工程项目设备材料审计内容因审计方式的不同而不同。如果对工程项目进行跟踪审计，设备材料审计就是工程项目全过程跟踪审计的内容之一，应纳入工程项目跟踪审计整体工作中。对工程项目设备材料进行专项审计，简单地说，就是对工程项目设备材料采购、保管、使用情况的审查和评价。

从务实角度考虑，工程项目设备材料审计除了对设备材料管理情况（如设备材料管理方面的内部制度、管理流程、管理职责等）进行符合性审计外，还应对重点设备材料采购、保管、使用情况进行实质性审计。

【知识分享】

重大公共工程项目材料设备主要包括项目建设所用的各种设备、工具、器具、材料等，泛指完成工程建设所需的各类工程物资。重大公共工程项目材料设备通常有三种采购供应方式：一是招标人自行采购供货；二是承包人采购供货；三是招标人与承包人联合采购供货。为规范建设物资设备管理，保证建设工程质量，降低工程成本，重大公共工程项目一般会依据国家有关法律法规和行业或地方相关规定制定材料设备供应管理制度。

——摘自《公共工程项目跟踪审计指南》

8.1 工程项目设备材料审计导入案例

下面以任凤轩公司工程物资管理专项审计案例作为导入案例介绍工程项目设备材料审计。

一、审计目标

该专项审计的审计目标是，通过审查内部控制制度等是否全面、合理，物资采购计划、审批、招标、采购、合同签订及合同管理情况，物资验收、出入库记录、剩余物资、废旧物资处置情况，以及业务流程的有效性和日常执行的遵循性，揭示存在的控制风险，提出可行的建议和改善措施，规范公司物资管理系统及流程，加大管控力度，提高物资管理效率和质量，有效降低采购和物资管理综合成本，减少资金占用，同时促使各级管理部门和工作人员遵纪守法，尽职尽责、负责担当、廉洁高效地做好公司物资管理工作。

二、审计内容

第一，物资采购计划、审批、招标、采购、合同签订及合同管理。本次审计抽查了部分物资需求计划、物资采购计划，招标、投标或询价文件、评标报告及物资采购合同等。

第二，任凤轩公司基建项目不存在甲供材，因此本次审计仅就大修技改所用物资的入库、出库、库存等进行了抽查审计。

第三，任凤轩公司管理制度。本次审计所关注的管理制度包括《任凤轩公司物资计划管理办法（试行）》《任凤轩公司物资采购实施办法（试行）》《任凤轩公司物资仓储管理办法（试行）》《任凤轩公司机加、维修及返厂维修管理办法（试行）》《任凤轩公司生产性物资回收及废旧物资处置管理办法（试行）》《任凤轩公司合同管理办法》。

第四，审查内部控制制度等是否全面、合理。

三、发现问题

第一，物资交旧领新管理存在的问题。这主要包括交旧领新欠料未及时追回及欠料未能及时核销，煤矿仓储部分备品备件 / 专用工具出库凭证中未见生产物资交旧领新凭证等。

第二，物资管理台账录入检查不够细致，个别数据有误。审计调查发现，物资出入库台账存在材料单价录入错误、出库日期录入错误等问题。

第三，物资盘点不规范。主要问题包括库存盘点流于形式，未能反映库存真实情况；物资盘点无存货状态。

四、审计建议

第一，物资交旧领新物资欠料时间超长及欠料未能及时收回，欠料情况比较严重，表明物资部前期对物资欠料追踪及收回重视不够，应杜绝制度成为摆设。因此，建议物资部严格按照新制度《任风轩公司生产性物资回收及废旧物资处置管理办法（试行）》，及时分析产生问题的原因并按照新制度编制《年度交旧领新欠料物资专项分析报告》，及时按照新制度操作流程进行妥善处置，避免或减少国有资产流失，以规避相应的管理责任风险。

第二，建议加大物资部及各仓储中心内部的考核力度，重点关注仓储中心内部各岗位的监督和考核工作，强调执行力。建议修改《任风轩公司物资仓储管理办法（试行）》有关盘点的内容，建议修订为每月物资部及各仓储中心进行内部盘点，每半年、年度组织各部门进行核盘，并适度增加抽盘的样本量，避免联合稽查流于形式。

8.2 工程项目设备材料审计实务操作

工程项目设备材料审计是由专业机构和人员对被审计单位工程项目设备材料的真实性、合法性、效益性进行的独立审查与评价工作。

一、工程项目设备材料审计内容

从工程项目设备材料流程视角务实考虑，工程项目设备材料审计内容包括以下四个方面。

- 工程项目设备材料采购审计。
- 工程项目设备材料领用、质检、使用审计。
- 工程项目设备材料形成资产交付、处置审计。
- 工程项目设备材料委托采购和管理审计。

（一）工程项目设备材料采购审计

工程项目设备材料采购审计内容因涉及环节的不同而不同。

1. 工程项目设备材料租购决策审计

工程项目设备材料租购决策审计主要内容包括获取材料设备采购、租赁资料，检查材料设备的采购、租赁决策的科学性，是否经过了价格比较，有无费用高、效率低的现象。

2. 工程项目设备材料采购计划审计

工程项目设备材料采购计划审计主要内容如下。

- 审查建设单位采购计划是否符合已报经批准的设计文件和基本建设计划。
- 审查所拟定的采购地点是否合理。

- 审查采购程序是否规范。
- 审查采购的批准权与采购权等不相容职务是否分离，相关内部控制是否健全、有效。

3. 工程项目设备材料招投标审计

工程项目设备材料招投标审计主要内容如下。

- 审查对限额以上的材料、设备采购是否实行了招标投标。
- 审查招标投标程序是否符合相关要求，有无虚假招标或串通投标情况。
- 审查采购谈判情况，对限额以下材料、设备的采购是否经过了价格比较，采购价格是否合理。

4. 工程项目设备材料合同签订和履行审计

工程项目设备材料合同签订和履行审计主要内容如下。

- 审查采购是否按照公平竞争、择优择廉的原则来确定供应商。
- 审查设备和材料的规格、品种、质量、数量、单价、包装方式、结算方式、运输方式、交货地点、期限、总价和违约责任等条款规定是否齐全。
- 审查对新型设备、新材料的采购是否进行了实地考察、资质审查、价格合理性分析及专利权真实性审查。
- 审查采购合同与财务结算、计划、设计、施工、工程造价等各个环节衔接部位的管理情况，是否存在因脱节而造成的资产流失问题。

5. 工程项目设备材料验收、入库、保管及维护制度审计

工程项目设备材料验收、入库、保管及维护制度审计主要内容如下。

- 审查购进设备和材料是否按合同签订的质量进行验收，是否有健全的验收、入库和保管制度，检查验收记录的真实性、完整性和有效性。
- 审查验收合格的设备和材料是否全部入库，有无少收、漏收、错收及涂改凭证等问题。
- 审查设备和材料的存放、保管工作是否规范，安全保卫工作是否得力，保管措施是否有效。

6. 工程项目设备材料采购费用及会计核算审计

工程项目设备材料采购费用及会计核算审计主要内容如下。

- 审查货款的支付是否按照合同的有关条款执行。
- 审查代理采购中代理费用的计算和提取方法是否合理。
- 审查有无任意提高采购费用和开支标准的问题。

- 审查会计核算资料是否真实、可靠。
- 审查会计科目设置是否合规及其能否满足管理需要。
- 审查采购成本计算是否准确、合理。

（二）工程项目设备材料领用、质检、使用审计

工程项目设备材料领用、质检、使用审计主要内容如下。

- 审查设备和材料领用的内部控制是否健全，领用手续是否完备。
- 审查设备和材料的质量、数量、规格型号是否正确，有无擅自挪用、以次充好等问题。
- 审查材料设备出厂质检情况。获取材料设备出厂合格证明及材质化验单、技术性能指标检验报告，审查是否按照规定履行出厂检验，材料设备的名称、品种、型号、规格、技术标准或质量等级与合同约定是否一致，材料设备质量是否符合相关行业规范要求。
- 审查材料设备进场报验情况。抽查主要建筑材料进场报验记录，审查施工单位有无按照工程设计要求、施工技术标准和合同约定对建筑材料、建筑构配件、设备和商品混凝土进行检验，有无书面记录和专人签字。
- 审查监理单位抽检材料设备情况。获取监理单位质检资料，审查监理单位有无按规定频率抽检，是否将不合格的建筑材料、建筑构配件和设备按照合格签字。
- 审查第三方检测材料设备情况。获取第三方检测资料，审查涉及结构安全的试块、试件及有关材料，有无在建设单位或者监理单位监督下现场取样，并送质量检测单位进行检测，质量检测单位是否具有相应资质等级，材料质量抽样和检验的方法是否符合《建筑材料质量标准与管理规程》的规定。
- 审查材料设备使用的真实性。审查采购合同、施工图纸和现场安装的材料设备在数量、规格、型号、品牌等方面的一致性，有无偷工减料或是将材料设备以次充好的情况，是否造成工程质量隐患。重点审查土建、安装工程中价格较高的建筑材料，以及价格昂贵的装饰材料。
- 审查不合规材料设备处置情况。审查对不符合质量要求的材料设备的处置情况，是否查明不合格的原因；当产品验收、施工、试车和保质期内发现产品不符合要求时，是否对不合格的产品进行记录和标记；在验收过程中发现的不合格产品经评审确认后，是否按采购合同和相关技术标准采用返工、返修、让步接收、降级使用、拒收等方式进行处置。

（三）工程项目设备材料形成资产交付、处置审计

工程项目设备材料形成资产交付、处置审计主要内容如下。

（1）审查工程项目设备材料形成资产交付情况。

（2）审查建设项目剩余或不适用的设备和材料处置情况。主要审查对剩余材料设备的处理情况，手续是否合规，有无违规售卖工程材料设备的情况。

（3）审查报废材料设备处置情况。审计主要涉及以下四个方面。

- 审查是否建立了材料设备报废申请、审批及报废材料设备处理的相关制度，相关制度是否有效。
- 审查材料设备的报废处理程序是否合法、合规，相关单据记录是否完整。
- 审查是否对报废材料设备的接收、保管和处理情况进行了登记，是否编制了报废材料设备登记台账，并通过清点报废材料设备来检查报废材料设备登记台账的记录是否完整、准确，是否存在实物丢失的问题。
- 审查处理过程是否有相关部门或人员进行监督，废旧材料设备的处理价格是否合理；报废材料设备处理费用的账务处理是否合理，处理费用是否全额入账等。

（4）审查材料设备回收情况。审计主要涉及以下五个方面。

- 审查是否建立了工程材料、设备、包装物回收管理方面的制度文件，制度文件是否合理、有效并具有可操作性。
- 对于采用材料设备代保管形式的工程项目，审查是否明确了建设单位、代保管单位在包装物回收管理工作中的权、责、利，并关注各方是否按照相关要求实施了包装物回收管理工作。
- 审查是否编制了包装物回收台账、包装物处理台账等相关资料。
- 审查相关单位、部门和人员是否对包装物进行了私自处理，包装物的处理程序是否合法、合规，是否符合上级主管部门的相关要求。
- 审查对废旧包装物处理费用的使用是否合法、合规。

（5）审查设备材料盘盈盘亏情况，即审查盘点制度及其执行情况、盈亏状况及对盘点结果的处理措施。

（四）工程项目设备材料委托采购和管理审计

工程项目设备材料委托采购和管理审计主要内容如下。

- 审查物资委托采购和管理是否合法、合规。
- 审查是否对代保管和委托代购行为进行监督。

二、工程项目设备材料审计程序

笔者团队编制的工程项目设备材料审计程序表如表 8-1 所示。

表 8-1　工程项目设备材料审计程序表

<table>
<tr><td>单位</td><td></td><td>签名</td><td></td><td>日期</td><td></td></tr>
<tr><td>项目</td><td>设备材料审计程序表</td><td>编制人</td><td></td><td>索引号</td><td></td></tr>
<tr><td>截止日期</td><td></td><td>复核人</td><td></td><td>页次</td><td></td></tr>
<tr><td>序号</td><td colspan="5">审计目标</td></tr>
<tr><td>1.1</td><td colspan="5">确定工程项目设备材料的真实性，即审查和评价工程项目设备材料活动的真实性</td></tr>
<tr><td>1.2</td><td colspan="5">确定工程项目设备材料的合规性及合法性，即审查和评价工程项目设备材料活动的合规性及合法性</td></tr>
<tr><td>1.3</td><td colspan="5">确定工程项目设备材料的效益性，即审查和评价工程项目设备材料活动的效益性</td></tr>
<tr><td>序号</td><td colspan="3">审计程序</td><td>执行情况</td><td>索引号</td></tr>
<tr><td>1.1</td><td colspan="3">收集工程项目设备材料相关法律法规和规范性文件</td><td></td><td></td></tr>
<tr><td>1.2</td><td colspan="3">收集工程项目设备材料相关材料</td><td></td><td></td></tr>
<tr><td>1.3</td><td colspan="3">调查了解工程项目设备材料情况</td><td></td><td></td></tr>
<tr><td>1.4</td><td colspan="3">查证核实工程项目设备材料情况（对专业技术文件可委托专业中介机构进行审核，并出具专业审核意见）</td><td></td><td></td></tr>
<tr><td>1.5</td><td colspan="3">形成工程项目设备材料审计意见</td><td></td><td></td></tr>
</table>

【经验分享】

工程项目设备材料审计工作程序一般如下。

- 建设单位在采购前一个月向审计项目组提供采购计划。
- 审计项目组对采购计划进行审核，提出审计意见，建设单位根据审计意见调整采购计划。
- 建设单位根据采购计划实施采购，审计项目组对采购合同进行跟踪审计。
- 审计项目组定期抽查设备和材料验收、入库、保管及维护制度执行情况，不定期抽查设备和材料领用情况，定期检查各项采购费用及会计核算情况，根据检查情况及时出具审计意见。
- 建设单位及时根据审计意见落实整改设备物资管理工作。

——摘自《中天恒达 3C 工程项目全过程审计研究报告》

三、工程项目设备材料审计方法

工程项目设备材料审计主要采用审阅、网上比价审计、跟踪审计、分析性复核、现场观察、实地清查等方法。另外，也可采用以设备寿命周期成本为基础的评标价法。在具体审计中，审计人员对采购生产线、成套设备、车辆等除了衡量购买价格外，还要考虑运行期内各种后续成本费用，如备件、油料及燃料、维修等费用，如果这些费用较高，可采用以设备寿命期成本为基础的评标价法。

评标时使用的设备"寿命期"并非投标设备的设计寿命，而是为了评标时统一比较的方便预先确定的一个统一的设备评审寿命期，一般为设备从投产运行到第一次大修的年限。

【知识分享】

工程项目材料设备管理审计思路与方法如下。

（1）借助计算机分析材料设备采购合同。

（2）延伸调查供应商。

（3）调查了解材料设备价格。

（4）实地验证材料设备采购的真伪。

（5）跟踪物资流检查材料设备的实际使用情况。

——摘自《公共投资审计读本》

8.3 工程项目设备材料审计问题案例

一、主要材料采购未按合同和工程量清单要求执行问题案例

中天恒达在对某工业厂房工程项目进行全过程跟踪审计过程中，注意到工地上有两种不同档次的电缆在使用，将这一情况向建设单位、监理方做了汇报，三者共同对电缆施工情况进行了检查，结果发现以下两个问题。

- 查阅电缆采购合同，发现只有A区使用了合同中明确要求采用的市内某著名品牌的电缆，而B、C两区安装了价格低于指定品牌电缆价格的另一普通品牌的电缆。
- vv4×75的电缆头未按要求制作安装，工程量清单中要求采用干包式电缆头，施工方将电缆头改成了铜鼻子接头。

中天恒达提出以下审核意见。

- 《建设工程工程量清单计价规范》规定，工程竣工结算应依据本规范、施工合同、工程竣工图纸及资料、双方确认的工程量、双方确认追加（减）的工程价款、双方确认的索赔款、现场签证事项及价款、投标文件、招标文件、其他依据等。审计人员认为，招标文件中明确了材料品牌的，施工单位不得随意改变，如果要改变材料的品牌、规格、型号，需经建设单位同意并出具变更通知，其材料价格由双方共同确认。施工单位在工程项目施工过程中，有意将不同档次不同品牌的材料混入，赚取不同品牌之间的材料差价，是一种违约行为。
- 工程量清单报价中的电缆接头均为干包式电缆头，施工单位将电缆头改成铜鼻子接头，既不符合施工规范，也违反了合同约定。

建设单位依据中天恒达的审核意见提出以下两个处理意见。

- 责成施工单位进行返工，将已经安装的不符合要求的电缆全部抽出，重新按合同规定的品牌型号采购材料，误工及更换材料的费用由施工单位承担，并对施工单位处以相应罚款，工期不予顺延。
- 责成施工单位将已经安装的铜鼻子接头全部进行返工，严格按施工规范采用干包式电缆头，并明确所有返工费用由施工单位承担。

本案例启示如下。

- 建设单位的现场代表、监理人应熟悉合同规定的材料品牌，同时严格执行材料进场报验制度，对于施工单位已进场但与合同规定的要求不符的材料，应在规定时间内清理出场，更换的材料需由建设单位的现场代表、监理人和跟踪审计人员验收合格后方可使用。
- 工程量清单、招标文件、投标报价和施工合同是工程结算的基本依据，变更材料或改变施工方法都将引起工程造价的变化，在施工过程中一定要加强现场管理，避免以次充好和偷工减料的现象发生。

二、材料暂估价未经建设方确认问题案例

中天恒达在对某学校教学楼工程项目进行全过程跟踪审计时注意到，在该工程装修阶段，施工方采购暂估价材料中 600 毫米 ×600 毫米聚晶微粉地砖和 60 毫米 ×240 毫米外墙瓷砖的价格分别为 150 元 / 平方米和 55 元 / 平方米，地砖和墙砖采购总价为 3 000 平方米 ×150 元 / 平方米 + 6 000 平方米 ×55 元 / 平方米 = 780 000 元，并要求调整地砖和墙砖综合单价。地砖和墙砖采购价格未通过甲方确认。

中天恒达对合同、工程量清单投标报价进行分析后发现以下两个问题。

- 施工方在施工过程中未及时报甲方确认墙砖和地砖材料价格的行为，违反了

《建设工程工程量清单计价规范》"暂估价中的材料单价应按发包、承包双方最终确认价在综合单价中调整"的规定，并应承担由此产生的经济损失。

- 根据当地造价部门的相关文件规定，由于这两种材料的品牌和用途不同，每种材料的总价款未超过 50 万元，可以采用市场询价的方法确认其价格。

本案例启示如下。

- 在工程项目中，施工单位和建设单位应根据国家发展改革委等部门 2005 年颁发的《工程建设项目货物招标投标办法》第五条"工程建设项目招标人对项目实行总承包招标时，以暂估价形式包括在总承包范围内的货物属于依法必须进行招标的项目范围且达到国家规定规模标准的，应当由工程建设项目招标人依法组织招标"的规定，对工程量清单中的暂估价材料进行确认。
- 建设单位要根据工程进度要求施工单位提前把暂估价材料的品牌、规格和型号报建设单位，并及时组织好材料采购招投标，或做好市场询价工作，由建设单位和施工单位共同确认价格，以避免在以后的结算中出现纠纷。

三、材料设备进场未经验收问题案例

中天恒达在对某医院综合办公楼工程进行全过程跟踪审计中，注意到该工程在施工过程中，有部分钢材和水泥未经甲方、监理方验收就直接用于工程施工。清单中已明确了钢材和水泥供应商的范围。中天恒达查阅施工方的材料进场记录，发现项目施工自第四层开始，使用的钢材和水泥已不在合同指定的品牌范围内。

中天恒达认为，施工方未按合同要求采购建筑材料，而是购进了合同指定材料品牌以外的材料，且未经甲方、监理方验收就用于工程施工，违反了双方签订的合同及《中华人民共和国民法典》的相关规定。

中天恒达提供的处理建议如下。

- 施工方采购不符合合同要求的材料，未经甲方、监理方验收的材料不能用于本工程施工，责成施工方将未使用的钢筋、水泥退场，由此产生的损失由施工方自行承担。
- 对已经使用而无法进行返工的钢材、水泥，在保证质量的前提下，根据其不同品牌型号之间的价差，重新调整清单的综合单价；并对施工方不按清单要求采购，处以相应的违约罚款。

本案例启示如下。

- 材料、设备价值在工程造价中所占比例大，合同对材料、设备的要求应尽可能详细。甲方、监理方、审计方应熟悉合同中材料设备的规格、型号，在材料设备进场时及时做好验收工作，并核实进场材料设备的品牌、规格、型号和数量等，防止未按合同规定进场的材料、设备用于工程施工。

- 对于已经完成施工又无法返工的材料，在符合质量标准、不影响工程结构安全的前提下，应调整该项材料的不同品牌型号之间的价差，重新调整清单的综合单价。

第 9 章

工程项目施工管理审计实务及案例

工程项目建设实施阶段在工程项目建设周期中工作量最大，投入的人力、物力和财力最多，工程项目管理的难度也最大。

工程项目施工管理内容非常广泛。工程项目施工管理是对工程项目实施的进度、质量、安全、风险、资源、财务、费用、效益等建设全过程实施动态的量化管理和有效控制的系统管理活动。简而言之，工程项目施工管理至少包括工程进度管理（控制）、工程质量管理（控制）、工程安全管理（控制）、工程投资管理（控制）。当然，工程项目施工管理的各项活动（工作）是相互联系、互有影响的。

9.1　工程项目施工管理审计导入案例

下面以中银大厦为何建成“豆腐渣”工程——工程项目管理失控问题案件作为导入案例介绍工程项目施工管理审计。

位于温州的中银大厦成为“豆腐渣”工程，最终不得不爆破拆除。同大多数“豆腐渣”工程一样，中银大厦成为“豆腐渣”工程是由工程腐败导致的。这里且不说这个“豆腐渣”工程牵扯的受贿案，仅说说这个“豆腐渣”工程在工程项目施工管理方面的问题。

- 中银大厦建筑工程承包方为广东 ×× 建筑总公司，法定代表人为陈某。这家公司此前在温州并未做过任何工程，人生地不熟。中银大厦招投标前，中国银行温州分行没有很好地了解该建筑总公司的资质，也没有看过它已经建成的项目，而且该建筑总公司还没有进入温州的许可证。最后，该建筑总公司居然中标了。
- 中银大厦楼房主体封顶后，有关部门发现这座建筑面积达 1.5 万平方米的 22 层大厦存在严重的质量问题，温州市建设工程质量监督站、国家建筑工程质量监督检验中心及中国建筑科学研究院对其进行检测鉴定，结果为不合格，同时认定大厦部分结构强度达不到要求，系偷工减料造成的。

按规定，建筑楼房若是一般质量问题，不合格程度应在10%以下，而中银大厦的不合格程度是75%。专家指出，如果全面解决这些问题使建筑工程达到设计标准，其花费的资金将大大超过新建一座楼的资金，因此建议对这座楼进行爆破拆除。

在当时的建筑工程承包项目中，一般都是施工方垫付资金施工，但广东 ×× 建筑总公司不但没有垫资，而且超进度取得了工程款。工程未按规定完成，款项却已经支付。

从工程项目施工管理视角来看，中银大厦最终成为“豆腐渣”工程，原因可简单归纳如下。

- 不按照国家规定配备工程质量管理人员。中国银行温州分行本身不具备相应的工程质量管理资质，内设的基建办仅有2人具有初级职称，其余4人连职称也没有，更不懂工程管理。
- 审批工程时把关不严，存在超进度付款、提前付款和重复付款的情况。例如，在水电安装中，竟然提前一年支付数百万元工程款给施工单位。

9.2 工程项目施工管理审计实务操作

工程项目施工管理审计是由专业机构和人员对被审计单位工程项目施工管理的真实性、合法性、效益性进行的独立审查与评价工作。

一、工程项目施工管理审计内容

一般来说，工程项目施工管理审计内容主要包括工程项目施工管理制度审计、工程项目进度管理审计、工程项目质量管理审计、工程项目安全和环境保护管理审计、工程项目投资管理审计（可同造价审计和财务审计结合进行）。

在对建设项目开展工程项目施工管理审计时，审计人员应当充分认识工程管理涉及专业多、参建单位多、外部影响因素多、突发情况多等复杂态势，与建设项目管理人员充分沟通，努力了解项目管理的架构、模式、方式和管理文化，必要时，对相关参建单位进行调查，以了解管理人员实施各项工程管理行为时所面临的环境，并在此基础上做出专业判断。

在对建设项目开展工程管理审计时，审计人员除了应当对建设项目管理机构（业主）及其部门、人员实施的各项具体建设行为的有效性和效率性进行审计外，还应当关注建设项目管理机构通过调配建设资源、落实建设计划、协调建设工作等方式，对项目勘察、设计、施工、供货、监理、咨询等参建单位履约提供产品或服务工作实施的组织和管理行为的有效性和效率性进行审计。在项目建设中出现因参建单位未能充分履约等各种外部原因影响工程建设目标实现的情况时，审计人员应当加以关注，并深入分析原因，判断是否存在建设项目管理机构工程管理能力不足、管理措施不当、管理效率不高导致对参建单位相关工作督导不足等问题。

【经验分享】

工程施工管理审计主要包括工程进度管理审计、工程质量管理审计、安全文明生产管理审计和环境保护管理审计。

——摘自《五陵郭集团公司基本建设项目审计业务手册》

（一）工程项目施工管理制度审计

工程项目施工管理制度审计主要内容如下。

（1）工程项目相关管理制度的建立和执行情况审计。

- 审查各项管理制度的主要内容是否缺失，关键控制点是否合理。
- 审查实施部门的有关具体业务流程是否按照相关制度的规定执行。
- 重点对工程财务管理制度、工程造价管理制度、工程招投标制度、工程变更签证及验收制度、合同管理制度、工期管理制度、工程进度款支付管理制度、安全及文明施工制度、设备材料采购（验收、领用、清点、结算）制度等的建立和执行情况进行审查。

（2）设计单位、监理单位、施工单位、咨询单位、材料设备供应单位等与建设项目有关的各项管理制度和措施审计。

- 审查各单位与建设项目有关的各项管理制度和措施是否健全、有效。根据实际情况，提出完善和改进的审查意见和建议。
- 审查各单位主要项目人员（项目负责人、技术负责人、各专业负责人）是否与合同约定一致；如有调整，是否经建设单位同意；需要在地方行政主管部门备案的，是否办理了备案手续。

（二）工程项目进度管理审计

工程项目进度管理审计主要内容如下。

（1）审查工程项目进度管理计划编制情况。

- 审查各合同文件、施工方案关于工期和项目进度的规定是否一致。
- 审查是否建立了进度计划管理的体系和制度，进度计划编制是否以安全生产、厉行节约为前提，是否满足合同要求。

（2）审查工程项目进度管理计划执行情况。

- 审查建设单位和监理进度检查报告、施工组织设计、各种进度管理计划、已完工程量统计表等资料，以及进度计划的落实情况。
- 审查计划变更的原因是否属实，变更后的进度计划是否合规、完整、可行，进度计划变更是否按规定程序通过相关部门审批。

（3）审查工程项目进度控制情况。

- 审查施工许可证、建设及临时占用许可证的办理是否及时，是否影响工程按时开工。
- 审查现场的原建筑物拆除、场地平整、文物保护、相邻建筑物保护、降水措施及道路疏通是否影响工程的正常开工。
- 审查是否有对设计变更、材料和设备等因素影响施工进度采取控制措施。
- 审查进度计划（网络计划）的制订、批准和执行情况，网络动态管理的批准是否及时、恰当，网络计划能否保证工程总进度。
- 审查是否建立了进度拖延的原因分析和处理程序，对进度拖延的责任划分是否明确、合理（是否符合合同约定），处理措施是否恰当。
- 审查有无因不当管理造成的返工、窝工情况。
- 审查对索赔的确认是否依据网络图排除了对非关键线路延迟时间的索赔。

【观点分享】

建设项目工期管理审计内容如下。

（1）建设项目进度管理计划编制情况。

（2）建设项目进度管理计划执行情况。

——摘自《第 3201 号内部审计实务指南——建设项目审计》

（三）工程项目质量管理审计

工程项目质量管理审计主要内容如下。

（1）工程项目质量控制情况审计。

- 审查有无工程质量保证体系。
- 审查是否组织设计交底和图纸会审工作，对会审所提出的问题是否严格进行落实。
- 审查是否按规范组织了隐蔽工程的验收，对不合格项的处理是否恰当。

- 审查是否对进入现场的成品、半成品进行验收，对不合格品的控制是否有效，对不合格工程和工程质量事故的原因是否进行分析，其责任划分是否明确、适当，是否进行返工或加固修补。
- 审查工程资料是否与工程同步，资料的管理是否规范。
- 审查评定的优良品、合格品是否符合施工验收规范，有无不实情况。
- 审查中标人的往来账目或通过核实现场施工人员的身份，分析、判断中标人是否存在转包、分包及再分包的行为。
- 审查工程监理执行机构是否受项目法人委托对施工承包合同的执行、工程质量、进度、费用等方面进行监督与管理，是否按照有关法律法规、规章、技术规范及设计文件的要求进行工程监理。

（2）建设项目参建单位质量管理职责履行情况审计。

- 审查各参建单位确定的质量管理事项是否落实。
- 审查监理工作、合同管理以及分包合同管理是否符合国家法律法规和行业规范。
- 审查工程变更的审批程序、索赔申报的审批程序等程序是否明确及得到履行。

（3）工程项目质量事故处理过程审计。

- 审查相关机构是否对质量事故的原因进行调查、分析。
- 审查质量事故的技术处理方案是否严格执行相应的工程质量标准，事故处理技术方案是否切实可行、经济合理。

【观点分享】

建设项目质量管理审计内容如下。

（1）建设项目参建单位质量管理职责履行情况。

（2）建设项目质量事故处理过程。

（3）建设项目施工过程验收。

——摘自《第 3201 号内部审计实务指南——建设项目审计》

（四）工程项目安全和环境保护管理审计

工程项目安全和环境保护管理审计主要内容如下。

（1）工程项目安全生产责任制执行情况审计。

- 审查安全管理组织的建立情况、安全管理岗位的设置情况、安全生产制度的建立和落实情况，上述各个环节的设立和执行是否符合国家法律法规和行业规范。

- 审查在项目建设过程中是否发生过安全生产责任事故，对事故的调查、分析和处理是否及时、合规，是否贯彻了“事故原因分析不清不放过，事故责任者和群众没有受到教育不放过，没有采取切实可行的防范措施不放过”的原则。

（2）工程项目现场安全管理情况审计。

- 抽查项目负责人、安全管理人员及特种作业人员是否持有相应资格证书，是否进行全员安全教育，安全管理制度和岗位安全操作规程的培训是否及时。
- 审查安全设备材料的使用是否符合国家法律法规、行业规范及合同规定。
- 审查是否制定了安全事故的技术处理方案，技术处理方案是否切实可行、经济合理。

（3）工程项目安全防护、文明施工措施费用管理使用情况审计。

- 审查安全防护、文明施工措施费用实际提取金额与应提取金额是否一致。
- 审查安全防护、文明施工措施费用提取金额、会计处理和会计报表的反映是否正确。
- 审查落实安全防护、文明施工措施费用的具体使用范围是否符合规定。

【观点分享】

建设项目安全管理审计内容如下。

（1）建设项目安全生产责任制执行情况。

（2）建设项目现场安全管理情况。

（3）建设项目安全防护、文明施工措施费用管理使用情况。

——摘自《第 3201 号内部审计实务指南——建设项目审计》

（五）工程项目投资管理审计

工程项目投资管理审计主要内容如下。

（1）审查是否建立健全了设计变更管理程序、工程计量程序、资金计划及支付程序、索赔管理程序和合同管理程序，看其执行是否有效。

（2）审查支付预付备料款、进度款是否符合施工合同的规定，金额是否准确，手续是否齐全。

（3）审查设计变更对投资的影响。

（4）审查是否建立了现场签证和隐蔽工程管理制度，看其执行是否有效。

从工程项目投资管理（控制）视角务实考虑，工程项目施工管理审计内容主要如下。

- 工程项目施工管理制度审计。
- 工程项目工程量审计。
- 工程项目工程款项支付审计。
- 工程项目工程变更及签证支付审计。
- 工程项目索赔支付审计。
- 工程项目隐蔽工程审计。

二、工程项目施工管理审计程序

笔者团队编制的工程项目施工管理审计程序表如表 9-1 所示。

表 9-1　工程项目施工管理审计程序表

单位		签名		日期	
项目	施工管理审计程序表	编制人		索引号	
截止日期		复核人		页次	
序号	审计目标				
1.1	确定工程项目施工管理的真实性，即审查和评价工程项目施工管理活动的真实性				
1.2	确定工程项目施工管理的合规性及合法性，即审查和评价工程项目施工管理活动的合规性及合法性				
1.3	确定工程项目施工管理的效益性，即审查和评价工程项目施工管理活动的效益性				
序号	审计程序			执行情况	索引号
1.1	收集工程项目施工管理相关法律法规和规范性文件				
1.2	收集工程项目施工管理相关材料				
1.3	调查了解工程项目施工管理情况				
1.4	查证核实工程项目施工管理情况（对专业技术文件可委托专业中介机构进行审核，并出具专业审核意见）				
1.5	形成工程项目施工管理审计意见				

三、工程项目施工管理审计方法

工程项目施工管理审计主要采用以下四种方法。

- 关键线路跟踪审计法。
- 技术经济分析法。
- 质量鉴定法。
- 现场核定法。

【观点分享】

由于建设项目规模大、专业性强，从内部审计的职能和工作特点来看，工程项目施工管理审计主要采用观察法、询问法、现场核查法等方法，以符合性审计为主。

——摘自《五陵郭集团公司基本建设项目审计业务手册》

9.3 工程项目施工管理审计问题案例

一、城镇保障性安居工程审计发现施工管理问题案例

审计署2012年第33号公告（66个市县2011年城镇保障性安居工程审计结果）显示：一些市县在保障性安居工程建设管理中存在项目建设管理不到位的问题。

一是工程建设用地中存在不够规范的问题。在66个市县中，有9个市县存在保障性安居工程用地未批先用、未办理土地用途变更手续等问题，3个市县的95个保障性安居工程项目部分用地被用于开发商品房、建设酒店和办公楼等。

二是部分项目建设不符合基本建设程序。在66个市县中，有46个市县的803个项目在勘察、设计、施工、监理和招投标等环节未严格执行基本建设程序，占抽查项目数的38.13%，有的项目被违规转分包或发包给不具备相应资质的施工企业或个人；14个市县的47个项目存在质量监督检查不到位、施工不符合设计规范等问题，占抽查项目数的2.14%；4个市县的12个项目未经验收就分配入住，占抽查项目数的0.57%，个别项目已出现明显质量问题。

二、某公路工程项目管理问题案例

某市审计局在对某公路工程审计时发现，该工程项目管理混乱，存在以下三个问题。

- 在属于施工联合体承包的标段中，标段主办人的整体管理、协调力度不够，致使联合体的组成、规章制度、成员间的责权利、内部运行程序、管理办法等方面尚存在不够完善、比较松散、相互难以制约的现象。
- 建设单位在未与市政工程设计研究总院签订合同的情况下，已先后5次拨付其设计费2 150万元。
- 有关建设程序的审批文件、招投标文件、各式合同、监理规划和日志、质量记录、会议纪要等，散落在不同的部门和人员手中，集中管理和专人归档工作尚显不足。

审计建议如下。

- 针对施工联合体的管理拟定办法，在资格审查阶段即对联合体的组成、章程、内部的制约机制、责权利的划分、工作程序、管理办法、成员的资质、业绩等进行严格审核，中标后应将其运行质量作为监理监控的重要内容。
- 建设单位应按照《中华人民共和国民法典》等有关法律法规的规定及要求完善合同管理，尽快与设计、监理和施工等未签合同的单位签订合同，使其发挥应有的法律约束力。
- 加强资料管理工作，建议建设单位在工程实施过程中，将分散在各职能部门、相关工作人员处的文件、资料安排各部门分别设专人负责分类有序管理存放，使项目法人的管理水平在文档管理上体现出来。

三、施工管理不当导致工程变更问题案例

中天恒达在对某房地产公司 A 小区工程进行全过程跟踪审计时发现，小区一、二标段基础施工过程中，设计院根据地基开挖具体情况，将基础部分打预制管桩改为人工挖孔桩，并应业主强烈要求，将小区一、二标段原道路设计标高 62.70 米降为 60.90 米，小区二期三、四、五、六标段原道路设计标高 62.10 米相应降为 60.40 米。在施工过程中，施工单位将小区一、二标段的开挖土方就近运填至小区二期三、四、五、六标段。小区二期开工时，经计算：外运土方量已达 143 600 立方米，超过原设计计算土方量多达 91 054 立方米。

中天恒达认为，产生上述情况主要是因为投资方前期策划与基础设计论证不够充分，特别是室外道路标高的确定未经过详细的论证与计算，导致在施工过程中出现了重大工程变更；投资方现场管理人员力量薄弱、管理能力有限，监理方没有按监理规程开展监理工作，对变更后产生的后续问题没有及时处理，结果导致大量土方的开挖与二次转运。

在该工程施工过程中，土方量大大超过了原招标数量，双方均未对土方挖运单价提出变更要求，实际上这将使投资方增加大量工程造价。依据《建设工程工程量清单计价规范》“因非承包人原因引起的工程量增减，该项工程量变化在合同约定幅度以内的，应执行原有的综合单价；该项工程量变化在合同约定幅度以外的，其综合单价及措施费应予以调整”的规定，双方应重新确定土方综合单价。

本案例启示如下。

- 投资方应增强工程部与造价部的土建专业技术力量，增设土方计量与控制技术岗位，认真做好施工图组织设计，合理调配土方量，制定科学的造价控制办法，有效地控制工程造价。
- 工程成本的控制是施工监理的重要工作内容，监理工程师应围绕影响工程成本

的各种因素，对工程项目的成本进行有效的监督和管理。

- 在施工过程中，对影响施工成本的工程变更要按以下要求进行处理：如果出现了必须变更的情况，相关人员应对工程变更的影响做充分的分析，并尽快变更；工程变更指令发出后，相关人员应当迅速落实指令，及时办理签证手续；工程变更后，相关人员要依据《建设工程工程量清单计价规范》及时调整变更后的造价。

四、施工现场签证不合规问题案例

中天恒达在对某道路工程审计时发现，工程量清单已有管沟挖土方的综合单价，按照《建设工程工程量清单计价规范》的规定，工程量计量根据原地面线下构筑物最大水平投影面积乘以挖土深度（原地面平均标高至槽坑底高度）以体积计算，其工作内容包括土方开挖、围护支撑、场内运输、平整夯实。施工方提出按 1∶0.33 放坡加两边的工作面各100毫米计算土方量及费用，增加沟槽直径为100毫米的松木桩围护支撑的费用。现场工程师根据现场施工的实际情况予以签证。

中天恒达认为，土方工程综合单价已包含土方放坡量、围护支撑等费用，但现场工程师对《建设工程工程量清单计价规范》掌握不够，没有认真审核清单项目设置，予以盲目签证，违反了《建设工程工程量清单计价规范》的相关规定。

建设方采纳了中天恒达的意见，对签证增加费用不予认可。

本案例启示如下。

- 签证资料的内容必须具有合法、合规性，可从签证程序的合法、合规性角度来检验签证的真实性。签证是业主与承包商之间在工程实施过程中对已订合同的一种弥补或动态调整，相当于一份补充合同。因而，签证应该由三方现场代表签订，且签章齐全、真实，以保证签证形式合法、内容翔实合规。
- 签证内容要和工程合同相比较，检查是否存在超越合同范围的签证，签证人是否有权签证，签证的程序和手续是否完备，签证的内容是否清楚、字迹是否有涂改等，各类签证是否脱离了合同的计价基础。
- 针对目前在工程结算时存在很多补签证的现象，业主可以通过设立合同条款来规范补签证的发生。例如，约定现场签证最迟要在完工后的 ×× 天（如7天）内办理好签认手续，如不按规定执行，业主代表有权拒签；业主代表也要严格遵守规定的报批程序和时间，不得无故拖延。

五、某抽水蓄能电站项目工程管理问题案例

第一，未取得施工许可证。项目公司已于2020年9月开工。经查，本项目尚未取得施工许可证。上述事项不符合《建筑工程施工许可管理办法》“……建设单位在开工

前应当依照本办法的规定，向工程所在地的县级以上地方人民政府住房城乡和建设主管部门（以下简称“发证机关”）申请领取施工许可证”的规定。

审计意见：项目前期手续不齐全，实质是违规建设，建议项目公司按照国家规定，尽快办理完善相关手续。

第二，未按核准招标方案进行采购。根据《某省建设项目招标方案核准意见》，本项目勘察、设计、建筑工程、安装工程、监理、设备均采用公开招标方式采购。经查，项目招标采用议标形式采购，与招标方案核准意见不符。

审计意见：公开招标可以择优选择承包单位，有利于工程进度、质量和安全控制，同时也能避免行政处罚。建议项目公司规范采购程序，在后续采购中按照国家相关规定执行。

第三，甲供材未按合同约定价格计入。《某省清水湾抽水蓄能电站上水库土建及金属结构安装工程施工合同》（编号：SYHHCX-I/C4-SSKSG-1），第二册已标价工程量清单“表 4.5.2 主要材料预算价格汇总表”中，砂子原价为 49.70 元 / 吨，碎石原价为 34.81 元 / 吨，与合同约定的甲供材单价不符。

上述事项不符合《某省清水湾抽水蓄能电站上水库土建及金属结构安装工程施工合同》中“甲方提供砂石材料，① 砂子的单价为 42.55 元 / 吨，② 碎石的单价为 27.41 元 / 吨”的约定。

审计意见：甲供材价格超约定单价，增加了工程造价，结算过程中可能会产生争议，建议项目公司按约定单价调整或要求承包单位进行澄清说明。

第四，清单子目工作内容重复。《某省清水湾抽水蓄能电站上水库土建及金属结构安装工程施工合同》，第二册已标价工程量清单“表 4.3 分部分项工程量清单与计价表（一般项目）”中“输水系统充排水配合费”与“相邻标段配合费”工作内容重复。

根据该合同第三册技术条款 1.13.3 相邻标段配合费“……输水系统和机电充排水实验等提供必要的工作平台、用水、用电条件和取样、保护等配合工作……”，其已包含了“输水系统充排水配合费”，涉及金额 38 955.75 元。

审计意见：建议项目公司在结算过程中扣除重复计取的费用。

第 10 章

工程项目造价审计实务及案例

工程造价，即项目在建设期预计或实际支出的建设费用。通俗地说，工程造价是指进行某项工程建设花费的全部费用。按工程项目不同的建设阶段，工程造价具有不同的形式，即估算、概算、预算、结算、决算，俗称“五算”。“五算”是工程造价的核心内容，是工程造价在不同建设阶段的不同表现形式，是体现投资项目前期决策、中期实施、后期交付的科学性、合理性、合规性的重要指标。

【经验分享】

近些年，咸宁市审计局为进一步加大政府投资领域审计监督力度，持续发力，查纠并举，开展“研究式”审计，从工程“五算”的维度入手，加强审计情况分析，重点关注和分析工程“五算”环节的合理性、合规性、真实性，倒逼拧紧工程“五算”安全阀，促进政府投资项目科学、规范、精细化管理。

10.1 工程项目造价审计导入案例

下面以电视剧《理想之城》里讲述的许峰工程项目造价审计失败的故事作为导入案例介绍工程项目造价审计。

这个审计故事涉及的各方面的人物有审计方、被审计方、相关方。审计方主要有瀛海集团董事长赵显坤、总经济师（审计责任人）徐知平、董事长助理许峰，被审计方主要有天科总经理黄礼林、主任经济师夏明，相关方有很多，其中本剧主角苏筱算是审计相关的主要人员。苏筱是造价工程师，一直秉持“造价表的干净就是工程的干净”的职业信仰，因为一次“不干净”事件被众建集团开除，造价师证被扣。

这个审计故事简单来说是由于苏筱的举报，加上瀛海集团子公司（天科）出现的工程事故，董事长赵显坤觉得子公司的账目上出现了隐性亏损，有人在以权谋私。从瀛海集团上市融资和持续发展的角度考虑，董事长赵显坤要求审计部对天科进行彻查。集团总经济师（审计责任人）徐知平深知本次审计是一件得罪人又不讨喜的事情，便让许峰负责本次的审计工作。这对做了四年董事长助理的许峰来说既是机遇也是陷阱，这件事办好了能在董事长面前证明自己的能力，办砸了便会功亏一篑。事实上，许峰最终未查出实质性问题，赵显坤不满意，将其调整到物业公司打杂。

许峰工程项目造价审计失败原因及启示是多方面的。从被审计方来看，天科主任经济师夏明为同济大学建筑系研究生毕业，为了谋求天科独立，其将天科盈利的实际情况在造价表中体现为资不抵债，几乎骗过了所有人（包括董事长、审计人员）。

从审计方来看，审计负责人安排不当，这是主因。临危受命的审计负责人许峰长期担任董事长助理，深知董事长审计意图，但工程项目造价审计专业能力不如夏明，加上毫无审计经验，对于审计从哪里入手、重点是什么、如何对审计人员进行专业指导，可以说毫无头绪。所以，审计失败在所难免。

至于工程项目造价审计的程序、方法，这些内容更为专业，审计人员要查出实质性问题，像电视剧里的审计人员那样光翻造价表不行，光看账面也不行，而是要深入工程现场，要内查外调，当然，还需要有丰富的审计经验。

10.2 工程项目造价审计实务操作

工程项目造价审计是由专业机构和人员对被审计单位工程项目造价的真实性、合法性、效益性进行的独立审查与评价工作，是保证工程项目造价的真实性、准确性、合规性的重要环节，是对工程项目进行审计监督的重要控制手段。

【知识分享】

工程造价审计是指内部审计机构和内部审计人员依据相关法规和合同协议，对建设项目成本的组成及其真实性、合理性进行审查，对项目成本控制做出评价，以及对改进和完善工程成本管理工作提出意见和建议。

——摘自《第 3201 号内部审计实务指南——建设项目审计》

一、工程项目造价审计内容

《中华人民共和国审计法》规定，审计机关对政府投资和以政府投资为主的建设项目的预算执行情况和决算进行审计监督。有的内部审计机构把工程项目结算审计作为工程造价审计的主要内容，有的内部审计机构把工程项目竣工决算作为工程项目造价审计的主要内容。而在社会审计中，工程项目造价审计的内容根据委托单位的要求确定。

按照在工程项目不同的建设阶段工程造价的不同形式，即估算、概算、预算、结算、决算，工程项目造价审计实务应包括工程估算、概算、预算、结算、决算审计等。但随着我国工程造价体制改革，工程量清单计价、工程招标控制价审计已成为工程项目造价审计的重要内容。由于工程项目决算审计主要涉及竣工财务决算审计，因此其一般归在工程项目财务审计中。

【知识分享】

工程造价管理审计主要内容如下。

（1）初步设计概算。

（2）施工图预算。审查工程造价编制单位、人员资质是否符合要求。

（3）设计变更。审查设计变更的提出是否真实、合规。审查设计变更审批程序是否合规，变更原因是否合理，变更方案是否优选。

（4）竣工结算及支付。

——摘自《第 3201 号内部审计实务指南——建设项目审计》

（一）工程估算审计

工程估算，又叫投资估算，一般是指在建设项目前期，由建设单位或其委托的咨询机构，根据工程规模、地点等主要条件，采用比例估算、指标估算、系数估算等技术方法，为确定建设项目在规划、项目建议书、设计任务书等不同阶段的投资总额而编制的经济文件。工程估算是多方案比选、优化设计、合理确定项目投资的基础，是审批项目的依据之一。

【知识分享】

在建设项目前期阶段，一般根据工程规模、地点等主要条件编制工程估算。投资估算是在建设项目前期对项目投资额进行的估计，是多方案比选、优化设计、合理确定项目投资的基础，是审批项目的依据之一。编制估算的方法主要包括比例估算、指标估算、系数估算等。审计人员应当根据需要对投资估算编制基础、编制方法的选择、编制过程进行逐项审查。

——摘自《第 3201 号内部审计实务指南——建设项目审计》

（二）工程概算审计

工程概算，又称初步设计概算，是在初步设计或扩大初步设计阶段，在投资估算的控制下由设计单位根据初步设计或扩大初步设计图纸，概算定额、指标，工程量计算规则，材料、设备的预算单价，建设主管部门颁发的有关费用定额或取费标准等资料，预先计算编制和确定的工程项目从筹建至竣工交付使用所需全部建设费用的经济计划。经批复的工程概算是整个项目组织实施过程中的宏观投资的控制性计划。

按照国家规定采用两阶段设计的建设项目，初步设计阶段要编制工程概算；采用三阶段设计的，技术设计阶段还要编制修正概算。在技术设计阶段，随着对建设规模、结构性质、设备类型等方面进行修改、变动，初步设计概算也应进行相应调整，即修正概算。

工程概算是设计文件的重要组成部分，是确定和控制工程项目建设全部投资的文件，是编制固定资产投资计划、实行建设项目投资包干、签订承发包合同的依据，同时也是签订贷款合同、项目实施全过程造价控制管理及考核项目经济合理性的依据。因此，工程概算审计是勘察设计审计工作的重中之重。

在工程概算审计中，审计人员应依据工程造价管理机构发布的计价依据及有关资料，对工程概算编制依据、编制方法、编制内容及各项费用进行审核。

工程概算审计内容主要是审查工程概算编制内容与要求的一致性，工程概算的费用项目的准确性、全面性和合理性，以及工程概算调整的真实性、合规性等。

（三）工程预算审计

工程预算，又称施工图预算，是指拟建工程在开工之前，设计单位完成施工图设计后，根据已批准并经会审后的施工图纸、施工组织设计、现行工程预算定额、工程量计算规则、材料和设备的预算单价、各项取费标准、建设地区的自然及技术经济条件等资料，编制的工程建设费用的经济计划（建筑安装工程预算造价计划）。在实行招标承包制的情况下，工程预算是建设单位确定标底和施工单位投标报价的依据，关系到建设单位和施工单位经济利益。工程预算是施工阶段工程进度款拨付、变更费用支付的参考和依据。

施工预算是用于施工单位内部管理的一种预算。施工预算是在工程预算控制下，由施工单位根据施工图纸、施工定额，结合施工组织设计考虑节约因素后，在施工之前编制的一种计划。它主要用于计算单位工程施工用工、用料数量，以及施工机械（主要是大型机械）台班需用量等。

工程预算按委托内容可分为建筑工程工程预算、安装工程工程预算。工程预算的主要内容包括单位工程工程预算、单项工程工程预算和建设项目工程总预算。

【案例分享】

经批准，某市民政局福利彩票中心拟建设建筑总面积为 5 600 平方米的福利彩票综合业务楼，拟建设 8 层楼（不含地下室 2 层），工程概算为 1 250 万元。审计组在跟踪检查 A 勘察设计院设计的施工图纸时发现，设计建筑总面积为 6 800 平方米，投资预算为 1 840 万元，比工程概算高 47.2%。经进一步审计发现，未经批准，该市民政局在福利彩票综合业务楼中搭建了该局老干部活动中心部分活动场所。

——摘自《公共投资审计读本》

在工程预算审计中，审计人员应依据工程造价管理机构发布的计价依据及有关资料，对工程预算编制依据、编制方法、编制内容及各项费用进行审查。

工程预算审查的重点内容包括对工程量，工、料、机要素价格，预算单价的套用，费率及计取等进行审查。

【观点分享】

工程预算审查重点工作如下。

（1）工程量的确认与计量。审查工程量与原报工程量的差异之处，每一处均要在工作底稿中反映，多处差异可列入对比表，形成《预算—造价—工程量计量》。

（2）单价的确认，人材机的确认与分析。子目单价调整或重新确认的，每一处调整和确认均要在工作底稿中反映，并要列明调整的依据或重新确认单价的认价文件。依据相同的，可以合并到一份工作底稿中，形成《预算—造价—单价审核》。

（3）各项取费及其他费用的确认。各项取费和其他费用的调整及确认，均要在工作底稿中反映，形成《预算—造价—费用审查》。

（4）影响工程造价的其他内容的确认与计算。其他影响造价的事项也应在工作底稿中反映，并入《预算—造价—费用审查》。

——摘自《中天恒达工程预算审核工作标准》

（四）工程量清单计价审计

工程量清单是工程量清单计价的基础，是计算招标控制价、投标报价、工程量的标准，是支付工程款、调整合同价款、办理竣工结算及工程索赔等的依据。采用工程量清单方式招标，工程量清单必须作为招标文件的组成部分。工程量清单计价审计主要是对编制的工程量清单的完整性、合法性进行审查。

1. 审查工程量清单编制的规范性

审查工程量清单编制的规范性的主要内容如下。

- 审查编制人资质。审查工程项目投资额是否在工程造价咨询企业的资质许可范围内；审查造价编制单位的资质证书，编制人员的注册证书或资格证书；审查成果文件签章是否真实、齐全。
- 审查编制依据。审查工程量清单的编制依据是否符合要求，是否全面，编制依据是否包含设计文件、技术规范、勘查现场情况、工程实际施工条件、计算规则等内容。
- 审查项目划分。审查项目之间界限是否清楚，项目作业内容、工艺和质量标准是否清楚；项目划分是否详细，能否避免不平衡报价。清单项目的设立，是否照顾到标底及投标报价的编制工作，能否方便工程结算的审核与确定。

2. 审查措施项目设置

审查措施项目设置的主要内容如下。

- 审查措施项目设置依据。审查是否以设计文件、常规施工组织设计、常规施工技术方案及现场情况作为措施项目设置依据。
- 审查措施项目列项。审计人员应参考常规施工组织设计，审查环境保护、安全文明施工、临时设施、材料的二次搬运等列项是否准确；参考常规施工技术方案，审查大型机械设备进出场及安拆、混凝土模板及支架、脚手架、施工排水、施工降水、垂直运输机械等列项是否合理；参阅相关的施工规范与工程验收规范，审查是否存在措施漏项。

3. 审查工程量清单编制说明

审查工程量清单编制说明的主要内容如下。

- 审查工程量清单编制结构。审计人员主要审查编制说明内容结构是否包括工程概况、编制依据、编制范围、具体编制说明及暂列金等。
- 审查工程量清单编制说明内容。审计人员主要审查工程量清单编制内容是否与招标文件相关内容一致，包括工作内容的补充说明，施工工艺特殊要求说明，主要材料规格、型号及质量要求说明，现场施工条件，自然条件说明等。尤其是现场施工条件、自然条件说明，审查是否准确表述，便于投标人与自己所了解的情况对照。

4. 审查工程量清单项目特征

审查工程量清单项目特征的主要内容如下。

- 审查项目特征描述内容。审查是否依照工程量计算规范的规定完成项目特征描述，是否存在要求描述而未描述的情形。
- 审查工程量清单计算规则。审查是否严格依据工程量计算规范的“工程量计算规则”来计算工程量，是否遵循净数量原则。
- 审查计算规范中的缺项处理。对于计量规范中的缺项，审查是否符合相关要求，将补充项目填写在工程量清单项目相应分部分项之后，并加“补”字，同时报省、自治区、直辖市工程造价管理机构备案；对于缺项，审查是否编写完整，是否包括项目编码、项目名称、项目特征、计量单位、工程量计算规则、工作内容等内容。

【知识分享】

工程量清单审查重点工作如下。

1. 编制人资质审查

- 审查工程项目投资额是否在工程造价咨询企业的资质许可范围内。
- 审查造价编制单位的资质证书，编制人员的注册证书或资格证书；审查成果文件签章是否真实、齐全。

2. 清单列项审查

- 工程量清单计价是否符合清单计价规范要求的“四统一”，即统一项目编码、统一项目名称、统一计量单位、统一工程量计算规则。
- 注意检查工程量清单项目划分的合理性。工程量清单项目划分要求项目之间界限清楚，项目作业内容、工艺和质量标准清楚，既便于计量及支付，也便于报价；项目划分尽量要细，避免不平衡报价。清单项目的设立，还应照顾到投标报价的编制工作，为其提供方便，方便工程结算的审核与确定。
- 检查措施项目设置。由招标人提供施工图纸和工程量清单的单价措施项目，投标人自主报价的，应按照分部分项清单进行组价；只有由投标人自主确定施工方案、自主报价的工程非实体项目，可作为总价措施项目。
- 其他项目清单审查。审查计日工项目设置及其暂定数量确定的合理性；审查暂估价专业工程项目设立的完整性，项目设立及投标报价要求与招标文件、合同文件规定的符合性；审查专业发包工程总承包服务费项目设立的完整性、合理性，项目设立及投标报价要求与招标文件、合同文件规定的符合性。

- 检查项目特征描述是否符合要求。对照清单计量规范规定，结合设计图纸审查项目特征描述内容，审查说明是否言简意赅，是否包括工作内容的补充说明、施工工艺特殊要求说明、主要材料规格型号及质量要求说明、现场施工条件、自然条件说明等。尤其是现场施工条件、自然条件说明，应审查是否准确表述，便于投标人将其与自己所了解的情况对照。
- 补项审核。对于计价规范中的缺项项目、计价规范有关解释，明确由清单编制人进行补充；对于缺项项目的有关内容应补充齐全，即除了要有项目编码、项目名称、计量单位以外，还应将项目特征、工程量计算规则、工程内容等内容同时补齐。

3. 清单工程量审查

- 采用对比分析法，按照概算的口径，对工程量进行整理、合并，并与概算工程量逐一进行比较分析，重点审查相差较大的项目。
- 采用指标参照法，对主要子目含量指标进行分析提取，并与常规类似工程含量指标进行对比，分析其合理性。
- 采用重点抽查法，有针对性地进行抽查，重点关注量大、价高的子目。

——摘自《中天恒达招标工程量清单及控制价相关业务工作标准》

（五）工程招标控制价审计

招标控制价是招标人根据国家或省级、行业建设主管部门颁发的有关计价依据和办法，按设计施工图纸计算的，对招标工程限定的最高工程造价。工程招标控制价审计主要内容如下。

（1）审查编制人资质。审查工程项目投资额是否在工程造价咨询企业的资质许可范围内；审查造价编制单位的资质证书，编制人员的注册证书或资格证书是否真实、合规；审查成果文件签章是否真实、齐全。

（2）审查编制规范性。审查招标控制价的编制依据是否符合要求，是否全面，编制依据是否包含项目所在地现行定额、编制期造价信息、编制期市场价格等计价文件。

（3）审查编制内容一致性。对照招标文件，查看编制的招标控制价是否完全响应招标文件。

（4）审查分部分项及单价措施费用。

- 审查组价定额工程量是否准确，关注个别项目定额计算规则与清单计算规则不一致的情况。

- 审查综合单价综合的范围是否符合项目特征，定额套用是否正确。
- 审查定额消耗量。对招标控制价中组价内容中定额消耗量进行梳理及分析，审查是否存在对定额不允许换算调整的含量未按照定额基础含量计入的情况。
- 审查各生产要素税后价格。对各生产要素进行提取整理，与编制期造价管理部门公布造价信息或生产要素市场价格进行对比，审查有无偏差。
- 审查各项取费费率。对管理费、利润进行分析提取，与根据其工程类型、地理位置、檐高等信息确定的应适配费率进行对比，判断取费的合规性。

（5）审查总价措施费用。

- 审查安全文明施工费作为不可竞争费，是否依据计价定额或相关文件按工程类型、地理位置、檐高等信息选取。
- 审查措施费。对脚手架费、垂直运输费、超高增加费等，结合常规施工方案、工期、建筑面积，审查定额子目套取及调整系数是否正确。

（6）审查其他费用。

- 审查暂估价材料（设备）价格、损耗率是否与招标文件一致。
- 审查专业工程暂估价是否与招标文件一致。
- 审查总承包服务费计费基数及费率是否准确。

（7）审查规费与税金。

- 规费：审查各项费率是否符合省级政府或省级有关权力部门规定。
- 税金：审查税金计算基础是否符合税法的规定。

（六）工程结算审计

工程结算是发包、承包双方根据国家有关法律、法规规定和合同约定，对实施中、终止时、已完工后的工程项目进行的合同价款计算、调整和确认。一般认为，工程结算是指施工单位按照承包合同和已完工程量向建设单位（业主）办理工程价款清算的经济文件（清算文件）。工程结算是确定工程实际造价的依据。

工程结算分为工程定期结算、工程阶段结算、工程年终结算、工程竣工结算。工程建设周期长、耗用资金多，为使建筑安装企业在施工中耗用的资金及时得到补偿，需要对工程价款进行中间结算（工程定期结算、工程阶段结算）、年终结算，全部工程竣工验收后应进行竣工结算。

竣工结算是发包、承包双方根据国家有关法律、法规规定和合同约定，在承包人完成合同约定的全部工作后，对最终工程价款的调整和确定。一般认为，竣工结算是指施工企业按照合同规定，在一个单位工程或一项建筑安装工程完工、验收、点交后，向建设单位（业主）办理最后工程价款清算的经济技术文件。竣工结算既关系到施工企业对所承包的工程项目的收益，也直接关系到建设项目的总投资。

我国在工程领域全面推行过程结算。过程结算是指在工程项目实施过程中，发包、承包双方依据施工合同，对约定结算周期（时间或进度节点）内完成的工程内容（包括现场签证、工程变更、索赔等）开展工程价款计算、调整、确认及支付等的活动。过程结算文件经发包、承包双方签署认可后，将作为竣工结算文件的组成部分，不再重复审核。通俗地说，过程结算就是完成一部分结算一部分，也叫一单一结。

过程结算不是进度款结算。进度款是按每月完成工程量依合同约定单价或结算方式进行结算的款项，全部工程竣工后，还得整体进行结算。

过程结算不能全部代替竣工结算。相比于竣工结算，推行施工过程结算主要是为了规范施工合同管理，避免发包、承包双方争议，节省审计成本，有效解决结算难的问题，从源头防止欠薪现象的发生。

工程结算既关系到施工企业承包工程项目的收益，也直接关系到建设项目的总投资。工程结算审计是工程项目造价控制的重要关卡，也一直是工程项目全过程审计工作的重点。

【知识分享】

在工程完成阶段，应在对相关合同进行结算后，最终汇总编制工程结算。

——摘自《第 3201 号内部审计实务指南——建设项目审计》

1. 工程项目工程量审计

（1）在审查工程量清单范围内的工程量时，应要求施工单位按施工图详细计算各分部分项工程量，列出计算公式。在监理单位对施工单位申报的工程量清单范围内的工程量进行初步审查后，再逐项审查。针对实际完成工程量比工程量清单中的相应工程量增加或减少的情况，在审计过程中应根据招投标文件及施工合同内容分别提出处理意见。

（2）在审查工程量清单范围以外的工程量时，须先判断该工程量是属于设计变更增加工程量，还是属于工程量清单中错项、漏项的情形。具体审查内容如下。

- 审查设计变更是否有设计单位相关人员签字并加盖公章。
- 审查工程变更是否有建设单位、监理单位及跟踪审计人员签字并加盖公章。
- 审查现场签证是否有建设单位、监理单位及跟踪审计人员签认，并检查是否与合同规定有冲突。

（3）重点审查隐蔽工程的工程量。审计人员应具体审查以下内容。

- 经常深入施工现场，察看关键部位或关键工序的施工过程，掌握工程进展情况及相关技术问题，做到心中有数。
- 注意在隐蔽工程隐蔽之前，对施工单位的自检结果进行检验，有针对性地抽查监理签证，并且做好相关记录；对于土方开挖、回填土等分部工程，应进行实测、实量，要严格分清不同土质、深度、体积、地下水、放坡、支撑等情况，详细列表填写，做到不重不漏、分阶段验收。

2. 工程项目工程款项支付审计

工程项目工程款项支付审计主要内容如下。

（1）工程预付款支付审计。

- 审查工程预付款是否已按程序经过施工单位的申请及监理单位、建设单位的审核，审核意见是否已出具。
- 审查预付款支付是否符合合同约定的支付前提条件。

（2）工程进度款支付审计。

- 审查工程进度款是否已按程序经过施工单位的申请及监理单位、建设单位的审核，审核意见是否已出具。
- 审查工程进度款的支付程序、支付方式是否符合施工合同条款的约定。
- 审查工程进度款申请是否提供质量确认凭证。
- 审查是否按合同约定的时间及方法进行工程计量。
- 审查工程进度款支付申请额度的准确性，包括工程量是否超出实际施工进度、子目单价是否准确、是否按合同约定抵扣预付款及其他各专项费用、是否按合同约定支付比例进行支付等。
- 审查工程进度款支付是否达到合同约定的起付点，是否超过合同约定的止付点。
- 审查工程进度款是否符合国家有关部门颁布且在有效期内的建设工程工程量清单计价的有关规定。具体审查内容包括：本周期已完成的工程价款；累积已完成的工程价款；累计已支付的工程价款；本周期已完成计日工金额；应增加和扣减的变更金额；应增加和扣减的索赔金额；应抵扣的工程预付款；应扣减的质量保证金（支付比例为 100% 的情况下）；根据合同应增加和扣减的其他金额；本付款周期实际应支付的工程价款。
- 审查建设单位是否建立了相应的工程款支付管理台账。

3. 工程项目工程变更及签证支付审计

工程项目工程变更及签证支付审计主要内容如下。

（1）审查工程变更是否经建设单位、监理单位、设计单位、现场跟踪审计的代表签字，手续是否完备。

（2）审查变更的必要性、合理性、效益性。

（3）审查签证的程序是否到位，手续是否齐全，签证的内容是否真实、准确。

（4）审查工程变更及签证费用是否已按程序经过施工单位的申请及监理单位、建设单位和跟踪审计单位的审核并出具审核意见。

（5）审查提供的工程变更、签证资料是否齐全、有效。

（6）审查工程变更、签证费用是否合理、准确，工程变更是否在合同条款规定的不予计算的范围内，是否存在将多个变更合并计算的情况。

（7）审查变更价款中的综合单价、措施费调整及工程变更引起的合同价款的调整与支付是否符合合同约定。

因分部分项工程量清单漏项或非承包人原因的工程变更，造成增加新的工程量清单项目，其对应的综合单价按以下三种方法确定。

- 合同中已有适用的综合单价，按合同中已有的综合单价确定。
- 合同中有类似的综合单价，参照类似的综合单价确定。
- 合同中没有适用或类似的综合单价，由承包人提出综合单价，经发包人确认后执行。

若施工中出现施工图纸（含设计变更）与工程量清单项目特征描述不符的，发包、承包双方应按新的项目特征确定相应工程量清单的综合单价。

因分部分项工程量清单漏项或非承包人原因的工程变更，引起措施项目发生变化，造成施工组织设计或施工方案变更，原措施费中已有的措施项目，按原有措施费的组价方法调整；原措施费中没有的措施项目，由承包人根据措施项目变更情况，提出适当的措施费变更，经发包人确认后调整。

因非承包人原因引起的工程量增减，该项工程量变化在合同约定幅度以内的，应执行原有的综合单价；该项工程量变化在合同约定幅度以外的，其综合单价及措施费应予以调整。

若施工期内市场价格波动超出一定幅度，应按合同约定调整工程价款；合同没有约定或约定不明确的，应按省级或行业建设主管部门或其授权的工程造价管理机构的规定调整。

工程价款调整报告应由受益方在合同约定时间内向合同的另一方提出，经对方确认后调整合同价款。受益方未在合同约定时间内提出工程价款调整报告的，视为不涉及合同价款的调整。

收到工程价款调整报告的一方应在合同约定时间内确认或提出协商意见，否则视为工程价款调整报告已经确认。

经发包、承包双方确定调整的工程价款，作为追加（减）合同价款与工程进度款同期支付。

【知识分享】

设计变更是指设计单位依据建设单位要求调整，或对原设计内容进行修改、完善、优化。设计变更关系到建设项目建设进度、质量和投资控制。

——摘自《第 3201 号内部审计实务指南——建设项目审计》

4. 工程项目索赔支付审计

索赔是指在合同履行过程中，对于并非自己的过错，而是应由对方承担责任的情况造成的实际损失向对方提出经济补偿和时间补偿的要求。施工现场条件、气候条件的变化，施工进度、物价的变化，以及合同条款、规范、标准文件和施工图纸的变更、差异、延误等因素，都会导致工程承包中不可避免地出现索赔。索赔是工程施工过程中的正常现象。工程项目索赔支付审计主要内容如下。

- 审查工程索赔费用是否已按程序经过施工单位的申请及监理单位、建设单位的审核，审核意见是否已出具。
- 审查工程索赔的期限和程序是否符合合同约定。
- 审查索赔事件中对双方当事人责任的划分是否明确、合理，索赔的依据是否充分，索赔理由是否正当。
- 审查索赔证据是否有效、真实、客观、全面。
- 审查工程索赔是否发生在进度计划的关键线路，即对索赔的确认是否依据网络图排除了对非关键线路延迟时间的索赔。
- 审查索赔费用的计算是否准确合理，建设单位是否积极进行反索赔。
- 审查索赔与反索赔事件的处理是否合法、合规、合理。

5. 工程项目隐蔽工程审计

工程项目隐蔽工程审计主要内容如下。

- 土石方工程主要审核土方的数量、挖土深度、土质类别等是否真实、准确。
- 基础工程主要审核基槽的几何尺寸、垫层和基础的材料、结构尺寸、回填土的数量等是否与施工图一致。
- 主体工程中的钢筋工程主要审核其规格、型号、尺寸、绑扎根数与间距、接头形式是否与图纸相符，是否符合施工组织设计。
- 预埋工程主要审核安装工程线路、管道、铁件等所用材质、规格及铺设方式是否与图纸、图集要求相符。

- 屋面工程主要审核屋面基层处理、防水、保温隔热做法是否符合规范，与所采用的图集是否相符。
- 装饰工程主要审核其基层做法是否符合设计要求，是否与图集、规范、定额项目一致。

二、工程项目造价审计程序

工程项目造价审计程序，因审计要求和审计内容不同而有所不同，其关键是取证程序，即查证核实工程项目造价真实、合规、有效情况的程序。笔者团队编制的工程项目造价审计程序表如表10-1所示。

表10-1 工程项目造价审计程序表

单位		签名		日期	
项目	工程造价审计程序表	编制人		索引号	
截止日期		复核人		页次	
序号	审计目标				
1.1	确定工程项目造价的真实性，即审查和评价工程项目造价活动的真实性				
1.2	确定工程项目造价的合规性及合法性，即审查和评价工程项目造价活动的合规性及合法性				
1.3	确定工程项目造价的效益性，即审查和评价工程项目造价活动的效益性				
序号	审计程序				执行情况
1.1	收集工程项目造价相关法律法规和规范性文件				
1.2	收集工程项目造价相关材料				
1.3	调查了解工程项目造价情况				
1.4	查证核实工程项目造价情况（对专业技术文件可委托专业中介机构进行审核，并出具专业审核意见）				
1.5	形成工程项目造价审计意见				

（一）收集工程项目造价相关法律法规和规范性文件

工程项目造价审计依据，因工程项目审计所处地域、行业等不同而不同，具体审计时，审计人员应熟悉工程项目所在地域、所属行业的造价要求和标准。工程项目造价审计法律法规体系汇总表如表10-2所示。

表 10-2　工程项目造价审计法律法规体系汇总表

单位		签名		日期	
项目	工程造价审计依据表	编制人		索引号	
截止日期		复核人		页次	
序号	类别	文件名称			
1	法律	《中华人民共和国建筑法》 《中华人民共和国民法典》 《中华人民共和国招标投标法》			
2	法规	《中华人民共和国招标投标法实施条例》 《建设工程质量管理条例》 《建设工程安全生产管理条例》			
3	规章	《建设工程价款结算暂行办法》 《工程造价咨询企业管理办法》 《建设工程勘察质量管理办法》			
4	规范	《建设工程工程量清单计价规范》 《建设工程造价咨询规范》（GB/T 51095—2015） 《建设项目全过程造价咨询规程》（中价协〔2009〕008 号） 《建设工程造价咨询成果文件质量标准》（中价协〔2012〕011 号） 《建设项目投资估算编审规程》（CECA / GC 1—2015，中价协〔2015〕86 号）			
5	审计相关法律法规	《中华人民共和国宪法》 《中华人民共和国审计法》 《中华人民共和国国家审计准则》 《国务院关于加强审计工作的意见》 《审计署关于内部审计工作的规定》 《第 3201 号内部审计实务指南——建设项目审计》 《会计师事务所从事基本建设工程预算、结算、决算审核暂行办法》			
简要说明	本法规体系是工程项目造价审计工作的主要依据				

（二）收集工程项目造价相关材料

《第 3201 号内部审计实务指南——建设项目审计》就工程造价审计需要取得的资料列举了十二项。当然，这只是提示列举，实践中要结合工程项目的实际情况增减。

【知识链接】

工程造价管理审计需要取得的资料如下。

（1）批准的建设项目设计任务书（或批准的可行性研究文件）和主管部门的有关规定。

（2）初步设计项目一览表。

（3）施工承发包合同、专业分包合同及补充合同，有关材料、设备采购合同。

（4）招投标文件，包括招标答疑文件、投标承诺、中标报价书及其组成内容。

（5）各专业管理部门经过校审并签字的设计图纸、文字说明和主要设备材料表。其包括工程竣工图或施工图、施工图会审记录，经批准的施工组织设计，以及设计变更、工程洽商和相关会议纪要。

（6）当地和主管部门的现行建筑工程和专业安装工程的概算定额（或预算定额、综合预算定额，本节下同）、单位估价表、材料及构配件预算价格、工程费用定额和有关费用规定的文件等。

（7）现行的有关设备原价及运杂费率，现行的有关其他费用定额、指标和价格等。

（8）类似工程的概预算及技术经济指标等。

（9）工程预算书。

（10）施工监理日志，施工记录。

（11）隐蔽工程验收资料，工程量测量和确认资料。

（12）经监理、业主单位审核完成的设计变更计量支付证书。

——摘自《第3201号内部审计实务指南——建设项目审计》

笔者团队编制的工程项目造价审计资料收集汇总表如表10-3所示。

表10-3　工程项目造价审计资料收集汇总表

单位		签名		日期	
项目	工程造价审计提供资料清单	编制人		索引号	
截止日期		复核人		页次	
序号	资料名称	资料来源		提供时间	备注
1	工程价款结算				
1.1	施工合同、专业分包合同及补充合同，有关材料、设备采购合同				
1.2	招投标文件，包括招标答疑文件、投标承诺、中标报价书及其组成内容				
1.3	工程竣工图或施工图、施工图会审记录，经批准的施工组织设计，以及设计变更、工程洽商和相关会议纪要				

（续表）

序号	资料名称	资料来源	提供时间	备注
1.4	经批准的开工、竣工报告或停工、复工报告			
1.5	《建设工程工程量清单计价规范》或工程预算定额、费用定额及价格信息、调价规定等，工程预算书			
1.6	施工监理日志、施工记录			
1.7	单位工程竣工验收单、隐蔽工程验收资料、工程量测量和确认资料、工程索赔资料			
1.8	甲供材料设备出库单；需要时，包括相应企业物资、设备采购的相关资料			
1.9	经监理、业主单位审核完成的工程结算书			
2	工程索赔			
2.1	施工承发包合同、专业分包合同及补充合同，有关材料、设备采购合同			
2.2	招投标文件，包括招标答疑文件、投标承诺、中标报价书及其组成内容			
2.3	工程竣工图或施工图、施工图会审记录，经批准的施工组织设计，以及设计变更、工程洽商和相关会议纪要			
2.4	经批准的开工、竣工报告或停工、复工报告			
2.5	《建设工程工程量清单计价规范》或工程预算定额、费用定额及价格信息、调价规定等，工程预算书			
2.6	施工监理日志、施工记录			
2.7	工程量测量和确认资料，工程索赔意向书、工程索赔申请书、工程索赔支付证书等			

（三）调查了解工程项目造价情况

审计人员需要根据工程项目规模及复杂程度等因素确定是否需实施严格的调查了解

工程项目造价情况这一程序。如实施这一程序，前提是要审计人员根据具体工程项目设计具有针对性的调查事项，然后再进行调查了解，空泛地、没有针对性地调查是走形式，劳民伤财，没有什么用。

笔者团队编制的工程项目造价审计调查表如表 10-4 所示。

表 10-4　工程项目造价审计调查表

单位		**签名**		**日期**
项目	工程造价审计调查表	**编制人**		**索引号**
截止日期		**复核人**		**页次**
序号	**调查内容**	**是**	**否**	**备注**
1	工程价款结算			
1.1	结算方式是否符合合同约定			
1.2	签证内容是否真实			
1.3	工程量的计算是否依据竣工图纸、设计变更联系单和国家统一规定的计算规则来编制			
1.4	尾工工程是否属实			
1.5	结算中所列工程项目与所套定额的项目名称、规格、工作内容和计量单位是否一致			
1.6	材料的品种、规格、产地、质量是否符合设计标准和国家规范，材料价差是否按照合同规定来调整			
1.7	是否按时足额扣回了预付备料款			
2	工程索赔			
2.1	索赔是否由当事人违约造成			
2.2	索赔是否具有法律效力			
2.3	索赔费用内容和项目是否合理			

（四）查证核实工程项目造价情况

该环节是审计的关键环节，对专业技术文件可委托专业中介机构进行审核，并出具专业审核意见。

对工程概算审计，要检查建筑安装工程费用的定额套用、工程量、材料用量和价格、取费标准等是否依据充分，设备规格、数量、配置是否符合设计要求，投资是否存在漏算和多算现象，项目预备费、建设期贷款利息的计算是否正确。

对工程预算审计，主要检查施工图预算的量、价、费计算是否正确，计算依据是否合理。工程预算审计包括直接费用审计、间接费用审计、利润和税金审计等内容。

对工程量清单计价审计，主要审查工程量清单中综合单价的定额组成是否合理，是否出现了高套、错套定额现象，定额换算是否根据清单项目特征换算，换算是否正确，各项费用组成、取费基数是否正确；规费和税金是否按国家或省级、行业建设主管部门的规定计算，此类费用不得作为竞争性费用。

对工程结算（含变更结算）审计，主要包括以下内容：一是审查分部分项工程及其措施项目结算的正确性，重点审查价高、量大或子项目容易混淆的项目；二是审查工程发包、承包合同范围以外调整的工程价款是否正确，包括工程变更、工程索赔发生的费用是否正确，奖励及违约费用的计算是否正确；三是审查材料用量的符合性、材料价差调整依据的充分性，甲供材料控制、计价及扣回是否符合合同及有关规定；四是审查应抵扣的工程款项是否按合同约定扣回。

（五）形成工程项目造价审计意见

对审计中发现工程造价控制不实、不严，以及价款多计、少计或支付管理方面存在的问题，审计人员应当深入地分析原因，确认项目成本管控体系存在的薄弱环节，提出有关改进造价管理方面的意见和建议。

三、工程项目造价审计方法

工程项目造价审计方法很多，审计人员在审计前，应收集与工程造价有关的各种资料，明确审计目标及重点，根据情况采取一种或综合采用几种方法，以确保工程造价审计质量，取得好的审计效果。

（一）看图审计法

看图审计法是通过看图核实工程量与工程价款，审定工程造价的一种审计方法。审计人员在进行工程造价审计时，必须认真仔细地看清所有施工图纸，才能全面准确无误地计算审定工程造价的真实性。只有在认真看懂、吃透图纸的基础上，审计人员才能发现问题、揭露问题。看图审计法是工程造价审计十分基本、普遍、常用的方法，它贯穿工程造价审计的始终。

（二）定额审计法

定额审计法是利用相同工程，集中力量按照现行工程定额编制标准预算，以此为标准审查结算的一种审计方法。

定额审计法的优点是相对审查时间短、效果好，好定案；缺点是只适用于类似工程项目审查，适用范围相对小。

（三）测量审计法

测量审计法是审计人员深入建筑现场，对照施工图纸，实地测量有关工程量（如门窗洞口的大小、建筑物的长宽高等），计量有关器材物质数量（如配电箱数量、灯具数量、水暖器材的数量等），确定核实基建工程决算工程量与造价真实性、合理性的一种审计方法。

（四）现场审计法

现场审计法是指对施工现场进行直接勘踏、考察，以观察现场工作人员及管理活动，检查工程量，工程进度，所用材料和设备的质量、规格、型号是否与设计相符，是否与其报审的竣工结算资料相符的一种审计方法。

例如，某住宅工程项目，审计人员在考察现场后发现该工程中原设计的进户门厅地面、楼梯面层、车库通道地面均为花岗岩面层，而实际上该项目所有住宅仅仅是在进户门厅地面铺了花岗岩，其余均做成了水泥砂浆面层，但竣工图纸、报审结算资料及有关变更资料中都没有提到。另外，该项目中还存在未做楼梯防滑条（但楼梯定额项目已包含了防滑条）、铝合金窗铝材壁厚达不到设计要求等若干问题，若不是经现场检查，而是采用其他的审计方法是无法发现这些问题的。

（五）开挖审计法

开挖审计法是指审计人员会同被审计单位有关人员与施工单位有关人员到建筑现场，对有疑点的隐蔽工程进行挖开以核实工程量与工程价款的一种审计方法。

开挖审计法比较直接，容易验证出难以直接发现的问题，但工作量大、损失大，所以一般实行抽样定点的方式。

（六）逐项审计法

逐项审计法，又称全面审查法，是按现行工程定额顺序或施工顺序，对各单项工程工程量进行逐项详细审查的一种审计方法。

采用逐项审计法能全面、细致地对工程量进行审查，审查质量相对比较高、效果好，不会出现漏项工程，能得出比较全面的审查结果。逐项审计法的工作量大，审查时间相对长。逐项审计法只适用于工程量较小、工艺比较简单的单项工程、外委项目。

（七）筛选审计法

筛选审计法是统筹法的一种。对工程采用筛选审计法，就是用标准值来筛选审查工程，筛下工程就按标准值予以记录，不再重新计算。对不能筛去工程，表明此部分工程不能用标准值计算，而应采用详细审查法或其他方法计算。

筛选审计法的优点是简单易懂、便于掌握、审查速度快、发现问题快；缺点是对不能筛去的工程，仍需采用其他审查方法。

（八）重点审计法

重点审计法是对工程造价的重点进行审查的方法，即选择建设项目中工程量大、单价高，对造价有较大影响的单位工程、分部工程进行重点审查的方法。该方法主要用于审查材料用量、单价是否正确，工资单价、机械台班是否合理。

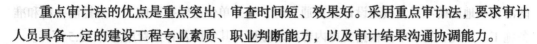

重点审计法的优点是重点突出、审查时间短、效果好。采用重点审计法，要求审计人员具备一定的建设工程专业素质、职业判断能力，以及审计结果沟通协调能力。

（九）对比审计法

对比审计法是审核各单项工程的单位经济指标的一种审计方法。采用对比审计法，一般有以下三种情况。

（1）新建工程与拟建工程施工图设计相同，但现场施工条件与安装环境不同。在这种情况下，相同部分采用对比审计法审计，不同部分采用其他审计法审计。

（2）新建工程和拟建工程施工图设计相同，且安装工程量差异可以进行比较。在这种情况下，可按差异占工程量比例进行对比审查。

（3）新建工程与拟建工程工程量基本相同，但安装设备（材料）规格、容量、型号不完全相同。在这种情况下，对相同的部分采用对比审计法审计，对不同部分按实际安装设备（材料）规格、容量、型号进行计算。

（十）建筑信息模型分析法

建筑信息模型分析法是在规划设计、建造施工、运维过程的整个或某个阶段中，应用多维信息技术，进行系统设计、协同施工、虚拟建造、工程量计算、造价管理、设施运行的一种审计方法。应用建筑信息模型可以消除可能导致工程拖延和造价浪费的设计隐患，利用建筑信息模型平台强大的数据支撑和技术支撑能力，可以提高项目全过程精细化管理水平，从而大幅提升项目效益。

10.3 工程项目造价审计问题案例

一、工程结算虚列设计变更及现场签证问题案例

中天恒达受托对某社区提质改造工程进行结算审计。

施工单位报审结算金额为 786 万元，按建设单位要求，发生设计变更的，应由设计院出具设计变更通知，变更通知为："同意该工程增加部分设计，新增部分的工程量由建设、监理等单位根据实际施工量进行签证确认"。造价工程师查勘现场时，发现设计变更部分与现场实际情况出入较大，施工单位提供的竣工资料不真实，该项目变更部分核减造价 123 万元。

二、工程结算增减项目及工程量计算不准确问题案例

中天恒达受托对某大学新建体育馆工程项目进行结算审计。

该工程施工进行到装饰阶段时，施工单位接到建设单位的两个设计变更通知：一是取消原设计所有轻钢龙骨铝塑板面层吊顶项目，修改为粉刷仿瓷涂料项目；二是原设计 300 毫米 ×300 毫米 ×10 毫米瓷质地面砖项目，修改为 800 毫米 ×800 毫米 ×10 毫米

防滑瓷质地面砖项目。接到设计变更通知时，施工单位已经按照施工方案提前备料和准备施工。为此，施工单位根据变更内容要求签证，其签证及补偿费用总计 32.5 万元。

中天恒达对这两个变更通知进行了认真审核后认为：取消原设计轻钢龙骨铝塑板面层吊顶项目，修改为粉刷仿瓷涂料项目，是建设单位从经济节省的角度考虑的；原设计 300 毫米 ×300 毫米 ×10 毫米瓷质地面砖项目，修改为 800 毫米 ×800 毫米 ×10 毫米防滑瓷质地面砖项目，是建设单位从美观、安全角度考虑的。在计算粉刷仿瓷涂料面积时按照吊顶面积计算，而未按实际粉刷面积计算，不符合计算仿瓷涂料工程量的计算规则。建设单位未将变更通知及时告知施工单位，致使施工单位采购原有材料发生部分损失时，应按照施工合同的有关约定，由双方协商解决。

本案例启示如下。

- 建设单位对工程设计变更的内容和签证的工程量，要有超前意识，预计会发生变更时，要及时告知施工单位，以尽量减少和避免因工程设计变更而发生一些不必要的浪费和损失。
- 建设单位对因工程设计变更的内容和签证的工程量，未及时通知施工单位，已经给施工单位造成一定经济损害时，应按照合同规定办理。
- 建设单位对工程设计变更的内容和签证的工程量，要严格按照《工程量清单计价规范》执行，认真核对，做到计算准确无误。

三、制造工业园（一期）建设项目结算审计问题案例

中天恒达受托对制造工业园（一期）建设项目的竣工结算进行审核，该项目竣工结算施工单位上报金额为 568 876 668.68 元，中天恒达审核金额为 506 029 117.09 元，核减结算金额 62 847 551.59 元，核减比率为 11.05%。具体情况如下。

总承包审核部分（不含总包采购的分包工程）：施工单位上报金额为 358 716 691.80 元，中天恒达审核金额为 305 694 563.78 元，核减金额为 53 022 128.02 元，核减比率为 14.78%。总承包工程核减主要原因如下。

- 工程量偏高。
- 各类签证送审重复情况较多。
- 个别项目未执行合同单价或者新增项目综合单价偏高。
- 暂估价材料调整价差与合同约定条款不一致。
- 人工费用调整价差与合同约定条款不一致。
- 计价无依据。

分包工程审核部分：分包工程共 45 项，其中由总包招标签订合同的有 39 项，由建设单位签订施工合同采购的有 6 项；45 家施工单位送审总金额为 210 159 976.88 元，中

天恒达审核金额为 200 334 553.31 元，核减金额为 9 825 423.57 元，核减比率为 4.68%。分包工程核减主要原因如下。

- 工程量偏高。
- 重复计费。
- 个别项目未执行合同单价。
- 计价无依据。

第 11 章

工程项目财务审计实务及案例

工程项目建设要做好财务工作，具体包括财务管理和会计核算工作。工程项目财务管理和会计核算工作的总体目标包括：依法筹集和使用建设项目建设资金，防范财务风险；合理编制建设项目资金预算，加强预算审核，严格预算执行；加强建设项目核算管理，规范和控制建设成本；及时准确编制建设项目竣工财务决算，全面反映建设活动的财务状况；加强对建设项目活动的财务控制和监督，实施绩效评价。

在实施工程项目财务审计时，审计人员需要针对工程项目财务管理和会计核算工作的各项目标，依据国家或组织各项财务会计管理制度要求，对建设项目资金管理、会计核算等工作及其结果进行审计，就财务报告的真实性和相关工作的合规性、效益性提出审计意见。

11.1　工程项目财务审计导入案例

下面以某工程项目财务管理审计案例作为导入案例介绍工程项目财务审计。

一、项目概况

某中介机构受某中央企业委托，根据该中央企业年度审计工作计划安排，对某投资项目开展了财务管理审计。本次审计是按照《中华人民共和国审计法》《国务院关于加强审计工作的意见》《中国内部审计准则》等进行的，审计的期间为自项目立项之日起至 12 月 31 日，审计的内容包括但不限于项目投资决策、工程招标、合同管理、设备物资采购、工程履约、财务收支、工程造价、概算执行、竣工决算、内部控制制度建立及执行、投资运营及综合效益、绩效考核、“三重一大”、职务消费、“八项规定”等。

二、审计要点

第一，项目建设期投资方面。

一是审查制度建设执行情况。主要审查以下内容：项目开发建设管理内部控制制度是否健全，并有效执行。重点关注是否存在以下问题：制度建设缺乏系统管理，管控体系与内部控制制度不健全，制度修订不及时，制度适用性、可操作性不强，制度执行不到位，职能管控和对制度执行的监督不到位等。

二是审查项目立项及审批情况。主要审查以下内容：项目立项审批是否符合规定；可行性研究报告是否科学合理，是否存在未按规定进行可行性研究或风险分析；工程建设各种手续是否齐全，各项审批和验收手续办理是否及时，有无先实施后补办程序倒置情况及因手续办理不及时影响项目建设及投产运营给项目带来损失等情况。

三是审查项目招标、合同及结算管理情况。主要审查以下内容：是否按照国家、企业制度规定开展招标采购工作；招投标过程是否规范、合法；供应商资质是否合规；合同管理是否规范，变更、洽商是否真实、及时、完整；是否按合同约定进行设计、施工等相关工作；索赔是否合理；采购计划是否合理；合同结算是否及时等。

四是审查项目建设管理情况。主要审查以下内容：项目主要节点进度是否按照可行性研究或审批的计划时间实施；工程质量、安全管理、竣工验收移交、质量保修等情况是否符合要求，是否满足合同要求和企业管理要求。

五是审查项目投资成本管理情况。审查项目投资成本管理情况主要关注项目投资的估算、概算、预算等控制及实际实施结果，重点关注项目超概算的原因。主要审查以下内容：洽商变更、工程价款结算支付是否合法、合规；结算工程量是否真实、准确、合理；项目成本归集与分配是否恰当、准确，是否与批复概算相符，有无混淆资本性支出与收益性支出界限、扩大范围列支成本和费用等情况。

六是审查项目建设资金管理情况。审查项目建设资金管理情况主要关注项目资金来源、运用情况，以及项目建设融资借款费用状况。

七是审查项目竣工决算情况。主要审查以下内容：交付使用的固定资产是否真实、是否办理了验收手续等。

八是审查项目财务基本情况。审查项目财务基本情况主要关注项目资产、负债和所有者权益的真实性和合法性，以及收入、成本费用、损益的真实性。

九是审查“三重一大”民主决策情况、目标考核及完成情况、领导班子职务消费及执行“八项规定”情况、法律诉讼等风险事项。

第二，项目运营管理方面。

一是审查运营管理内部控制制度是否健全、完善，并有效执行。主要审查是否存在违反规定程序或超越权限决定、批准和组织实施重大经营投资事项，或决定、批准和组织实施的重大经营投资事项违反集团公司方针政策、决策部署及国家有关规定。

二是审查各项资产的计价、核算是否正确、合规，各项资产的账证、账账、账实、账表是否相符。

三是审查成本的计价是否正确、合规，有关支出凭证手续是否齐全，有无超过计划或定额，领用是否合理。

四是审查各部门营业收入的计数是否正确并如数入账，有无隐瞒、转移收入问题，营业收入是否做到合法、完整和及时，取得营业收入应缴纳的各种税金的计算和账务处理是否正确、合规。

五是审查利润总额，核实营业收入、管理费用、财务费用、投资收益、营业外收支的结转是否正确、合规。

六是存货的采购、登记、领用是否有严格的内部控制制度，包括采购价格、采购质量的审批和验收权限界定，存货领用的签字制约机制，存货报废审批手续等。

七是对整体收益进行测算，对比同类型项目对管理、收益等情况进行评价。重点对经营现状、各类财务指标进行分析性复核，剔除非经营性资产、溢余资产及其相关负债、偶然收支等非正常经营性因素，并结合同类项目或行业基本标准对未来预期收益进行预测，计算确定项目内在的预计现金流（预期收益），对项目内含报酬率、投资收益率等指标进行测算、分析和评价。

八是审查"三重一大"民主决策情况、目标考核及完成情况、领导班子职务消费及执行"八项规定"情况、法律诉讼等风险事项。

三、审计方法

本次审计划分为审计准备阶段、审计实施阶段、审计报告阶段三个阶段进行，总体时间控制在 30 日内。分阶段主要审计工作与方法如下。

第一，审计准备阶段。在此阶段主要开展了以下工作：明确审计目标、内容及重点关注事项；组建审计组，明确项目负责人、项目成员及分工安排；向被审计单位下发审前调查所需资料清单；开展审前调查，制定项目审计实施方案。

第二，审计实施阶段。在此阶段主要开展了以下工作：组织召开审计进点会，发布审计公告，设置审计意见箱；进一步了解被审计单位投资与运营状况，开展访谈；对内部控制健全性和有效性进行审查，识别关键控制点和风险点；通过审查与审计内容有关的资料，实施查阅、复核、验证、询问等程序，取得审计证据，填写审计工作记录，整理编制审计工作底稿，为形成审计报告奠定基础。

第三，审计报告阶段。在此阶段主要开展了以下工作：在现场审计结束前，将审计情况与被审计单位进行沟通，以进一步充实审计证据；根据经被审计单位签证确认的审计工作底稿，编制审计报告初稿；期后履行征求意见、上报审批、出具正式报告、整理审计档案等职责。

四、审计结果

审计项目是某集团公司整合内部土地资源最为复杂的改制项目之一，在集团的指导和股东单位的大力支持下，终于完成了对原企业改制及增资扩股工作。审计调查发现，该项目在项目决策、建造与运营过程中，存在需进一步规范与改进的问题。

第一，项目投资运营方面。主要存在以下问题：实际运营收入与预测存在较大差距，正常经营期内未能达到可行性研究预期；资本金比例较低，融资比例较高，导致利息负担较重；项目整体租赁合同不严谨，合同约定总金额与按单价计算金额不一致。

第二，项目概算执行方面。经审查，该项目实际投资较批复概算超支6 000余万元，经分析，主要原因包括：因施工环境限制造成施工措施发生变化，增加建安工程费；超设计规模施工增加安装费、主要材料费；因票据传递不及时造成进项税未得到抵扣，增加建设成本等。

第三，建设过程管理方面。主要存在以下问题：项目施工进度延期，建设程序不规范，工程总承包先施工后补招标手续及签订合同；项目招标、评标、定标等过程管理不规范，个别招标代理公司招标工作不规范，招标文件审批时间晚于招标文件发售时间；工程价款结算不准确，个别签证结算不合理并缺乏依据；对总包单位申报的个别专业分包竣工结算资料工程费用细项名称审核不严格，结算审核资料不规范。

第四，“三重一大”决策方面。主要存在以下问题：“三重一大”民主决策范围、边界与权限不够明晰；“三重一大”民主决策过程不严谨、记录不规范。

第五，内部控制执行方面。主要存在以下问题：委托运营管理制度不完善，成本控制奖惩措施不完善，折扣折让审批管理不到位。

五、经验总结

第一，坚持财务向管理审计延伸。一是围绕项目建设资金筹措与使用，坚持由财务向业务延伸的原则，对项目决策、实施、运营等进行全方位、全流程审计，既突出财务审计，又注重内部控制、风险管理、运营管理等。二是坚持投资建设运营管理全覆盖，以结果导向、问题导向、效益导向为原则，全面覆盖项目决策、实施、运营、效益全流程，即：涵盖项目投资建设前期立项审批、项目进度、质量、投资控制，以及“四制”落实；同时围绕效益对项目投运后委托运营、成本控制、业务拓展、“三重一大”等予以高度关注，以实现全面、客观、公正分析与评价。

第二，强化因素分析法运用揭示超概算本质。为深入分析超概算的原因，该项目审计采用因素分析法由表及里深入分析。一是以建安工程投资超概算为起点，发现该项目施工措施方案（由爆破式与机械开挖变更为人工开挖）对投资的影响，从而揭示该项目因设计管理不到位、设计深度与广度不足，进而导致设计合同签订不规范、违约责任不明确等问题，从而造成投资成本增加。二是以管廊建设、工艺管道安装等工程量超概算为起点，通过现场踏勘、图纸比对，从而揭示项目单位按照原批复可行性研究开展项目工作，忽略批复初步设计概算对原可行性研究估算的调整与核减，批复概预算造价控制功能未发挥，以及计划合同、工程管理、物资装备、财务等职责履行不到位等问题，进而造成投资成本增加。三是以某设备资产进项税未得到抵扣为起点，分析发现项目单位存在因设备缺陷进行整改，再次验收已逾进项税认证期限，从而造成投资成本增加的问题。由此可揭示项目单位既有制度存在未明确设备验收缺陷所带来的票据如何传递等流程设计方面的缺陷，以及财政税收政策宣传学习不深入等问题。四是在揭示物资采购询比价人与报价人为同一自然人控股关联方，可能存在报价不公允风险的基础上，以效益为导向对物资采购价格进行了审计，从而揭示了实际采购价格与公开网络价格存在重大偏离的问题。

第三，从严从细持续加强审计管理工作。一是审计人员应根据审计分工主动沟通，主动收集能够支撑审计工作底稿内容的基础资料和相关数据。二是审计人员应增强职业敏感性，深入分析审计基础资料，要透过事项的表象揭示本质，从风险管理与内部控制机制的角度来审视发现的问题，提出明确的、可行的审计意见或建议。三是审计人员应严格遵守国家有关的审计法律法规和规章，遵守内部审计工作的相关规定，执行审计工作纪律与保密制度。

11.2　工程项目财务审计实务操作

工程项目财务审计是由专业机构和人员对被审计单位工程项目财务情况的真实性、合法性、效益性进行的独立审查与评价工作。

【观点分享】

建设项目财务审计需要针对建设项目财务管理和会计核算工作各项目标，依据国家、组织各项财务会计管理制度要求，对建设项目资金管理、会计核算等工作及其结果进行审计，就财务报告的真实性和相关工作的合规性、效益性提出审计意见。

——摘自《第 3201 号内部审计实务指南——建设项目审计》

一、工程项目财务审计内容

工程项目财务审计内容，因人们对工程项目财务审计范围界定的不同而不同，也因工程项目建设阶段的不同而不同。工程项目财务审计主要涉及工程项目资金管理审计、工程项目会计核算（财务处理）审计、工程项目竣工财务决算审计等。

【观点分享】

重大公共工程项目跟踪审计主要内容如下。

（1）竣工财务决算报表和说明书编制情况。

（2）概算执行及调整情况。

（3）交付使用资产情况。

（4）项目投资效果评价。

——摘自《公共工程项目跟踪审计指南》

【观点分享】

建设项目资金管理审计主要内容如下。

（1）建设项目建设资金来源情况。

（2）建设项目各类建设资金到位情况。

建设项目会计核算审计主要内容如下。

（1）建设项目建筑安装工程支出情况。

（2）建设项目设备投资支出情况。

（3）建设项目待摊投资支出情况。

（4）建设项目竣工财务决算报表。

——摘自《第3201号内部审计实务指南——建设项目审计》

（一）工程项目资金管理审计

工程项目资金管理审计主要是针对工程项目项目资金筹措、支付真实性、合规性、效益性的审计。

在开展建设资金来源情况审计时，审计人员可将建设资金实际来源与项目可行性研究报告、初步设计概算等批复文件中规定的资金来源进行对比，审查项目是否按批复文件要求筹集资金。其审计要点如下。

- 审查筹资备选方案论证的充分性，决策方案选择的可靠性、合理性，以及审批程序的合法性、合规性。
- 审查筹资方式的合法性、合理性、效益性。
- 审查筹资数额的合理性，分析所筹资金的偿还能力。
- 评价筹资环节的内部控制。

（二）工程项目会计核算（财务处理）审计

工程项目会计核算（财务处理）审计主要审查工程项目会计核算制度的健全性、有效性及其执行情况，以及会计核算（财务处理）是否及时、合规、正确等。审计重点如下。

（1）审查建设项目建筑安装工程支出情况。主要审查以下内容：建筑安装工程结算的真实性，建设单位支付工程款是否合理；资金支付是否按规定进行了审批，付款手续是否合法、齐全；是否按合同约定支付预付工程款、备料款、工程进度款，有无因付款不及时导致项目建设成本增加的问题。

（2）审查建设项目设备投资支出情况。主要审查以下内容：设备投资支出的真实性，相关支出是否全部用于本项目范围内；资金支付是否按规定进行了审批，付款手续是否合法、齐全；是否按合同约定支付预付款、进度款，有无因付款不及时导致项目建设成本增加的问题。

（3）审查建设项目待摊投资支出情况。主要审查以下内容：各项待摊投资支出的真实性，相关支出是否全部用于本项目范围内；资金支付是否按规定进行了审批，付款手续是否合法、齐全；是否按合同约定支付，有无因付款不及时导致项目建设成本增加的问题。

（三）工程项目竣工财务决算审计

在开展工程项目竣工财务决算审计时，审计人员应在工程项目财务收支审计的基础上，对项目交付使用资产的数量及价值的情况、项目建设情况、项目结算情况、项目管理情况及概算对比情况、基本建设竣工财务决算说明书等内容进行全面的审计。审计重点如下。

（1）审查竣工决算的编制。重点审查以下内容：决算编制工作有无专门组织；各项清理工作是否全面、彻底；编制依据是否符合国家有关规定；资料是否齐全，手续是否完备；对遗留问题的处理是否合规。

（2）审查项目建设及概算执行情况。主要审查以下内容：项目建设是否按批准的概算进行；各单位工程建设是否严格按批准的概算内容执行，有无概算外项目和提高建设标准、扩大建设规模的问题，有无重大质量事故和经济损失。

（3）审查交付使用财产和在建工程。主要审查以下内容：交付使用财产是否真实、完整，是否符合交付条件，移交手续是否齐全、合规；成本核算是否正确，有无挤占成本、提高造价、转移投资的问题；核实在建工程投资完成额，查明未能全部建成、及时交付使用的原因。

（4）审查转出投资、应核销投资及应核销其他支出。主要审查以下内容：列支依据是否充分，手续是否完备，内容是否真实，核销是否合规，有无虚列投资的问题。

（5）审查尾工工程。主要审查以下内容：根据修正总概算和工程形象进度，核实尾工工程的未完工作量，检查是否存在将新增项目列作尾工项目、增加新的工程内容和自行消化投资包干结余的问题。

（6）审查结余资金。主要审查以下内容：核实结余资金，重点是库存物资，检查是否存在隐瞒、转移、挪用或压低库存物资单价，虚列往来欠款，隐匿结余资金的现象；查明器材积压、债权债务未能及时清理的原因，揭示建设管理中存在的问题。

（7）审查竣工决算报表。主要审查以下内容：报表的真实性、完整性、合规性；基本建设竣工决算报表（竣工工程概况表、竣工财务决算表、交付使用资产总表、交付使用资产明细表）的真实和合法情况；竣工决算说明书的准确与真实情况。

（8）投资效益评价。主要从物资使用、工期、工程质量、新增生产能力、预测投资回收期等方面评价投资效益。

这里需要说明的是，工程项目竣工决算审计不同于竣工决算审核，竣工决算审核属于竣工财务决算管理工作，审核本身也应纳入审计的范畴。社会审计中介机构可接受建设单位财务部门或政府财政机关的委托对竣工决算进行审核并出具审核报告，也可接受建设单位审计部门或政府审计机关的委托对竣工决算进行审计并出具审计报告。不论审核还是审计，其具体工作内容没有什么区别，但委托主体不同、责任范围也略有不同。

【观点分享】

审计建设项目竣工财务决算报表，具体内容为：审查竣工决算报表是否按规定的期限编制，竣工决算各种报表是否填列齐全，有无漏报、缺报；已报的决算各表中项目的填列是否正确、完整，各表之间勾稽关系是否正确，报表中有关概算数和计划数是否与批准的概算数和计划数一致；竣工决算表中的主要项目金额是否与其历年批准的财务决算报表中的主要项目金额相符；结余资金的合理性、合法性。

——摘自《第3201号内部审计实务指南——建设项目审计》

二、工程项目财务审计程序

笔者团队编制的工程项目财务审计程序表如表11-1所示。

表 11-1　工程项目财务审计程序表

单位		签名		日期	
项目	竣工决算审计程序表	编制人		索引号	
截止日期		复核人		页次	
序号	审计目标				
1.1	确定工程项目竣工决算的真实性，即审查和评价工程项目竣工决算活动的真实性				
1.2	确定工程项目竣工决算的合规性及合法性，即审查和评价工程项目竣工决算活动的合规性及合法性				
1.3	确定工程项目竣工决算的效益性，即审查和评价工程项目竣工决算活动的效益性				
序号	审计程序			执行情况	索引号
1.1	收集工程项目竣工决算相关法律法规和规范性文件				
1.2	收集工程项目竣工决算相关材料				
1.3	调查了解工程项目竣工决算情况				
1.4	查证核实工程项目竣工决算情况（对专业技术文件可委托专业中介机构进行审核，并出具专业审核意见）				
1.5	形成工程项目财务审计意见				

【经验分享】

竣工决算审计程序如下。

- 收集与基本建设竣工决算审计有关的资料。
- 调查了解基本建设竣工决算的情况。
- 审查“竣工工程概况表”。
- 审查“竣工财务决算表”。
- 审查“交付使用资产总表”和“交付使用资产明细表”。
- 审查竣工决算说明书的准确性与真实情况。
- 审查基本建设概、预算执行情况，并关注超支、节余分析情况的恰当性。
- 审查基本建设管理情况。
- 审查基本建设立项审批情况。
- 审查基本建设财务收支情况。

——摘自《五陵郭集团公司基本建设项目审计业务手册》

三、工程项目财务审计方法

工程项目财务审计采用的主要方法包括调查、抽查、分析性复核、利用专家的工作等方法。

由于工程审计工作涉及面广、专业性强、审计内容复杂、工作难度大，因此，对一些审计人员不具备相关知识与技能的领域，可以聘请专家作为审计顾问，快速获取相关信息，但审计人员需对外部专家工作实施督导并对成果利用进行评估，以保证实现审计工作目标。例如，对招投标过程的审计，可利用造价工程师的审计结果等。

11.3 工程项目财务审计问题案例

一、保障性安居工程跟踪审计发现资金管理问题案例

审计署 2016 年第 9 号公告（2015 年保障性安居工程跟踪审计结果）显示：部分地区安居工程专项资金被套取挪用。187 户补偿对象通过编造虚假产权资料等方式骗取征地拆迁补偿 9 617.88 万元。102 个单位以多报改造户数、重复申报、编造农户花名册等手段套取城镇安居工程财政资金 2.72 亿元、农村危房改造财政资金 1.83 亿元。142 个单位挪用安居工程财政资金 4.86 亿元（含农村危房改造 1 847.64 万元）、银行贷款和企业债券融资 13.22 亿元，用于弥补工作经费、修建公园场馆、房地产开发和平衡财政预算等支出。另外，41 个基层经办机构和一些村镇干部以虚报冒领、截留克扣或收取“保证金”等方式，骗取、侵占危房改造补助资金 1 448.38 万元（其中农村危房改造 1 247.12 万元）。

二、长江三峡水利枢纽工程地下电站竣工财务决算草案审计发现竣工财务决算问题案例

审计署 2015 年第 29 号公告（长江三峡水利枢纽工程地下电站竣工财务决算草案审计结果）显示：竣工财务决算草案多计投资 33 785 万元。对竣工财务决算草案列示的 714 720 万元投资，审计核实后，调减 33 785 万元（占 4.73%）；调整后的投资为 680 935 万元。具体情况如下。

- 建筑安装工程投资调减 27 552.10 万元，占决算草案列示该项投资的 10.82%。一是虚计工程量、单价或超出合同约定多计费用等，造成多计投资 4 185.62 万元；二是多计预留尾工项目投资 23 208.29 万元；三是混凝土对外销售收入未按规定冲减投资 158.19 万元。
- 待摊投资调减 5 194.83 万元，占决算草案列示该项投资的 5.87%。一是将应由三峡枢纽其他工程承担的费用 1 716.27 万元计入地下电站工程，导致多计相应投资；二是超标准支付监理费 1 732.78 万元、招标代理费 452.89 万元；三是重

复支付勘察设计费和专项研究费用 413.92 万元；四是多计竣工决算编审费等其他费用 878.97 万元。

- 设备投资调减 1 038.07 万元，占决算草案列示该项投资的 0.28%。一是多计概算外设备投资 538.50 万元；二是多预留设备采购合同尾款 151.63 万元；三是将未使用的电缆计作设备投资 347.94 万元。

三、某医院转移挪用建设资金问题案例

某医院经国家发展改革委批准，建设 5 000 平方米楼房一座，经批准投资总额为 5 000 万元，资金来源全部为财政资金。在该项目建设过程中，管理人员与财务人员串通，每月月初将资金挪出用于短期理财产品，月末将资金转回，收益私分。因财务人员未对该行为进行账务处理，且银行对账单余额无异常，该行为直至项目竣工决算审计时才被发现。

这类违法、违规事项可能造成的影响极其恶劣：一是国家财政建设资金损失；二是国家财政建设资金使用效率下降，无法充分实现决策部门的预期目标。

四、某 PPP 项目专项审计问题案例

某中介机构受某中央企业委托，根据该中央企业年度审计工作计划安排，对某 PPP 项目开展了专项审计。本次审计内容包括项目签约、项目公司组建运行、项目融资和资金拨付等。审计项目组对项目总承包部自项目开工至基准日的财务收支情况进行了审核，对项目的组织架构设置与项目管控、现场管理、财务管理、合同管理、物资管理、制度建设及执行予以重点关注。

审计调查发现，项目开工以来，某央企充分发挥项目公司、总承包部、项目经理部三级管控体系的优势，对项目建设过程进行指导、监督、考核、协调。项目公司、总承包部坚持以合同履约为目标，全面推进各项工作有序开展，工程质量整体受控，安全生产形势整体稳定。但是，在项目实施中，项目公司、总承包部和集团内各参建单位存在一些执行管控流程不严格、管理不够精细的问题，特别是一些标段项目部存在施工资源调配不尽合理、施工成本控制不够严格的问题，一定程度上影响了项目综合效益的实现。主要问题如下。

第一，项目前期准备不到位。

一是项目实质性投资前提条件尚未满足。具体表现为：未获得协议约定的将政府补贴资金及可行性缺口补助支出列入年度财政预算及中长期财政规划的人大决议或其他合法有效的审批文件；未提供合法、足额、有效的担保；未制定政府财政补贴兜底及各项担保不能兑现的风险应对方案；担保条件、担保措施及项目退出机制不明确。

二是项目设计进度滞后，实际用于现场施工的正式版施工图制成时间滞后于合同约定的施工图设计文件提交日期，项目公司使用暂定清单对成本目标、经营目标进行评价

和对工程进行结算等均存在潜在风险。

第二，项目承、发包管理不规范。

一是分包招标及合同执行不规范，个别合同逆审批程序签订，以补充协议方式增加招标代理主合同内容，未重新履行招标程序，未按合同约定付款。

二是总承包对标段分包招标流于形式，委托管理项目总承包部协议约定实质已隐含了施工标的中标人，逆招标程序签订合同，总承包部与标段项目部工程结算及款项支付时间早于合同签订时间、招标时间，属于"先施工后招标"。

三是总承包部履约管理实施方案编制报批滞后，不利于及时指导总承包部履约管理。

四是对总承包部的奖罚处理不合规，未纳入工程结算，奖励直接发放给个人，未代扣代缴个人所得税，未纳入薪酬核算和管理。

第三，项目经营管理控制不严格。

一是虚报营业收入、项目利润、项目投资额、完工结算等经营业绩考核指标。

二是不合理承担征地拆迁费用，项目成本管控不到位，大部分标段项目部存在以下问题：分包策划流于形式；未严格按招投标规定正确选择招标方式；应招标未招标，或招标程序简化；邀请招标、竞争性谈判方式过多，且过程不规范；分包商履约能力不足，清退费用补偿等增加了分包成本。

三是材料物资未按规定进行集中采购，材料核销过程管控不到位、账实不符导致材料成本不实，存在多计或少计材料成本的情况；周转材料加速摊销，导致材料成本多计，材料超耗严重，过程未加以控制，存在材料成本失控风险；物资管理基础工作薄弱，普遍存在以收代验、以领代耗、以耗用代核销现象；设备租赁无询比价资料，租赁计划和合同签订未按规定报批，有的项目部外租设备工效低，租赁费开支大。

四是建造合同初始确认滞后；建造合同执行过程调整依据不充分，报批不及时。

五是项目公司存在超概算，各标段项目部存在经营亏损、工期延误等风险。

第四，"三重一大"决策制度执行不严格。主要表现为：项目公司"三重一大"决策存在超权限审议董事会报告的情况；部分会议记录未能完整、准确地反映事项决定的过程及参加决策人员的意见；总承包部存在未按集团公司规定制定自身的"三重一大"决策制度，个别事项未按规定履行"三重一大"决策程序的情况。

第 12 章

工程项目绩效审计实务及案例

工程项目绩效审计对保障工程项目绩效工作有效进行具有一定的促进作用。从理论上讲，工程项目绩效审计中所采用的工作方法、技术与建设项目主管部门和管理单位组织开展的建设项目绩效评价、建设项目绩效工作内容大体相似，但审计部门的数据收集、处理、分析能力提升了工程项目绩效审计工作评价结果的准确性，审计人员的独立立场和职业道德素养提升了工程项目绩效审计工作评价结果的客观性。

12.1　工程项目绩效审计导入案例

下面以某股权投资项目绩效审计案例作为导入案例介绍工程项目绩效审计。

一、项目概况

某中介机构受某集团委托，对其股权投资项目开展了绩效审计。

二、审计要点

第一，实施过程审计。一是决策阶段审计，主要审计内容包括可行性研究报告、不同阶段投资论证、决策和批准程序等；二是实施阶段审计，主要审计内容包括投资合同及协议签订、资金来源和融资方案、盈利预测等；三是运营阶段审计，主要审计内容包括投资合同及协议执行、资金支付、投资管控、监督考核等。

第二，实施效果审计。一是经济指标审计，即通过模拟测算长期股权投资收益、投资回报率、资产负债率等各类经济指标，分析该项目对集团整体效益的作用和影响；二是技术指标审计，对其股权投资项目在同行业所处地位，以及先进性、经济性、资源利用水平等进行审计。

三、审计方法

第一，项目审计方法。本次审计强调基于战略思维，以对比法为主，灵活采用多种方法，从适当性、效率、效果、影响和可持续性等不同维度，从优化企业投资战略管理的角度，进行系统的分析、审计和诊断。

第二，评价指标体系。评价指标组成原则。本次审计评价指标的组成原则为：构建项目审计的指标体系，从股权投资项目的投入、产出出发，将各层次的目标进行分解，落实到各项具体指标中。

评价指标情况表。本次审计形成了评价指标情况表，评价指标包括但不限于技术指标、财务和经济指标、环境和社会影响指标、管理效能指标等。

四、审计结果

本次审计认为，某集团其股权投资项目符合该集团的总体发展战略，投资决策程序基本规范，投资管控基本到位，战略目标基本实现，但在战略引领、投资管控、投资效果方面还存在以下三方面不足。

第一，战略引领方面。主要表现为：项目的战略实现需要进一步加强，“投融营退、轻重并举”的短板有待补齐；集团绩效考核在个别年份未按权责手册规定执行；对该项目市值维护不足，其资本市场股权融资平台作用发挥不够。

第二，投资管控方面。主要表现为：运营策划环节管控存在不足，部分项目未要求编制运营策划书；未及时收取项目公司担保费；对项目公司债券事项决策程序滞后。

第三，投资效果方面。主要表现为：投资的部分项目投资效果尚未显现；项目公司的行业引领作用有待进一步加强；部分项目培育时间较长。

五、经验总结

第一，坚持绩效审计目标导向。一是在坚持对投资项目（以下简称“项目”）决策、实施、效益、监督与考核等进行全面总结回顾的基础上，重点关注项目决策程序是否规范、投资管控是否到位、是否达到预期效果，从而为投资决策提供参考，为规范与加强股权投资项目管控提供建议。二是通过对项目公司主要经济指标进行对比分析、与同行业标杆企业进行对比分析，分析审计投资项目对投资效益和国有资产保值增值的作用和影响。

第二，坚持绩效审计工作原则。一是坚持全覆盖原则，即对股权投资项目立项、实施、运营、效益等全过程、全流程进行全方位分析与审计。二是坚持重要性原则，即在充分尊重客观事实的基础上，以股权投资的经济性、效率性、效益性为重点，围绕股权投资管理制度的建立与执行，重点揭示股权投资决策、实施、效益全过程管理中存在的问题及对投资效益的影响，追本溯源，分析产生问题的原因。三是坚持客观性原则，即根据外部中介机构审计确认的财务决算数据及项目建设、运营经济指标等进行分析与审计，确保所依据数据的客观、可靠，以合理保证审计结论的公正性和意见建议的可行性。四是坚持规范性原则，即采用科学的审计方法，规范运作，在分析项目实施现状的基础上，及时发现问题，引导公司正确把握未来发展方向和发展趋势。

第三，认真落实具体工作任务。一是做好项目总结与回顾，即全面梳理总结在项目不同阶段决策程序、实施过程、投资效果及可持续性等方面所取得的经验与教训。二是做好指标分析与审计，即通过对项目不同阶段所确定的发展目标及技术、经济效益、环境效益、社会效益等指标进行对比，找出差别和变化，分析原因，提出对策与建议。三是开展管理分析与审计，即对项目公司成立后对有关法人治理、组织架构、内部控制、风险管理、“三重一大”、投资管理、建设管理（质量、进度、投资控制、“四制”落实）、运营管理等中央企业管控规则的遵循情况进行全面总结、分析与审计。

第四，制定可行绩效审计策略。一是综合选用如资料对比分析、关联性分析、管理人员访谈、问卷调查、现场勘查、调查取证、成功度审计等审计方法，建立完善的审计指标体系，互为依托，相互印证，以确保审计依据客观、真实，审计结论准确、公正。二是以审计工作底稿为依据，强化与项目各利益主体的沟通与交流，在确保审计结论经得住历史检验的同时，更关注引导相关单位真正认识到自身管理上的不足，使其逐渐强化管理、自我完善。三是组建具有丰富经验的专家团队，确保审计质量。项目审计是一项复杂细致的系统工程，涉及投资决策、投资管控、效益测算、可持续性分析等多个领域，可建立联合审计工作组，充分利用中介机构及专家力量，确保审计内容全面、完整，不遗漏。

【案例分享】

根据审计署年度工作计划安排，审计署某特派办对国债项目绕城公路进行了现场审计。该项目的特点是：绕城公路分绕东公路、绕西公路两段建设，两段公路建设里程相近，但采用两种截然不同的建设管理方式；两段公路建设资金来源渠道多，建成通车后累计投资完成相差很大，群众对此猜测、议论很多。在审计中，审计组按照审计实施方案，结合绕东公路、绕西公路的实际情况，确定了不同的审计重点内容，采用多种灵活有效的审计方法，收到了很好的审计效果。

第一，绕西公路审计的主要成果。通过对绕西公路的审计，审计人员主要查出以下六个问题。

- 项目公司挪用国债项目建设资金近 6 亿元，其中 3 亿多元未归还，面临损失风险。
- 项目公司通过非法关联交易，侵占建设资金 700 万元。
- 未经董事会同意，项目公司贷款 0.2 亿元借给 G 集团公司用于还贷，挤占工程投资 50 余万元。
- 项目公司为 G 集团公司提供贷款及贷款展期担保，负有连带偿还责任的风险。

- 项目公司铺张浪费，拿国债资金迎来送往，增加工程建设支出。
- 项目公司项目法人制运作不规范，影响投资效益，存在资金风险。

第二，绕东公路审计的主要成果。通过对绕东公路的审计，审计人员主要查出以下九个问题。

- 项目公司建设资金筹集不合理，导致资金使用效益差，增加项目建设成本并影响运营效益。
- 项目公司脱离实际需要筹措建设资金，造成该项目建设资金3亿多元闲置。
- 项目公司资金来源结构不合理，项目建设过度依赖贷款性资金，致使建设期利息超概算0.80亿元，增加了建设成本。
- 项目公司未充分考虑国道主干线与市政道路之间的相互影响，绕城公路车流量被城市三环路分流，项目的经营能力得不到充分发挥，通行能力闲置。
- 项目公司材料采购管理控制不严，采购人员收受贿赂，导致钢材采购价格偏高，增加项目建设成本。
- 项目公司勘测设计深度不足、变更设计频繁，导致工程报废损失数百万元，并且设计费超概算0.20亿元，增加工程费用1亿多元。
- 项目公司个别工程未进行招标，直接交由质量保证制度不健全的单位施工；桥梁装修工程发包给无相关资质的施工单位，并且工程结算价款明显偏高，增加了工程成本。
- 项目公司未做好相关协调工作，投资0.70亿元建成的一座立交桥未通车，影响项目的社会效益和经济效益。
- 项目公司用通行费收入0.15亿元购置办公用房，增加了项目还本付息的压力。

第三，审计建议。审计人员提出以下四个审计建议。

- 进一步健全科学的项目立项决策机制。
- 落实完善建设项目投融资和经营管理机制。
- 加强对社会民间资本投资基础设施项目的引导和监管。
- 加快交通体制改革。

12.2 工程项目绩效审计实务操作

工程项目绩效审计是由专业机构和人员对被审计单位工程项目绩效的真实性、合法性、效益性进行的独立审查与评价工作。

> **【观点分享】**
>
> 建设项目绩效审计是指内部审计机构和内部审计人员依据相关标准，综合运用各种技术和方法，对建设项目的经济性、效率性和效果性进行检查和评价的活动。
>
> ——摘自《第 3201 号内部审计实务指南——建设项目审计》

一、工程项目绩效审计内容

工程项目绩效审计内容，因人们的认识和工程项目的不同而不同。在一般情况下，工程项目绩效审计内容如下。

（一）审查和评价项目目标达成情况

项目目标达成情况审计主要考核项目建设目标是否实现，主要参照对象是项目可行性研究预测值、行业参考值或同类项目实现值。常见的项目目标如下。

- 工程竣工质量验收合格。建设项目工程质量合格是首要目标，主体工程不合格的项目应当视为建设失败，非主体部位局部质量缺陷应当在竣工验收中指出并及时修补，消除缺陷。
- 工期控制在设计工期内。建设工期控制在设计工期内是建设项目的主要目标之一，工期延长应有合理原因。
- 工程投资控制在项目概算内。项目概算是初步设计提出的投资控制目标值，其中已经包含了必要的基本预备费和价差预备费。如果工程竣工后总投资突破概算值，审计人员应当深入分析原因。
- 工程施工过程安全受控。建设项目应当以不出现施工安全事故为目标，至少应当确保不出现较大或重大安全事故。

（二）审查和评价项目效益实现情况

项目效益实现情况审计主要考核项目运营后实际实现的财务效益、经济效益等指标，重点关注运营技术指标、运营单位财务效益状况，以及项目财务内部收益率、财务净现值等内容，以定量分析为主。常用指标主要有反映项目盈利能力、偿债能力等的指标。反映项目盈利能力的指标主要有总投资收益率、静态投资回收期、财务净现值、净现值率、获利指数、财务内部收益率等，反映项目偿债能力的指标主要包括偿债备付率、借款偿还期等。

（三）审查和评价项目对社会的影响情况

项目对社会的影响情况审计主要考核项目对利益关系人、周边环境和社会带来的影响，是建设项目绩效审计和评价的重要内容。项目对社会的影响审查和评价的内容主要包括以下六个方面。

- 项目征地拆迁、移民对原住民的影响。工程项目对原住民的影响十分复杂，既包括对其经济方面，如家庭收入的影响，也包括对其生活、心理等人文方面的影响，在审计中应量力而行。
- 项目建设对上下游产业的影响。工程项目对上下游产业的影响，主要是由较大的建设项目建设过程及建成后，对上下游供给、需求关系产生的影响，应结合项目具体情况分析。
- 项目对周边住户和环境的影响。这主要包括项目建设中产生的噪声、污水、粉尘等污染物对周边住户和环境的影响，具体可参照项目环境影响报告进行审查。其中，应重点关注环境质量指数、水质影响等指标，以定量分析为主。例如，环境质量指数反映项目实施造成污染物排放与国家相关标准允许的最大排放量相比较的结果。
- 项目对古迹和自然景观的影响。项目的开发可能会对古建筑或历史遗迹、自然景观造成损害，此类影响的总价值可以通过价值评估的方式来计算。
- 项目可能产生自然灾害的风险分析。项目可能会因改变地形、影响植被和渗透土壤等而产生自然灾害。对有可能产生自然灾害的项目，应进行环境影响的风险分析。
- 对社会效益的影响。对社会效益的影响是指工程项目在建成投产后对国民经济和社会发展所产生的影响，包括对社会经济、文教卫生、人民生活、就业、分配等方面的影响。

（四）审查和评价项目可持续性

项目可持续性审计主要考核的内容包括：项目建成投入运营后，项目的既定目标能否按期实现，并产生较好的效益；项目业主是否愿意，并可以依靠自己的能力继续实现既定目标；项目是否具有可重复性等。项目可持续性审查和评价的内容主要包括以下三个方面。

- 政策法规因素。主要包括国家法律法规变化趋势，参与该项目的政府部门各自的作用和目的、对项目目标的理解，政策的变化是否会影响到该项目的可持续性。
- 管理、组织和参与因素。主要包括项目管理人员的素质和能力、管理机构和制度、组织形式和作用、人员培训等对可持续性的影响。

- 技术因素。主要包括技术因素对项目管理和财务可持续性的影响，项目在技术领域的成果是否可以被接受并推广应用等。

（五）审查和评价项目管理情况

项目管理情况审计要涵盖项目建设管理全过程，包括项目前期工作、项目建设实施和项目竣工验收、项目运行四个主要阶段，也要覆盖各参建单位，在实践中通常有重点地开展。项目管理情况审查和评价的内容主要包括以下四个方面。

- 项目前期工作管理评价。主要对项目前期工作是否合规开展、是否高效、是否及时取得报批报建手续并完成征地拆迁保证项目开工需要等进行评价，也要结合后续建设实施中发现的问题评价前期工作质量。
- 项目建设实施管理评价。主要对项目施工管理（包括安全质量工期等管理工作）、勘察设计管理、监理管理、技术和咨询管理等进行评价。
- 项目竣工验收管理评价。主要对项目组织合同完工结算、编制竣工决算、结转固定资产、组织生产培训和试生产、移交生产部门等工作管理情况进行评价。
- 项目运行管理评价。主要对项目是否达产、是否保证运行时间、质量缺陷是否及时消除以保证运行等事项开展评价。

【经验分享】

项目绩效审计的主要内容如下。

（1）项目审批管理全面综合评价。

（2）项目实施内容全面综合评价。

（3）项目功能技术全面综合评价。

（4）项目资金管理效率全面综合评价。

（5）项目经济效益全面综合评价。

（6）项目公共效益全面综合评价。

项目绩效审计的重点是对项目决策预期效果和项目实施后实际效果进行对比考核，分析变化原因，及时总结和反馈经验与教训。

——摘自《五陵郭集团公司基本建设项目审计业务手册》

二、工程项目绩效审计程序

工程项目绩效审计程序包括收集工程项目绩效相关法律法规、相关材料，调查了解和查证核实工程项目绩效情况，形成工程项目绩效审计意见等。笔者团队编制的工程项目绩效审计程序表如表 12-1 所示。

表 12-1 工程项目绩效审计程序表

单位		签名		日期	
项目	绩效审计程序表	编制人		索引号	
截止日期		复核人		页次	
序号	审计目标				
1.1	确定工程项目绩效的真实性，即审查和评价工程项目绩效活动的真实性				
1.2	确定工程项目绩效的合规性及合法性，即审查和评价工程项目绩效活动的合规性及合法性				
1.3	确定工程项目绩效的效益性，即审查和评价工程项目绩效活动的效益性				
序号	审计程序			执行情况	索引号
1.1	收集工程项目绩效相关法律法规和规范性文件				
1.2	收集工程项目绩效相关材料				
1.3	调查了解工程项目绩效情况				
1.4	查证核实工程项目绩效情况（对专业技术文件可委托专业中介机构进行审核，并出具专业审核意见）				
1.5	形成工程项目绩效审计意见				

【经验分享】

项目绩效审计由审计准备、审计实施及审计终结三个阶段组成，具体操作程序如下。

（1）审前调查，初步了解、分析被审计单位绩效基本情况，收集审计所需的资料。

（2）直接组织或委托中介机构开展审计，成立绩效审计小组，编制审计方案，聘请有关专家。

（3）下达评审通知书。

（4）收集资料，开展调查，了解情况。

（5）分析资料，形成报告。

（6）出具初步报告，与被审计单位交换意见。

（7）形成审计报告，并报主管审批。

（8）审计报告交付与资料交接。

（9）审计资料的整理归档。

（10）下达审计意见或决定。

（11）绩效审计成果的反馈与应用。

——摘自《五陵郭集团公司基本建设项目审计业务手册》

三、工程项目绩效审计方法

工程项目绩效审计需要采用定性和定量相结合的方法，主要方法有文字描述法、对比分析法、现场核实法等。

> 【经验分享】
>
> 项目绩效评审采用定性和定量相结合的方法，主要方法有对比分析法、层次分析法、因果分析法、综合评价法等。
>
> ——摘自《五陵郭集团公司基本建设项目审计业务手册》

12.3　工程项目绩效审计问题案例

一、34 个高等级公路项目建设管理及投资效益情况审计发现问题案例

审计署 2007 年第 2 号公告（34 个高等级公路项目建设管理及投资效益情况的审计结果）显示：部分项目建成后，未达到预期经济效益，难以按期还清贷款。

截至 2005 年年底，竣工通车一年以上的 20 个项目中，有 14 个项目实际车流量只达到可行性研究报告预测值的 60%，在规定的偿债期内很难还清贷款。例如，哈尔滨绕城高速公路西段项目自 2004 年 9 月通车以来，日均车流量为 1 761 辆，仅为可行性研究报告预测值的 13.8%，年收入扣除运营和维护费用后，仅够偿还一个季度的贷款利息。2004 年 8 月竣工通车的吉林省四平至白山高等级公路，92% 的建设资金是银行贷款，按年利率 5% 测算，每年应付利息 1.5 亿元；该项目 2005 年通行费收入 6 500 多万元，日均车流量、年收费收入都仅为可行性研究报告预测值的 35%。甘肃省国道 212 线兰州至临洮高速公路 2004 年通车以来的通行费收入不到同期应支付贷款利息的 40%，还贷压力很大。陕西省户县（现为“鄠邑区”）至勉县高速公路已到位资金中，除车购税等中央财政资金 11.5 亿元外，其余 30 亿元都是银行贷款，省交通部门承诺用于项目建设的 37.7 亿元资本金分文未到，预计项目建成后，将比可行性研究报告确定的还本付息额增加 67.6 亿元。

上述高等级公路项目建设中存在问题的原因主要如下。

第一，建设管理体制尚未理顺，改革滞后于发展。目前，不少公路项目的建设、筹资和还贷主要依赖政府，客观上加快了公路建设，但也有少数地方政府过度超前建设高速公路，大大超出当地财政承受能力。再有，一些主管部门在项目建设中既是决策者，又是管理者和建设者，项目法人治理结构不完善，加之监督制约机制不健全，极易产生权钱交易、非法谋取部门和小团体利益等问题。

第二，责任追究机制未落实到位。国家对公路项目建设管理有明确的法律法规规定，但一些地方政府及项目建设单位重公路项目建成数量和速度，轻项目管理和群众利益，对历次检查发现的问题不及时纠正、不依法追究责任，助长挤占挪用建设资金、非法转分包、违规征地和拖欠补偿款等违法违规问题发生且屡禁不止。

第三，一些地方政府为了争取立项，在可行性研究阶段高估车流量，夸大预期效益，而公路建成后车流量达不到预测值，导致公路资产利用率低下；一些地方超出本地财力可能建设公路项目，建设中资本金到位率低，不得不大幅增加银行贷款，致使建成后经营收入难以偿还贷款本息。

二、部分城市基础设施国债项目建设效果审计发现问题案例

审计署 2004 年第 3 号公告（部分城市基础设施国债项目建设效果的审计结果）显示存在以下三个问题。

（1）部分已建成项目运营效果较差。在已建成的 320 个项目中，有 32 个项目基本未投入运营，18 个项目长期处于试运营或开开停停状态，另有 69 个项目未达到当年设计生产能力。其中，污水、垃圾处理和供水项目平均实际生产能力分别只占当年设计能力的 59%、56% 和 33%，设备闲置问题比较突出。

造成项目不能正常运营和未达到设计能力的直接原因是：配套管网建设滞后；运营经费不足；工艺和设备设计不合理；设备质量存在严重问题；少数项目建设规模过大，超出实际需要。安徽省巢湖市污水处理厂 2001 年 6 月一期工程完工后，因缺少运营资金仅试运行了一个月，二期工程完工后，也只进行了设备联动试运行。辽宁省鞍山市西部污水处理项目投产一年来，由于运营资金不足，仅能从事维护性运转，污水仍被直接排入太子河和大辽河，未能实现可行性研究报告中提出的集中处理城市污水、改善辽河下游地区生态环境的投资目标。山西省晋中市榆次区、阳泉市两个污水处理厂由于项目建设时没有考虑相应的管网建设，2000 年建成后一直无法投入运营。四川省阿坝州 4 个已建成的垃圾处理厂因设备质量严重不合格，处于瘫痪状态；都江堰市污水处理厂设计能力为每天 4 万吨，因管网不配套，仅能流进污水 0.15 万吨，达不到进水量的最低要求，生化处理无法运转。甘肃省白银市城市供水工程投产近一年来，平均日供水量不到 1 万吨，不到设计能力的 10%，设备利用率仅为交付使用设备的 15%。

（2）部分污水、垃圾项目处理指标不达标。在已投入运营的污水、垃圾处理项目中，有 14 个处理指标未达标。其直接原因是：项目设计不合理，擅自减少建设内容，降低建设标准，使项目功能和质量受到较大影响。安徽省合肥市建委等有关部门在建设南淝河治理项目过程中，一方面大幅增加沿河两岸景观改造等建设内容，其中绿化与景观用地多征了 80 万平方米，超概算达 1.72 亿元，概算外增加灯饰景观费用 3 327 万元；另一方面又大幅削减污水管网、河道清淤等必要的建设内容，少建污水管道 60 公里和 1 座泵站，比概算减少投资 1.25 亿元。由于大幅削减管网建设，致使原设计中的雨水、

污水分流无法实现，汛期时污水直接排入河道，加之上游河道未进行清淤，造成淤泥堆积，严重影响了南淝河水污染治理效果。山东省烟台市套子湾污水处理厂回用水处理工艺无法消除氯离子，生产的回用水氯离子严重超标，连绿化用水标准都难以达到。贵州省贵阳市高雁垃圾填埋场已投入使用近两年，渗透液处理指标一直未能达标。

（3）部分项目损失浪费严重。审计调查发现，有 34 个项目由于管理不善、设备不合格及工程质量缺陷等原因，存在较为严重的损失浪费问题。例如，广西壮族自治区北海市白水塘垃圾处理项目在设备采购过程中把关不严，对代理商未进行资格审查，在签订合同时，多处违反国际通用惯例，付款方式、期限、索赔等条款明显不合理，已给国家造成直接经济损失约 1 900 万元，还使价值近 9 200 万元的设备和厂房闲置。河南省郑州市供水工程因前期勘察设计失误、建设管理不善等原因造成各种损失 2 716 万元。投资 5.6 亿元的牡丹江煤气工程因盲目建设、管理混乱、损失严重而停产。

从审计情况来看，部分项目建设效果较差，除上述直接原因外，还存在以下三个深层次的问题。

一是政府投资项目决策机制尚不健全。由于前期规划工作薄弱，有些地方将论证不充分、概算编制不完整的项目予以申报，甚至将已完工项目改头换面重复申报，造成有些项目选址布局不当、设施不配套、设计漏项多，建设规模、标准脱离当地经济社会发展实际。

二是经营机制落后，建设和运营仍主要依赖政府。不少地方的城市基础设施国债项目的建设和运营基本由政府承担，资金配套、贷款担保和弥补运行经费不足都主要依靠地方财政。项目建成后实行事业管理的模式，造成政企不分、职责不清、机构臃肿、效益低下；同时，一些地方的污水、垃圾处理收费标准偏低，难以补偿运行维护费用，一方面加重了地方政府的财政负担，另一方面使经营者缺乏积极性，在很大程度上影响了城建和环保基础设施国债项目的建设运营效果。

三是项目管理比较薄弱。① 90 个项目执行招投标制度不严格。主要采取邀标、议标和指定方式，致使一些无相应资质的施工单位承揽工程，或违法转包，层层收取管理费。例如，广东火电工程总公司海南分公司不具有市政工程施工资质，在承包三亚城市污水处理项目部分管道工程后，转包给两家单位，收取转包费 288 万元。② 挤占挪用建设资金 4.67 亿元。辽宁省抚顺市三宝屯污水处理项目在考察工艺和采购 2 300 万元的国外设备中，出国费用就达 195 万元。新疆石河子市污水处理厂在完成投资尚不到 10% 的情况下，业务招待费就已超支 2.3 倍。

三、某发电厂扩建工程投资效益评价问题案例

中天恒达受托对某发电厂二期扩建工程项目投资效益进行评审，评审结果如下。

一是概算执行结果不仅使投资控制在批准概算以内，而且在保证工程质量的基础上有效地降低了工程造价。造价水平与国内同时期、同类型机组相比明显偏低，使企业上

网竞价能力进一步增强。

二是电厂二期工程经过3年的建设已按设计实现了生产能力，并有力地带动了地方经济的发展，取得了较好的社会效益。

四、某商业地产投资项目绩效审计问题案例

某中介机构受某中央企业委托，根据该中央企业年度审计工作计划安排，对某投资项目开展了绩效审计。本次审计是按照《中华人民共和国审计法》《国务院关于加强审计工作的意见》《中国内部审计准则》《第2202号内部审计具体准则——绩效审计》等进行的，审计内容主要包括战略匹配度审计、项目效率审计、项目效果与影响审计、项目可持续能力审计等。

审计调查发现，某投资项目的实施符合集团专业化公司战略规划要求，较好地完成了项目进度、安全、环保、团队培养等目标；项目决策、项目准备、项目实施、项目竣工和试运营等全过程管理基本规范；项目的投资建成有效地促进了区域经济发展，丰富了当地居民和游客的休闲娱乐生活，产生了良好的社会效益，较好地完成了分年度考核任务指标；项目拥有良好的集团品牌基因，以及多年商业操盘经验与人才储备优势，具有区域战略发展地缘优势，形成了具有自我特色的文化休闲度假平台，具有一定的可持续能力。但某投资项目存在以下三个问题。

第一，项目立项决策与规划、策划不到位。主要表现为：项目未按规定报经集团董事会批准；项目前端策划过于乐观，建设期间因策划调整引起建造成本费用增加，收入减少；项目成本费用规划不合理，项目实际收益与规划目标存在重大差异；项目策划事前、事中、事后管理不到位，缺乏全局性、系统性、长远性战略规划；项目实施期间，项目前期管控与商业推广管理等制度不健全，不利于项目前期管控与商业推广管理。

第二，项目建设全过程管理不规范。主要表现为：项目建设程序不规范，勘察设计管理不到位；项目招标管理、合同管理不规范；项目产品质量控制不严格。

第三，项目运营管理能力较低。主要表现为：项目招商运营管理不规范；项目运营招采与合同管理不到位；项目商业和物业管理能力较低；项目部分关键运营指标未实现；项目风险防范意识不强；项目未按规定上报审计报告等。

第 13 章

新机场工程项目审计实务及案例

随着我国机场建设的发展，新机场工程项目规模越来越大，技术越来越复杂，风险也在增大。为了有效地控制新机场工程项目建设成本，保证建设管理的合法、合理，保证各项财务收支的合法、正确，保证建设管理人员廉洁施权、合法办事，加强新机场工程项目审计就显得越来越重要。

新机场工程项目审计工作主要围绕机场工程项目展开。根据《民用机场工程项目建设标准》，民用机场工程项目主要由机场生产主体设施、机场生产辅助设施、机场地面交通及公用设施构成。笔者团队汇总编制的新机场工程项目构成表如表 13-1 所示。

表 13-1　新机场工程项目构成表

序号	名称	内容
1	全场土石方及地基处理工程	全场土石方工程；地基处理工程
2	飞行区工程	道面工程；排水工程；道桥工程；消防工程；围界工程；安防工程；助航灯光及机务用电工程；场内导航台站工程
3	航站区工程	航站楼工程；停车楼工程；综合交通中心工程；高架桥工程等配套工程
4	货运区工程	货运站工程；配套工程
5	机务区工程	机务维修工程
6	通信、导航、航管、气象工程	通信工程；导航工程；航管工程；气象工程
7	航空食品工程	航空食品配餐工程及其配套工程
8	场务工程	场务办公楼工程及其配套工程
9	消防救援工程	消防工程；救援中心工程
10	供油工程	供油工程

（续表）

序号	名称	内容
11	供电工程	供电工程
12	供水工程	供水工程
13	供热工程	供热工程
14	制冷工程	制冷工程
15	燃气工程	燃气工程
16	雨污水工程	雨污水管网工程
17	污物处理工程	污物处理工程
18	绿化工程	景观绿化工程
19	场内道路工程	道路工程及其附属配套工程
20	生产生活辅助设施	综合业务楼工程；机场公安用房工程；海关、卫生检查及检验检疫用房工程；武警用房工程；保安用房工程；安检用房工程；普通车库及特种车辆维修工程；地勤、场务办公楼工程；生活服务中心工程；各功能区室外工程；其他工程
21	专用设备及特种车辆	专用设备及特种车辆
22	其他配套设施	其他配套设施

在实践中，新机场工程项目审计通常采用全过程跟踪审计的方式，对新机场工程项目工程造价、财务、管理等方面进行全面审计；也可对新机场工程项目造价（结算）及财务（决算）进行审计；还有一种特别的做法，即外聘专业机构成立财务监理部，履行审计监督职责。

13.1 新机场工程项目审计导入案例

下面以昆明新机场工程项目审计案例作为导入案例介绍新机场工程项目审计。

一、审计组织

昆明新机场工程项目指挥部创造性地委托中天恒达派员成立财务监理部，履行审计监督职责。按照昆明新机场工程项目指挥部要求，中天恒达选派符合机场建设现场工作要求且具备相应资质的人员进驻现场组建财务监理部，成为昆明新机场工程项目指挥部的一个职能部门，受昆明新机场工程项目指挥部的直接领导，在昆明新机场工程项目指挥部的授权范围内开展财务监理服务。

财务监理部的基本职责是对机场建设工程财务、预结算、招标、合同管理工作实行监督，确保机场建设资金管理得到保证、成本得到有效控制、资金和财产安全；负责新机场建设项目财务监理、造价监理、内部审计；负责建设财务监理部内部控制制度，确保昆明新机场工程项目相关工作流程，确保昆明新机场工程项目指挥部规定的工作职责得到有效落实。

财务监理部发挥中天恒达的审计工作优势，配合昆明新机场工程项目指挥部在工程项目建设中以审计工作为抓手，把审计工作前置，抓住内审和外审两条主线，加强财务监督。

二、审计工作

根据昆明新机场工程项目特点，财务监理部制定了完善的昆明新机场工程项目内部审计制度、全过程跟踪审计方案、财务监理部内部工作要点，作为审计日常工作的依据和规范；确定了昆明新机场工程项目跟踪审计关键环节，即重点关注招标合规性、合同合法性、履约严肃性、概算可控性、造价准确性、工程管理程序性；对不符合基本建设规定的行为和事项及时提出整改建议；对不合法规的决策操作予以坚决制止；针对工程不同阶段开展专项审计工作。就内部审计而言，财务监理部编制了内部审计制度，制订了内部审计计划，按照规定审计程序组织开展内部审计，对审计发现的问题提出改进意见及建议。

三、审计成效

财务监理部成立以来，在昆明新机场工程项目指挥部领导的支持和各部门的积极配合下，认真履行职责、创造性工作，圆满完成了各项工作，成效显著。具体如下。

第一，制度建设奠定了规范管理的基础。制度是管理的依据、管理的行为准则，规范管理，制度先行。财务监理部为昆明新机场建立了包括招投标、合同、工程、财务、物资、安全、档案、行政后勤 8 个方面共 80 多项制度；同时，还会同昆明新机场工程项目指挥部人员制定及完善资金监管文件 20 余项。这些制度及监管文件共同构筑了一套系统、科学的管理制度体系，涵盖了昆明新机场建设管理的各个方面，有力地规范了机场建设管理行为，为昆明新机场顺利建设提供了制度保障。

第二，设计财务核算体系，协助完成工程管理信息系统的实施，规范财务管理。财务监理部与昆明新机场工程项目计划财务部财务处共同研究设计会计科目体系、设立财务账簿，使昆明新机场工程项目指挥部财务管理工作很快进入了正轨。在昆明新机场工程管理信息系统实施过程中，财务监理部参与了整个管理系统的实施，从专业技术方面给予了积极的支持，对各项目管理子系统提供了合理化建议，配合完成财务管理子系统初始化工作。

第三，抓指导、促规范。为从源头上规范各种管理行为，财务监理部提出指导、监督并重的工作思想，对各部门日常提出的各项问题给予及时的指导和答疑，结合内部审计、国家审计发现的问题，对昆明新机场工程项目指挥部各部门集中开展管理规范指导工作，增强了各部门的审计意识，各部门达成了合法管理、规范管理的共识，形成了自我规范、自觉规范意识。

第四，对招投标、合同进行监督。财务监理部累计审核招标文件130余项、合同350余份，对招投标文件及合同条款进行审核，对招投标文件及合同条款中存在的不合规、不合理及容易导致风险的部分提出合理化建议；参与各项招标清标工作，对各项投标进行把关。

第五，工程预算、工程进度款、工程结算审核。财务监理部对工程预算、工程进度款、工程结算进行审核，纠正错报、多报工程款项，保证了工程预算、工程进度款、工程结算的正确及工程款项的及时支付。

第六，审查财务核算资料。财务监理部对昆明新机场工程项目指挥部成立以来的全部财务核算资料，在每月结账前进行详细审查，及时纠正错误核算并要求补充完善相关资料，定期对实物资产管理情况进行检查，保证了财务会计核算的正确性、合规性，保证了账证相符、账账相符、账表相符、账实相符。

第七，根据实际情况，开展专项审计。财务监理部对重要事项及监督工作中发现的难点疑点事项，先后组织实施了昆明新机场工程项目开工前审计、土石方工程计量工作的专项审计等多次工程管理专项审计，针对审计发现的工程管理问题，组织各部门实施了整改，改善了不规范管理行为。

第八，配合国家审计工作。财务监理部配合国家审计机关对昆明新机场工程项目的历次审计工作，针对审计报告及审计决定提出的问题，组织昆明新机场工程项目指挥部相关部门进行认真整改落实，达到了以外部审计促进内部管理规范的效果。

四、经验总结

中天恒达在承担昆明新机场工程项目审计任务的过程中，建立了完整、系统的建设管理制度，确立了以资金监管为主的管理监督体系，圆满地完成了财务监理和内部审计工作，对规范昆明新机场工程项目的各项建设管理行为起到较大的促进作用。相关经验总结如下。

第一，财务监理是有效的监督模式。昆明新机场工程项目建设成果实践证明，财务监理是一种比较有效的审计监督模式。将中介审计机构纳入建设单位管理体系，既弥补了建设单位审计专业人员不足的缺陷，又可以最大限度地避免其他审计模式造成的建设单位与审计机构的割裂，使审计机构的目标与建设项目管理层的目标保持一致。

第二，建设单位领导重视制度的保障作用。昆明新机场工程项目建设伊始，昆明新机场工程项目指挥部就提出了打造“阳光工程、廉洁工程”、实现“工程优良、干部优秀”的目标。昆明新机场工程项目指挥部领导明白要实现目标，必须建立全方位的监督体系，而监督的核心是建设资金监督，建立适当的监督体系是管好、用好建设资金的关键。因此，昆明新机场工程项目指挥部果断地委托中天恒达派员成立财务监理部，借用专业审计机构专业人员及专业优势开展昆明新机场工程项目财务监理及内部审计工作，并将财务监理监督制度化，规定所有经济管理活动必须经财务监理审查并签署意见方可办理，保证了监督的落实到位，保障了监督作用的发挥。

第三，强大的技术支持团队支撑。中天恒达接受昆明新机场工程项目指挥部委托后，为做好各项工作，根据项目情况建立了由中天恒达总经理、技术负责人及专家组成的昆明新机场工程项目顾问团队，为昆明新机场工程项目开展财务监理工作提供技术指导。

13.2 新机场工程项目审计实务操作

新机场工程项目审计业务涉及工程项目建设的全过程，要考虑介入项目开展审计工作的时点、审计目标、审计资源等，审计业务可以有多种不同安排。既可以对新机场工程项目开展全面审计，也可以针对新机场工程项目部分环节、部分时段建设内容开展专项审计，且不限于新机场工程项目造价审计、管理审计、财务审计等。

一、新机场工程项目造价审计

新机场工程项目造价审计业务同一般工程项目造价审计业务基本相同，包括工程估算审计、工程概算审计、工程预算审计、工程量清单计价审计、工程招标控制价审计、工程结算审计等，具体内容参考前文相关章节，这里仅就新机场工程项目造价审计实务进行归纳总结，并分享中天恒达相关新机场工程项目组的实践经验。

第一，新机场工程项目工程估算审计。新机场工程项目工程估算是多方案比选、优化设计、合理确定项目投资的结果。审计人员应当根据需要对新机场工程项目工程估算编制基础、编制方法的选择、编制过程进行逐项审查。

第二，新机场工程项目工程概算审计。新机场工程项目工程概算审计，应依据工程造价管理机构发布的计价依据及有关资料，对其编制依据、编制方法、编制内容及各项费用进行审查，主要内容包括：审查概算编制内容与要求的一致性，审查概算的费用项目的准确性、全面性和合理性，以及审查概算调整的真实性、合规性等。

第三，新机场工程项目工程预算审计。新机场工程项目工程预算审计，应依据工程造价管理机构发布的计价依据及有关资料，对其编制依据、编制方法、编制内容及各项费用进行审查，应重点对工程量，工、料、机要素价格，费率计取等进行审查。

第四，新机场工程项目工程量清单计价及工程招标控制价审计。新机场工程项目工程量清单计价及工程招标控制价审计主要内容如下。

- 审查工程量清单是否按规定包括分部分项工程量清单、措施项目清单和其他项目清单，以及各子清单内容的准确性和完整性。
- 审查工程招标控制价是否符合国家、省、市工程造价计价的有关规定。
- 审查工程招标控制价中材料暂估价、专业工程暂估价设置的合理性。
- 审查工程量清单计价是否符合国家清单计价规范要求的“四统一”，即统一项目编码、统一项目名称、统一计量单位、统一工程量计算规则。

【经验分享】

新机场工程项目工程量清单计价及工程招标控制价审计具体程序如下。

首先，审查工程量清单编制总说明描述的准确性和合理性，工程量清单项目是否存在缺项、漏项，工程量清单项目主要工程量计算是否准确，项目特征是否描述清晰，清单的项目编码及单位是否准确，工程招标控制价的编制依据是否合法，各个造价要素价格是否准确，组价是否合理。

其次，做好工程招标控制价、施工图预算（如有）、概算的对比分析。审计人员应注意对应已经确立的投资管控总目标、分目标，根据对工程项目特点、施工图审查的结论及主要市场要素的分析及预测，合理确定工程招标控制价。

——中天恒达呼和浩特新机场项目组

第五，新机场工程项目工程结算审计。新机场工程项目工程结算审计是新机场工程项目造价控制的重要关卡，也一直是新机场工程项目造价审计工作的重点。新机场工程项目工程结算审计，要在对工程造价依据的合法、合理性进行审查的基础上，对分部分项工程量清单、措施项目清单、其他项目清单、规费、税金等进行全面审查。

二、新机场工程项目管理审计

新机场工程项目管理审计包含的内容十分丰富，这里仅从以下八个方面就新机场工程项目管理审计实务进行梳理，并分享中天恒达相关新机场工程项目组的实践经验。

第一，新机场工程项目内部控制与风险管理审计。新机场工程项目内部控制与风险管理审计是审计机构对工程项目管理机构内部控制设计和运行的有效性，以及对工程项目有关工期、质量、安全、成本、环境等各类风险的管控情况进行的审查和评价，主要内容包括：审查和评价工程项目管理机构合同控制、资金控制、进度控制、质量控制、安全控制等各项内部控制体系设计与运行的有效性，审查和评价工程项目管理机构对各个阶段面临的主要风险进行识别和控制的有效性。

在实践中，新机场工程项目内部控制与风险管理分整体和操作（业务）两个层面。新机场工程项目内部控制与风险管理整体层面涉及内部环境、风险评估、控制活动、信息与沟通、内部监督等方面；操作（业务）层面的内部控制与风险管理体现为：在系统、全面梳理工程项目各项具体的业务活动、评估其中存在的风险的基础上制定相应的控制措施，将内部控制和风险管理融入日常的工程业务管理活动。

【经验分享】

为降低项目建设安全、质量管理和投资风险，建设单位应依据《建设工程安全生产管理条例》建立“重大事故应急预案”，充分发挥财务监理、造价审计单位作用。监理单位、造价审计单位派驻现场的工程师是有着一定管理经验的工程管理人员，并且他们是在指挥部的支持下进行工作的。因此，应充分发挥监理单位、造价审计单位派驻现场的工程师的作用；同时，做好监理单位和造价审计单位之间的协调、沟通工作，定期组织召开经验交流会。

——中天恒达广州白云机场扩建工程项目组

第二，新机场工程项目前期决策管理审计。新机场工程项目前期决策管理审计内容包括新机场工程项目建议书编制、可行性研究或核准备案、投资估算、经济评价、报建报批等方面的审计。

从理论上讲，新机场工程项目前期决策管理审计非常重要，但在实际中，新机场工程项目前期决策是一个复杂的系统工程，审计往往在决策后或建设时，甚至建成后才介入，前期决策管理审计的重要作用难以充分发挥。

第三，新机场工程项目征地拆迁管理审计。新机场工程项目征地拆迁费用越来越高，有的在总投资的一半以上。应该加强新机场工程项目征地拆迁管理审计。一般来说，新机场工程项目征地拆迁管理审计是对新机场工程项目征地拆迁的真实性、合法性、效益性进行的独立审查与评价工作。

第四，新机场工程项目勘察设计管理审计。环境及地质条件对新机场工程项目建设及其运营影响巨大，新机场工程项目建设会对当地地质和环境产生一定影响。一般认为，勘察设计工作对新机场工程项目造价的影响达到 80% 以上，在很大程度上决定了工程的质量和造价，影响工程的工期。为实现新机场工程项目勘察设计的有效管理，加强新机场工程项目勘察设计管理审计具有十分重要的意义。

新机场工程项目勘察设计管理审计内容主要包括委托勘察设计管理的审计、初步设计管理的审计、施工图设计管理的审计、设计变更管理的审计、设计资料管理的审计等。

第五，新机场工程项目招投标管理审计。新机场工程项目招投标管理审计，除了审查与评价招标单位招标内部控制、管理流程、职责分工等，还要突出新机场工程项目招投标特点，审查以下两方面内容。

- 审查招标文件中标段划分、资格条件设置、评分标准等内容。审查招标文件中招标范围和内容是否明确，投标人资格、招标方式、招标时间安排、开标、清标分析、评标、定标是否符合法律法规的要求，付款方式是否合理等。

- 审查招标文件合同条款。重点审查合同条款中造价控制条款，例如，竣工结算原则、新增单价计价原则、变更计价办法、甲供材料消耗量结算原则、人工单价报价要求、综合费率报价要求、总包服务费报价范围；同时还应审查合同条款中的工程管理条款，例如，合同方式、总承包服务范围、总分包工作界面、主要设备材料的品牌规格、付款方法、工地现场安全文明要求等。

第六，新机场工程项目合同管理审计。新机场工程项目合同管理是指对新机场工程项目合同的签订、履行、变更、终止等的全过程、全方位管理。

【经验分享】

新机场工程项目合同管理大致可分为三个阶段：合同前期及签订阶段、合同实施及执行阶段、合同结算及概算对比阶段。

一、合同前期及签订阶段

（1）合同文件流转会签工作流程和程序。具体工作为：制定合同会签实施管理办法，明确相关部门责任；相关会签部门在规定时间内对合同进行审查，根据各自职责，对所负责管理的内容提出有针对性、专业性的意见；做好合同会签单等原始资料的收集与归档工作。

（2）合同文件签订的审查工作。具体工作为：结合新机场工程项目特点，对各种合同签约方式和范本进行比较分析；对相关联合同的关联内容进行审查，避免相关合同冲突；审查合同签订内容与招投标文件内容是否一致，合同内容是否齐全，合同主体是否符合国家相关法律法规的规定，是否对组成合同文件资料及解释顺序做出明确规定，合同是否约定违约责任和合同争议的解决方式及程序。

（3）合同分类汇总。新机场工程项目合同繁多，有关部门应按照工程类别进行分类、整理、汇总。新机场工程项目合同大致可分为工程施工合同、物资采购合同、工程监理合同、勘察设计合同、审计服务合同、技术服务合同、审查论证合同、临时工程合同、建设管理合同、采购意向合同等。将合同进行分类、整理、汇总，有助于合同管理，也有助于直接根据合同分类进行概算对比分析。

（4）合同清单明细项的系统录入工作。若合同付款审批支付执行工程管理系统，前期就必须将合同清单明细项录入工程管理系统。系统录入工作宜细不宜粗，可按一个单位工程或单项工程分别录入。在合同执行过程中，如果发生了变更，那么应及时在系统中录入合同变更数据，以保证合同管理和系统支付的完整性、准确性。

二、合同实施及执行阶段

（1）工程变更管理程序和办法。在新机场工程项目合同实施过程中，难免会发生工程变更。因此，为了规范建设过程中工程变更的管理，保证新机场工程项目建设的质量和进度，有效地控制建设投资，建设单位应制定工程变更管理办法，明确建设单位和各部门的职责，遵循“严格控制、及时处理、统一结算、责任追究、优化有奖”和“先批准、后变更，先设计、后施工”的原则。

具体而言，建设单位应明确变更审核程序，确定变更级别和变更工程造价审核流程、期限；另外，建设单位应建立变更台账，详细记录变更的缘由及审核结果等相关信息，并保留完整的变更审核资料，包括最终确定的经相关部门和单位签字盖章的变更审批表等。

（2）合同计划投资管控。为了切实加强对新机场工程项目建设投资的控制，确保工程投资管控在批准的概算范围内，保证投资成本的合理性，力求工程投资效益最大化，建设单位应结合有关管理制度，制定工程投资管理办法。具体工作为：对投资实施全方位、全过程、动态控制；对投资管控目标进行分解，确定各专业工程、各费用项目投资管控目标；组织编制投资管控概算（执行概算）；在施工期间定期对实际投资和初步设计概算进行对比分析，及时调整投资管控概算（执行概算）；组织相关部门和参建单位对概算进行分类研究和预测，对概算项目进行成本变动可能性分析，确定哪些概算项目可能超概算，哪些项目可能节约概算，在综合平衡的基础上，将控制目标进行层层分解，形成各个概算项目的投资管控目标。

（3）合同实施过程中与概算项目的对比分析。具体工作为：在合同实施过程中，从项目总体角度监控工程实际投资与执行概算的偏差，并对项目投资未来变动进行合理预测，及时提交分析报告，为投资管控决策提供可靠、及时的信息。

（4）合同执行情况的汇总整理。具体工作为：针对每份合同建立合同执行台账，内容包括合同名称、合同编号、承包单位、合同金额、暂列金额、专业工程暂估价、变更编号、变更名称、变更主要原因、变更明细、变更金额、材料价差、新增项目及金额、已支付进度款等。

三、合同结算及概算对比阶段

（1）合同结算管理办法、程序和结算原则的确定。具体工作为：根据招投标文件、工程合同、过程中变更资料、竣工验收资料等，制定切实有效的合同结算管理办法，进一步推进结算工作的开展；根据合同约定的结算原则，按照管理办法逐一进行结算。

（2）最终结算与概算对比分析。具体工作为：完成最终结算后，将结算与概算进行对比分析，审查是否超出概算投资，并分析原因。

——中天恒达厦门新机场项目组

新机场工程项目专业工程类型多，施工、供货单位多，涉及合同多，新机场工程项目合同管理审计非常重要。

新机场工程项目合同管理审计除了对合同管理方面的内部制度、管理流程、管理职责等进行审计外，审计人员还应重点对主要工程项目合同进行审计，主要内容如下。

- 审查合同主体资格是否符合规定。
- 审查承包单位的施工资质情况、施工组织能力、社会信誉度、财务状况等，核对所承包的专业工程是否超越其资质能力等。
- 审查合同的主要条款是否与招标文件中的合同主要条款一致。审查招标人和中标人是否按照招标文件和中标人的投标文件订立书面合同，是否存在订立背离合同实质性内容的其他协议。重点关注合同造价条款是否与投标文件一致，对预付款、进度款拨付的约定是否清晰、合理，是否与国家、地方的有关规定相违背。
- 审查违约责任条款是否明确、具体、有效，违约金、赔偿金的数额和计算方法是否合理、合法。

第七，新机场工程项目物资采购管理审计。新机场工程项目具有很强的专业性和特有性，民用机场专用设备较多，设备材料费用占建安投资总额的60%以上，实施新机场工程项目物资采购管理审计具有十分重要的意义。

【信息分享】

根据交通运输部下发的《民用机场专用设备管理规定》，民用机场专用设备包括以下项目。

1. 航空器地面服务设备

主要包括：飞机地面电源机组、飞机静变电源机组、飞机地面气源机组、飞机地面空调机组、飞机牵引设备、飞机清水车、飞机污水车、航空食品车、航空垃圾接收车、飞机除冰设备、飞机充氧设备、管线加油设备、罐式加油设备、旅客登机梯、行动不便旅客登机设备、旅客登机桥、散装货物装载机、集装货物装载机。

2. 目视助航设备

主要包括：航空灯标、进近灯、顺序闪光灯系统、精密进近航道指示器、跑道入口识别灯、跑道入口翼排灯、跑道入口灯、跑道末端灯、接地带灯、跑道中线灯、跑道边灯、滑行道中线灯、滑行道边灯、快速出口滑行道指示灯、中间等待位置灯、停止排灯、跑道警戒灯、航空障碍灯、风向标、滑行道边反光标志物、跑道和滑行道标记牌。

3. 目视助航相关设备

主要包括：调光器、隔离变压器、助航灯光电缆、电缆连接器、隔离变压器箱、助航灯光监控系统。

4. 直升机场目视助航设备

主要包括：直升机场灯标、进近恒光灯、进近闪光灯、瞄准点灯、接地和离地区灯、滑行道边灯、滑行道中线灯、目视进近坡度指示系统、目视对准定线引导系统、最终进近和起飞地区灯。

5. 其他地面服务设备

主要包括：旅客行李处理系统、摩擦系数测试设备、机坪地井盖、机坪排水沟箅子、道路等待位置灯。

由于新机场工程项目设备、材料安装金额巨大，为控制质量、降低造价，一般新机场工程项目主要物资采购采用委托招标及采购管理形式。新机场工程项目甲供材类型多、数量大，但一般建设单位人力资源有限，对上述物资的采购、保管工作到位情况成为新机场工程项目的管理关键点，因此物资采购管理审计应作为新机场工程项目审计的工作重点。

新机场工程项目物资采购审计是指对项目建设过程中设备和材料采购环节各项管理工作质量及绩效进行的审查和评价，主要包括采购环节的审查、领用的审查、其他相关业务的审查。

物资采购管理涉及计划、询价、合同、验收、入库、保管、出库、结算等工程投资管控的各个环节，涉及财务、现场管理、计划、物资管理等多个部门，物资采购管理审计成为新机场工程项目审计的工作难点。

【经验分享】

从工作经验来看，新机场工程项目物资采购管理审计，应选择以下两项工作作为审查工作的突破口。

一是为防止施工单位不合理地赚取材差，审计人员应关注采购甲供材的供应价与施工合同价的材差处理问题，利用甲供材供应量的定额量、清单报价量、实际领用量进行考核，综合分析判断材差处理。

二是为正确核实甲供物资的费用，审计人员应关注甲供材的计税问题，注意材料、设备的区别及不同计税标准的适用情况；同时，还应关注合同价中暂估价材料的计价和取费问题。

——中天恒达西藏林芝新机场项目组

第八，新机场工程项目施工管理审计。新机场工程项目施工管理审计是对新机场工程项目施工管理的真实性、合法性、效益性进行的独立审查与评价工作，主要是对新机场工程项目实施过程中的工程制度管理、工程进度管理、工程质量管理、安全文明生产管理和环境保护管理、工程投资管理等进行审计。

三、新机场工程项目财务审计

新机场工程项目财务审计业务主要是资金管理审计、会计核算审计、竣工财务决算审计等。

在实践中，新机场工程项目财务审计实务主要是竣工财务决算审计。

13.3 新机场工程项目审计问题案例

一、10省区市部分机场建设情况审计调查结果问题案例

审计署2011年第6号公告（10省区市部分机场建设情况审计调查结果）显示：审计发现的主要问题如下。

第一，福州、泉州、桂林、二连浩特和满洲里等5个机场以多头申报、重复申请等方式多获取建设资金0.61亿元，用于机场其他项目支出；大庆、榆林、乌鲁木齐和成都4个机场的材料供应商为逃避税收，在与施工单位结算时使用虚假发票，涉及金额0.33亿元；成都机场的施工单位将土石方工程分包给13个自然人，后者为逃避税收，在与施工单位结算时提供了223张“白条”，涉及金额0.65亿元。

第二，23个机场项目的359项合同（占抽查合同总数1 817项的19.7%），存在未公开招标等违反招投标程序的问题，涉及金额19.38亿元。

第三，大庆萨尔图机场飞行区场道工程招标违规签订的施工合同比中标价（1.26亿元）高出1倍多，项目招投标和投资管控流于形式。

第四，5个机场是在环境影响评价报告未经批复的情况下，就开工建设的；15个机场是在未进行环保验收的情况下，就投入运行的；7个项目未按原设计要求建设污水处理系统，有些机场产生的污水直接排入河流或农田，存在污染隐患。

二、某机场土方及基坑支护施工方案能否作为结算依据问题案例

（一）背景资料

本审计案例为某国际机场航站楼核心区工程签证审核发现事项，合同主要内容为招标图纸范围内的地基与基础、主体结构、建筑装饰装修、建筑屋面、给水、排水及采暖、通风与空调、建筑电气、智能建筑、电梯工程、高架桥及室外工程等工程，合同金额为6 393 835 985.28元。

（二）问题描述

在结算审核时，审计单位就土方工程量计算能否以总承包人编制的施工方案及附图作为结算依据的问题进行分析，为发包人就此疑问提出审计建议。

（三）审计过程

第一，合同清单项目特征描述。合同清单分部分项工程量清单计价表中“挖一般土方”的项目特征描述为，“计算范围：设计图示尺寸（含因工作面和放坡增加的工程量）。按经发包人认可的施工组织设计规定计算，若无方案工作面及放坡系数，则参照 GB 50854—2013 的表 A.1-3 ～表 A.1-5”。

第二，发包人提供的设计图纸。招标阶段设计单位未提供土方及基坑支护设计图，招标文件仅提供了基坑支护剖面图以供参考。在施工阶段及结算阶段，设计单位未提供土方及基坑支护工程施工图纸。

第三，施工方案。发包人提供了总承包人编制且经专家论证的《高架桥区基坑支护及土方开挖工程施工方案》。

第四，实际情况。航站区二标段深基坑工程开挖深度为 –20.75 米至 –2.5 米，依据相关规定，深基坑工程的土方开挖、基坑支护工程均属于超过一定规模的危险性较大的分部分项工程范围，施工单位应当在施工前编制专项方案，并应当组织专家对专项方案进行论证。编制专项方案的依据为相关法律法规、规范性文件、标准、规范及图纸（国标图集）、施工组织设计等。

（四）问题分析

依据项目实际情况，该项目采用《高架桥区基坑支护及土方开挖工程施工方案》作为土方及基坑支护的结算依据虽然符合合同约定，但不利于项目投资控制。

本案例反映出发包人在招标阶段存在招标图纸准备不完善、计算规则设置不规范、计算依据不明确等情况。

（五）案例启示

建设工程前期招标阶段施工图纸设计不到位，深度不能满足招标需求，将为后期的项目管理及结算带来审计风险及超投资风险。

三、某机场基础桩超灌工程量争议处理问题案例

（一）背景资料

本审计案例为某国际机场航站楼核心区工程主体结构分阶段结算审核发现事项，主要工程内容为招标图纸范围内的基础桩施工，该项审核内容涉及合同金额约 6 800 万元。

（二）问题描述

工程量争议内容为基础桩混凝土超灌部分是否应计入清单工程量。清单项目特征描述为，“①地层情况：详见地勘报告。②设计桩长：综合考虑。③桩径：1 000 毫米。

④成孔方法：旋挖钻孔。⑤混凝土种类、强度等级：反力桩，C40预拌混凝土。⑥其他：详见图纸及规范要求”。

承包人根据结构施工图纸及基础桩施工方案中所述：“灌注桩实际灌注高度不小于设计标高以上1.0米”，按设计桩长加超灌1米计算灌注桩工程量并报审。监理单位审核时认为，根据《房屋建筑与装饰工程工程量计算规范》（GB50854—2013）有关泥浆护壁成孔灌注桩工程量计算规则所述，“①以米计量，按设计图示尺寸以桩长（包括桩尖）计算”，当以米计量时，设计图示尺寸仅指有效桩长部分，其超灌高度应在综合单价中考虑，于是坚持按照设计桩长计算灌注桩工程量，扣减了超灌高度。承包人不同意监理单位审核意见，此部分工程量双方搁置争议。

（三）审计过程

第一，灌注桩工程量清单计算规范约定。《房屋建筑与装饰工程工程量计算规范》（GB50854—2013）有关泥浆护壁成孔灌注桩计算规则为，“①以米计量，按设计图示尺寸以桩长（包括桩尖）计算；②以立方米计量，按不同截面在桩上范围内以体积计算；③以根计量，按设计图示数量计算”。

第二，施工图纸设计要求。桩基设计说明第3项“抗压灌注桩施工”第3.2.10条所述：“灌注桩实际灌注高度不小于设计标高以上1.0米，凿除泛浆后设计标高以下混凝土强度等级应符合设计要求”。

第三，计量规范辅导教材解释。《2013建设工程计价计量规范辅导》有关工程量计算规则第二条第二款明确：“桩基工程现浇混凝土桩，对设计和规范对超灌高度有要求的，明确了工程量应包括超灌高度”。

第四，审计单位审核意见。工程量清单计算规范及施工图纸设计说明分别从计算规则及设计意图这两个角度，明确了灌注桩超灌工程量应单独计算。因此不同意监理单位灌注桩工程量不计入超灌高度的意见，超灌高度应予以计量。

（四）问题分析

工程量未严格按照工程量清单计算规范规定计量，对于规范中描述不明确或存在理解歧义的内容，未通过查阅相关技术资料或辅导教材来补充印证计算规范意图。

（五）案例启示

全过程审计人员在发生结算争议时应当根据争议发生原因，通过全面并有针对性地查阅相关资料，解决争议问题。审计人员既不能过于谨慎导致结算进度因争议而停滞不前，也不能主观臆断，造成业主的经济损失。

第 14 章

新基建工程项目审计实务及案例

新型基础设施建设（以下简称“新基建”）是相对于铁路、公路、机场、港口等传统基础设施建设提出的，国家发展改革委将其定义为：以新发展理念为引领，以技术创新为驱动，以信息网络为基础，面向高质量发展需要，提供数字转型、智能升级、融合创新等服务的基础设施体系。

新基建工程项目审计是由专业机构和人员对被审计单位新基建工程项目建设的真实性、合法性、效益性进行的独立审查与评价工作。

新基建工程项目审计工作是围绕新基建工程项目展开的。按照新基建工程项目分类，新基建工程项目审计分为 5G 基站建设工程项目审计、特高压工程项目审计、城际高速铁路和城市轨道交通工程项目审计、新能源汽车充电桩工程项目审计、大数据中心工程项目审计、人工智能工程项目审计、工业互联网工程项目审计等。

新基建工程项目审计，由于介入项目开展审计工作的业主需求、时点、审计目标、审计资源等的不同，审计业务有多种不同形式的安排。既可以对新基建工程项目开展全面审计，也可以针对新基建工程项目部分环节、部分时段建设内容开展专项审计。内容不限于新基建工程项目造价审计、财务审计、管理审计及其政策跟踪审计等。

审计机关开展的新基建审计业务主要包括新基建政策落实跟踪审计、新基建预算执行情况审计、新基建绩效审计、新基建重大公共工程项目审计等。

【观点分享】

审计机关开展的新基建工程项目审计主要内容如下。

一是新基建政策落实跟踪审计。这主要是对新基建工程项目相关政策、规划的制定及执行情况进行审计，尤其要对规划统筹衔接、投融资改革、“放管服”改革等进行跟踪审计。

二是新基建预算执行情况审计。这主要是对新基建工程项目的预算执行、决算和有关建设、运营情况的审计。

三是新基建绩效审计。这主要是对新基建工程项目建设目标、政策目标和阶段性任务的实现情况和投资绩效等的审计。

四是新基建重大公共工程项目审计。这主要是对新基建重大公共工程项目的预算执行、决算及有关建设、运营情况的审计，重点关注项目建设、征地拆迁、环境保护、招标投标、资金管理使用、竣工验收、工程质量、项目运营、经济社会环境效益等各环节任务完成情况。

内部审计机构开展的新基建工程项目审计主要是新基建工程项目管理审计和造价审计，民营企业对新基建工程项目投资风险管理审计更为重视。

社会审计机构（包括工程咨询公司）开展的新基建工程项目审计类型因委托事项的不同而不同，主要涉及新基建工程项目工程造价、质量、管理等方面的审计。

新基建工程造价方面的审计内容包括工程量清单及控制价编制或审核、工程竣工结算审核、工程全过程造价咨询、工程全过程跟踪审计、工程建设内容的专项造价核定（第三方的造价鉴定）等。

新基建工程质量方面的审计内容包括工程竣工现场的质量检查、工程专项的质量核查（包括信息化软硬件项目）等。

新基建工程管理方面的审计内容包括工程建设管理性审计、工程建设风险控制核查（风控核查）、工程建设的专项评价（后评估）。

14.1 新基建工程项目审计导入案例

下面以 W 公司物流网络工程项目成本管控风险评估审计案例作为导入案例介绍新基建工程项目审计。

一、案例背景

物流网络化已成为各大物流公司战略发展方向，各大物流公司纷纷抢占先机，构建物流网络，加快布局全国性物流网络系统。搭建现代高效的物流网络系统是构建物流网络的基础条件，全国各地的大型物流中心项目如雨后春笋般拔地而起。物流中心在整个物流网络中发挥着巨大的作用，各物流中心的实施效果直接影响物流网络系统的运行，也影响 W 公司的发展。

物流网络系统建设具有项目分布广、投资额高、单项规模大等特点，而单项物流中心项目则具有工艺复杂、建设期短、运营期长等特点。为保证物流网络系统建设及运营

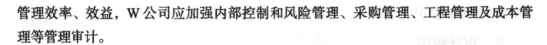

管理效率、效益，W 公司应加强内部控制和风险管理、采购管理、工程管理及成本管理等管理审计。

二、审计目标

本案例的审计目标是：通过对 W 公司物流网络工程项目成本管控制度的健全性、合理性和相关制度执行的有效性进行审查，发现 W 公司在成本管控方面存在的问题，并提出相应的完善建议，促进 W 公司强化成本管理，有效控制成本和防范成本管控风险。

三、审计范围

W 公司物流网络工程项目成本管控风险评估审计，以 W 公司实施的物流网络工程项目为对象，通过对工程项目全过程成本管控风险的系统识别、分析，明确成本管控风险的应对策略和具体措施。

四、审计内容

一是风险识别。对 W 公司本级和其下属单位实施的工程项目成本管控制度进行系统的风险识别，形成成本管控风险清单。

二是风险分析。对成本管控风险进行系统的成因和影响分析，从而为制定风险应对措施提供基础。

三是风险应对。明确成本管控风险应对策略，并在此基础上，明确成本管控风险的具体应对措施。

四是项目测试。对工程项目进行穿行测试，发现成本管控制度执行方面存在的问题，提出有效建议，促进强化制度执行。

五是剩余风险评估。评估工程项目成本管控剩余风险，并根据评估结果提出补充建议。

六是出具报告。根据成本管控风险评估结果，形成评估报告。

五、审计方法

一是风险清单分析法。根据 W 公司现有业务模式和成本管控制度，列出较为全面的风险清单，以排查 W 公司可能面临的风险。

二是风险矩阵法。根据 W 公司业务模式和成本管控制度，对列出需要评估的风险状态，根据规定的定义为每个风险状态选择一个风险等级，对应每个识别的风险状态，估计其发生的可能性，在矩阵图上找到对应的交点，得出风险结论。

三是现场调查法。通过对 W 公司人员发放问卷、谈话等方式，掌握成本管控制度执行情况，收集材料并加以分析、归纳。

通过上述方法，对 W 公司现有业务模式和成本管控制度进行梳理，评估 W 公司成本管控制度风险情况。

六、审计程序

第一，前期准备阶段。

一是组建项目组。按照W公司的要求和项目本身的内容与特点，抽调经验丰富的专业人员组成项目组，由项目负责人组织进场前培训。

二是编制实施方案。按照W公司的要求，项目组初步拟定项目实施方案，明确工作重点及难点、项目进度安排、人员分工、质量管理等内容。

三是资料准备。外部资料准备，主要是项目组拟定资料清单，交由W公司，由W公司提供相关资料。内部资料准备，主要是项目组内部进行初步风险评估，相关资料包括初步风险清单、成因分析表、应对策略和具体控制措施。

第二，风险评估实施阶段。

项目组进场后，开展以下工作。

一是查阅制度，了解成本管控制度。收集和分析W公司管理实施相关项目情况和工程项目管理制度。W公司现有11类、14项成本管控制度，实施项目制度与W公司制度基本一致，实施项目的管理采用“项目管理公司（PM）+大总包模式（土建包干+C类议价）”。

二是完成风险清单，设置测试点。在了解W公司成本管控制度的基础上，与W公司相关人员进行访谈，完善成本管控风险清单。在此基础上，从前期阶段、招标阶段、执行阶段、结算阶段、外部环境及内部环境六个方面，设置风险测试点。

三是抽查样本，进行测试。按已设置的风险测试点，从W公司现有成本管控制度中抽取各类样本，对样本进行测试。通过资料查询、人员访谈及现场勘察等方法，逐一找出成本管控制度存在的问题，并分析问题成因及影响。

四是风险评估。将问题分类、汇总，编制初步成本管控风险清单，与W公司相关人员逐一确认问题描述及成因分析是否属实，初步成本管控风险清单经W公司相关人员确认无误后，形成成本管控风险清单 / 坐标。

五是总体评价。W公司成本管控制度总体比较完善，核心业务基本建立了管控制度。但个别制度缺失，如缺少需求管理制度、突发事件应急处理制度、项目后评价制度；个别制度不完善、不细化，责任、要求不明确。

六是改进建议。针对个别制度缺失情况，W公司应查漏补缺，完善内部控制体系，如增补需求管理制度、突发事件应急处理制度、项目后评价制度；针对个别制度不完善情况，应加强、健全信息管理系统，完善图纸深化、图纸会审与成本管理的衔接机制，完善各制度中缺漏的管控点。

第三，总结报告阶段。

一是汇总缺陷。项目组汇总评价结果，对现场初步认定的缺陷进行全面复核、分类、汇总。

二是出具报告。审计项目组编制风险评估报告，给出缺陷整改建议，形成风险评估报告初稿，经与 W 公司沟通，最终形成评估报告终稿。

14.2 信息化工程项目审计实务及案例

信息化工程项目是指硬件设备购置、软件购置、计算机信息系统集成、制定软件开发、基础设施建设及信息系统运行维护等工程项目。

信息化工程项目审计业务涉及工程项目建设的全过程，要考虑介入项目开展审计工作的时点、审计目标、审计资源等，审计业务可以有多种不同安排。既可以对信息化工程项目开展全面审计，也可以针对工程项目部分环节、部分时段建设内容开展专项审计，不限于信息化工程项目造价审计、财务审计、管理审计等。

信息化工程项目全过程审计涉及三个阶段：前期阶段、实施阶段、验收和结算阶段。

一、信息化工程项目前期阶段审计

本阶段审计主要内容如下。

- 审查项目前期审批流程是否合规、齐全，项目招、投标流程是否合规。
- 审查招标文件内容是否与《中华人民共和国招标投标法》及其他相关法律法规相冲突。
- 审查投标文件与招标文件内容是否一致，审查招标控制价的编制与审核等。

二、信息化工程项目实施阶段审计

施工合同签订后，建设单位组织召开项目启动会议，项目正式进入实施阶段。从管理角度来讲，信息化工程项目的实施阶段主要包括以下内容：项目整体管理、项目范围管理、项目进度管理、项目成本管理、项目采购管理、项目质量管理、项目人力资源管理、项目沟通管理和干系人管理、项目风险管理等。

从项目造价控制的全过程跟踪审计角度来讲，本阶段审计主要内容如下。

- 审查项目的需求分析，了解项目的业务需求、用户需求和系统需求，督促建设单位执行项目计划，保证项目顺利进行。
- 审查项目的变更管理，了解项目的需求变更、进度变更情况。
- 审查项目的采购管理，如果项目需采购的设备及成品软件进行了调整，审查建设单位的询价情况。
- 审查项目的合同管理，查看建设单位对合同有关条款的执行情况，对项目的进度款进行审核。

三、信息化工程项目验收和结算阶段审计

定制软件开发的验收和结算主要包括以下三方面内容。

- 根据《计算机软件测试规范》(GB/T 15532—2008)，软件测试可分为单元测试、集成测试、确认测试、系统测试、验收测试等类别。通过这些测试，验证软件是否满足软件开发合同或软件开发计划、系统/子系统设计文档、SRS、软件设计说明和软件产品说明等规定的软件质量要求。
- 在测试过程中，依据《计算机软件测试文档编制规范》(GB/T 9386—2008)编制测试文档，主要涉及测试计划、测试说明和测试报告。
- 在结算过程中，依据项目承建单位提供的结算资料、项目实施合同、测试报告、洽商变更等内容进行项目结算审核。

四、信息化工程项目审计案例

(一)信息化工程项目控制价审核案例

1. 项目背景

某烟草公司提供了信息化工程项目的招标文件，文件中描述了项目详细需求。审计项目组根据信息化工程项目的详细需求，经过与建设单位沟通，对本信息化工程项目招标控制价的审核依据为《软件开发和服务项目价格构成及评估方法》(中国软件行业协会发布)。

2. 审核方案及流程

第一，根据项目的详细需求，估算工程量。在接到建设单位的送审资料后，审计人员仔细分析了项目的详细需求，估算了本信息化工程项目定制软件开发所需的人工工程量。

第二，计算人工工资。根据中华人民共和国国家统计局发布的信息，查找所属区域及与项目招标年份相关的信息传输、软件和信息技术服务行业年平均工资，再进一步计算月工资水平。经查询，本信息化工程项目人工平均工资为11 439.67元/月。

第三，计算软件开发价格。依据《软件开发和服务项目价格构成及评估方法》及《国家烟草专卖局办公室关于印发烟草行业信息系统建设相关管理和费用计算办法》计算软件开发价格。

软件开发价格＝开发工作量 × 服务单价。

开发工作量＝估算工作量经验值 × 风险系数 × 复用系数。

第四，汇总计算本项目软件开发价格。

第五，经与建设单位沟通确认后，撰写本信息化工程项目软件开发控制价报告。

（二）信息化工程项目控制价编制案例

1. 项目背景

本信息化工程项目为某部队医院医用耗材管理软件开发项目。本信息化工程项目涉及的定制软件是医用耗材精细化管理系统，该系统的主要功能为：利用统一编码管理医用耗材，通过医院局域网对接医院信息系统，实现医用耗材采购、入库、请领、消耗、盘点、结算等全程追溯管理；借助条码识别技术，保证可靠、准时、可追踪的临床耗材供应；简化临床使用流程，提高效率、减少差错。

2. 信息化工程项目控制价编制流程

第一，熟悉项目的需求，并与建设单位沟通，确定本项目控制价编制的依据。本项目控制价编制依据为《电子建设工程概（预）算编制办法及计价依据》。

第二，根据项目功能需求，计算工程量，并套取定额子目，并取费。

第三，经与建设单位沟通确认后，编写本信息化工程项目控制价报告。

14.3　轨道交通工程项目审计实务及案例

轨道交通是集多专业、多工种于一身的复杂系统，同时常伴随着较高的前期投资、技术要求和维护成本，并且占有的空间往往较大。

轨道交通工程项目审计业务主要围绕轨道交通工程项目展开。根据《城市轨道交通工程项目建设标准》，轨道交通工程一般分为国家铁路系统、城际轨道交通和城市轨道交通三大类，在这里以城市轨道交通工程（以下简称“轨道交通工程”）为例进行阐述。

轨道交通主要由车站、区间、停车场和车辆段组成。轨道交通工程由土建工程和系统工程两大部分构成，其中土建工程又可分为车站和区间土建工程及物业开发等工程，系统工程又可分为轨道系统、通信系统、信号系统、电力系统、供电牵引系统、屏蔽门系统、防灾报警系统（Fire Alarm System，FAS）、设备监控系统（Building Auto-mation System，BAS）、电力监控系统、人防系统、车辆段及车辆系统、自动售检票系统、环控通风系统、控制系统、电梯和自动扶梯系统等工程。

轨道交通工程项目审计业务涉及工程项目建设的全过程，要考虑介入项目开展审计工作的时点、审计目标、审计资源等，审计业务可以有多种不同安排。既可以对轨道交通工程项目开展全面审计，也可以针对工程项目部分环节、部分时段建设内容开展专项审计，不限于轨道交通工程项目造价审计、财务审计、管理审计等。

轨道交通工程项目结算审计是轨道交通工程项目造价控制的重要关卡，也一直是轨道交通工程项目造价审计工作的重点。轨道交通工程项目结算审计，要在对工程造价依据的合法、合理性进行审核的基础上，对分部分项工程量清单、措施项目清单、其他项目清单、规费、税金等进行全面审核。

一、分部分项工程量清单费用的审核

竣工结算作为造价控制的最后一个环节，对控制造价、节约资金起到了至关重要的作用。工程量审核是结算审核中很关键的环节，工程量计算规则多，计算量大，容易出现多算、重算或漏算的问题。因此，审核分部分项工程量清单费用时需要根据图纸、变更洽商资料、其他资料及现场实际情况，对工程量进行认真、准确的核实，确保工程量的真实准确性，避免结算时重复计算工程量。在核实工程量过程中，审计人员应该重点关注以下两个方面。

第一，混凝土、钢筋、钢支撑工程量的审核。轨道交通工程项目施工难度大，钢筋、混凝土的用量多，因此在审核过程中要把重点放在工程量大、造价高的项目上。

第二，注浆工程量的审核。在审核过程中，审计人员应关注注浆原因及注浆方式，并核查合同内注浆是包干价项目，还是按立方米计算。

二、综合单价的审核

综合单价的审核，即根据合同采用的计价方式，对综合单价是否履行投标承诺，综合单价的调整是否符合合同约定，新增综合单价组价的准确性及定额子目套用的准确性、合理性等进行审核。进行综合单价的审核，有利于充分了解工程项目的实际施工内容，以审查综合单价计取的准确性、合理性。

【经验分享】

在结算审核过程中，经常会遇到因规模和工艺的变更引起增加工程量清单、增加的工程量清单需要重新组价的情况，这些新增单价的审核也是结算造价控制的难点。例如，某地铁工程项目某土建标段，合同规定盾构正常段掘进的单价为 8 543.58 元/米，在施工过程中，施工单位以遇到卵石为由将合同单价调整为 9 259.27 元/米。审计人员在核查相关资料时发现，招标文件及招标图纸中地质勘查报告中标明里程附近存在卵石层等，施工单位应在投标时充分考虑地质情况后进行综合报价。因此，审计人员认为在结算时不予调整。审计人员经过翻阅资料及与建设单位等的沟通，了解到在施工过程中确实存在掘进的深度大于投标的深度的情况。据此，审计人员在审核过程中，对此部分掘进的单价予以调整，测算出在断面面积中，卵石层面积占总断面面积的 40%，按照投标报价及定额替换部分机械费，按照替换后的组价的 40% 计算掘进遇到卵石层的增加费。

三、措施项目清单费用的审核

措施项目清单费用的审核内容如下。

- 审核措施费用的计取是否履行合同约定及投标承诺，若发生措施费用需变更的情况，应严格审核措施费用变更的合法性。
- 审核措施费用所包含的内容是否在现场签证中计取。

四、专业工程结算价的审核

专业工程结算价的审核内容如下。

- 专业工程属于依法招标的，重点审核相关招投标程序、合同文件是否经过建设单位的审批，在此基础上，依据有关约定审核确定专用工程结算价。
- 专业工程未经招标的，重点审核专业工程结算价的确定是否符合建设单位、施工单位与专业施工单位之间的合同约定。

五、规费、税金项目的审核

规费、税金项目清单费用在上述清单费用审核、调整的基础上，按合同约定费率综合审核、确定、调整规费、税金项目清单费用。

六、甲供料及施工用水、用电费用的审核

甲供料及施工用水、用电费用的审核主要内容包括：根据甲供料清单和施工单位用水、用电状况，审核送审结算中甲供料及施工用水、用电费用的抵扣（处理）是否妥当。

七、某地铁工程项目部分合同签订、履行不规范问题案例

某市审计局对某地铁工程项目进行审计时发现，该项目部分合同签订、履行不规范，涉及金额共计 3 亿多元。主要问题如下。

- 轨道交通建设公司在组织实施该地铁工程期间，未严格履行合同和计量支付程序，在施工合同约定的范围外，以借款的方式向部分施工单位支付工程款 3.10 亿元。
- 轨道交通建设公司在未签订设计合同前，以借款的方式向部分设计单位支付设计费 0.01 亿元。

上述做法不符合《基本建设财务管理若干规定》第三十四条“建设单位应当严格执行工程价款结算的制度规定，坚持按照规范的工程价款结算程序支付资金。……”的规定。

审计建议：对部分合同签订、履行不规范的问题，建议轨道交通建设公司规范工程合同管理，及时办理工程洽商变更、计量支付和资金审批等相关手续，避免借支资金行为所产生的坏账风险，进一步提高建设资金的使用效率。

第 15 章

新能源工程项目审计实务及案例

一般来说，新能源通常是指尚未大规模利用、正在积极研究开发的能源。因此，煤、石油、天然气及大中型水电都被看作常规能源，而太阳能、风能、现代生物质能、地热能、海洋能及氢能等被看作新能源。在我国可以形成产业的新能源主要包括水能（主要指小型水电站）、风能、生物质能、太阳能、地热能等，这些是可循环利用的清洁能源。

新能源产业的发展既是整个能源供应系统的有效补充手段，也是环境治理和生态保护的重要措施，是满足人类社会可持续发展需要的最终能源选择。

新能源工程项目审计是由专业机构和人员对被审计单位新能源工程项目建设的真实性、合法性、效益性进行的独立审查与评价工作。

新能源工程项目审计工作是围绕新能源工程项目展开的。按照新能源工程项目分类，新能源工程项目审计类型主要分为光伏发电站工程项目审计、风电场工程项目审计等。

15.1　光伏发电站工程项目审计实务及案例

随着光伏发电站工程项目建设日趋增多，光伏发电站工程项目审计需求也越来越多，审计范围也不断扩展，涉及光伏发电站工程项目建设全过程。光伏发电站工程项目审计不仅涉及工程造价审计，还涉及管理审计、财务审计。

一、光伏发电站工程项目审计内容

光伏发电站工程项目审计内容如下。

- 审查基本建设项目竣工财务决算报告（草案）的编制情况；项目收购控制价（投资估算、初步设计概算）、资金来源及支出情况；土地征用及占用情况；相关行政许可证照办理情况；未完工程投资及预留费用情况；交付使用资产，以及结余资金和结余物资情况。

- 审查合作协议或合作双方约定事项的执行情况。
- 审查批准的初步设计及初步设计概算内投资内容的真实性、完整性，初步设计概算执行的合规性，是否按照批准的初步设计确定的标准和规模建设。
- 审查调整和优化初步设计及初步设计概算程序的合规性。
- 审查在EPC合同外发生变更的合规性、合理性。
- 审查基本建设项目的主要经济和技术指标。
- 审查法律、财务、工程等尽职调查报告，项目立项、收购股权请示及上级公司审核审查意见中描述或揭示的风险和问题解决情况。
- 审查基本建设项目建设期间的审计、稽查、财务检查等发现问题的整改落实情况。

二、光伏发电站工程项目审计重点

第一，合规性审查。

在项目批复合规性方面，重点审查内容包括：是否取得发电业务许可、规划选址、电网接入设计方案批复，水土保持、环境影响评价，节能评估及社会风险评估等支持性文件；土地使用权益是否得到有效保障，是否已落实相关补贴政策与手续等。需要注意的是，《国家发展改革委 国家能源局关于积极推进风电、光伏发电无补贴平价上网有关工作的通知》（发改能源〔2019〕19号）提到："在符合本省（自治区、直辖市）可再生能源建设规划、国家风电、光伏发电年度监测预警有关管理要求、电网企业落实接网和消纳条件的前提下，由省级政府能源主管部门组织实施本地区平价上网项目和低价上网项目，有关项目不受年度建设规模限制。"

在项目审批流程方面，多数项目在备案后因各种原因未及时施工导致备案批复过期，此种情形下项目备案作废，需重新取得项目备案批复或是项目备案延期的相关批复，所以需关注《国家发展改革委 国家能源局关于积极推进风电、光伏发电无补贴平价上网有关工作的通知》（发改能源〔2019〕19号）提出的"对于未在规定期限内开工并完成建设的风电、光伏发电项目，项目核准（备案）机关应及时予以清理和废止"的要求。对于分布式光伏电站项目，审批手续相对简单，各地政府制定了相应的管理办法。例如，北京市在《北京市分布式光伏发电项目管理暂行办法》（2014年7月发布）中规定：分布式光伏发电项目由区（县）发展改革委根据本区域分布式光伏发电的年度规模指标实行备案管理，并免除发电业务许可、规划选址、土地预审、环境影响评价、节能评估及社会风险评估等支持性文件。

在土地使用权益方面，有些项目在申请审批前并不能取得不动产权证，经常会出现用地预审批复的情况。《建设项目用地预审管理办法》第四条规定："建设项目用地实行分级预审。需人民政府或有批准权的人民政府发展和改革等部门审批的建设项目，由该人民政府的国土资源主管部门预审。需核准和备案的建设项目，由与核准、备案机关同级的国土资源主管部门预审。”《建设项目选址规划管理办法》第七条规定：“建设项目选址意见书，按建设项目计划审批权限实行分级规划管理。”因此，在进行合规性审查时，除关注资料齐备性外，还需要关注用地预审、规划选址等审批机构与发电业务许可机构是否处于同一层级。

第二，总投资金额合理性判断。光伏电站的投资主要由三大部分组成，分别为设备及安装工程投资（80%）、建筑工程及外线工程投资（12%）、其他费用（8%）。其中：光伏组件及支架的费用占总投资的 45% ~ 55%，对总投资的影响很大；电气设备及材料的技术标准成熟、市场价格也较为透明；组件、逆变器等设备成本仍有一定的下降空间，可通过招标控制价格水平；电缆、建安等投资下降空间不大，与当地建设条件关系较大的是接网、土地使用权、项目前期开发费等。

随着多晶硅技术的成熟，光伏发电项目的单位成本趋于下降，该类项目的单位投资成本在 5 元 / 瓦 ~ 7 元 / 瓦。

【知识分享】

按照《光伏发电工程设计概算编制规定及费用标准》规定，光伏发电工程总投资构成如图 15-1 所示。

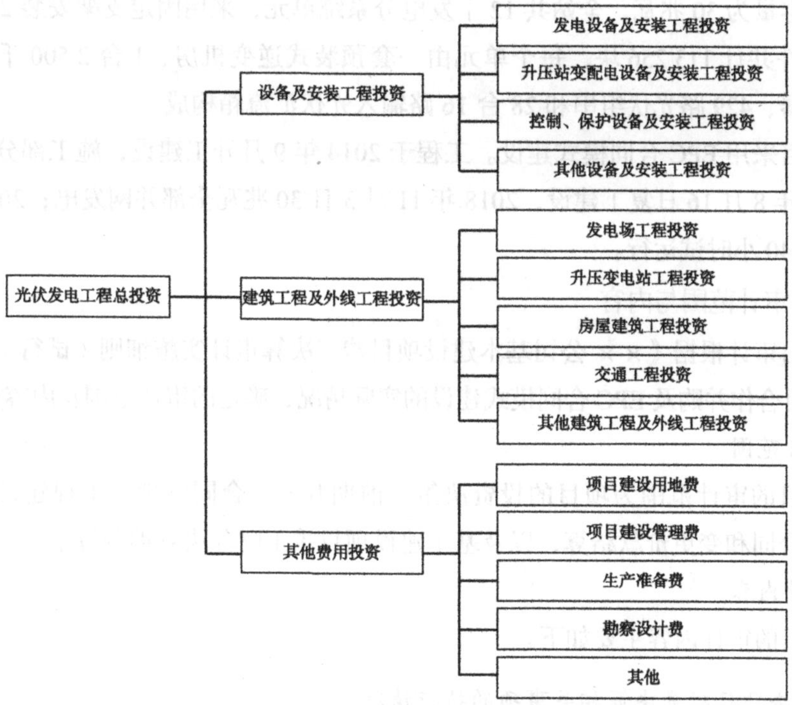

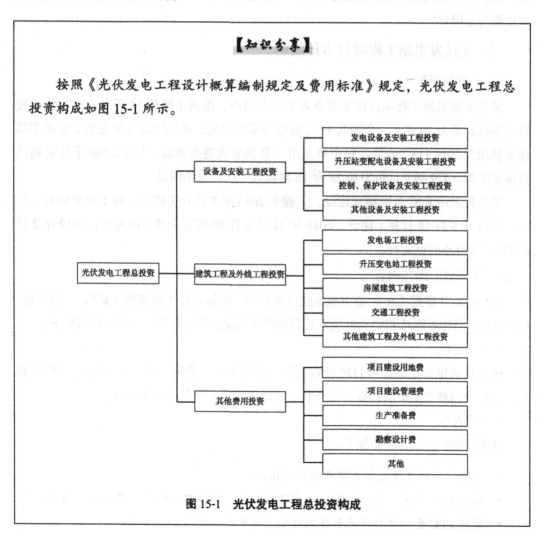

图 15-1　光伏发电工程总投资构成

第三，光伏阵列土地租赁费用审查。《中华人民共和国土地管理法》（2019 年修正）第七十四条规定："买卖或者以其他形式非法转让土地的，由县级以上人民政府自然资源主管部门没收违法所得；对违反土地利用总体规划擅自将农用地改为建设用地的，限期拆除在非法转让的土地上新建的建筑物和其他设施，恢复土地原状，对符合土地利用总体规划的，没收在非法转让的土地上新建的建筑物和其他设施；可以并处罚款。"第七十七条规定："未经批准或者采取欺骗手段骗取批准，非法占用土地的，由县级以上人民政府自然资源主管部门责令退还非法占用的土地，对违反土地利用总体规划擅自将农用地改为建设用地的，限期拆除在非法占用的土地上新建的建筑物和其他设施，恢复土地原状，对符合土地利用总体规划的，没收在非法占用的土地上新建的建筑物和其他设施，可以并处罚款。"

在项目审计过程中，应首先审查土地租赁的合法性，永久占地均应取得土地使用证。其次应审核光伏阵列布置的合理性，判断是否存在过多占用土地的问题，判断标准为工程初步设计。

三、光伏发电站工程项目审计案例

（一）项目概况

某光伏发电站工程项目位于某市光电产业园内，距离市区约 14 千米，可行性研究设计装机容量为 30 兆瓦。全站共 12 个发电分系统单元，采用固定支架安装 270 瓦多晶硅光伏组件共计 113 256 块，每个单元由一套预装式逆变机房、1 台 2 500 千伏安箱式升压变压器、429 路光伏组串和 28 台 16 路输入光伏汇流箱构成。

该项目采用 EPC 合同模式建设。工程于 2014 年 9 月开工建设，施工部分桩基后停工。2018 年 8 月 16 日复工建设，2018 年 11 月 3 日 30 兆瓦全部并网发电；2019 年 2 月 4 日通过 240 小时试运行。

（二）审计范围与内容

该项目审计根据《×× 公司基本建设项目竣工决算审计实施细则（试行）》的规定，结合该项目合作并购及 EPC 合同模式建设的实际情况，确定的审计范围及内容如下。

1. 审计范围

该项目的审计范围为项目的投资决策、前期开发、合同管理、工程建设、财务管理、EPC 合同和变更价款结算，以及基本建设项目竣工财务决算编制等情况。

2. 审计内容

该项目的审计内容主要如下。

- 审查项目投资决策相关事项的执行情况。
- 审查 EPC 合同、项目合作相关事项备忘录及合作双方约定事项的执行情况。
- 审查 EPC 合同执行情况和合同外发生变更的合规性、合理性。

- 审查基本建设项目竣工财务决算报告的编制情况，以及竣工财务决算报告编制说明的真实性与准确性。

（三）审计结果

该项目基本符合预期要求，投资控制在约定的投资造价范围内。建设管理基本可控，建设过程未出现重大质量安全事故。但该项目存在合同管理不严谨、工程建设未严格按初步设计要求完成，对 EPC 合同总承包单位的监督管理不到位等问题。

第一，规费及税费缴纳方面。

一是未按 EPC 合同约定投保建安工程保险，涉及金额 83 700 元。

二是未按股权转让协议约定缴纳城镇土地使用税，涉及金额 1 429 722 元。

第二，工程建设实施及合同结算方面。

一是围墙、道路、清表未按照初步设计和 EPC 合同实施，涉及金额 76.67 万元。与初步设计或 EPC 合同清单工程量比较，该项目实际场区清表面积减少 121 830 平方米，实际完工浸塑钢丝网围墙长度减少 3 485 米，实际完工泥结碎石道路长度减少 62 米，实际完工进场混凝土道路长度减少 23.5 米，四项共涉及 EPC 合同金额 766 655.16 元。

二是 EPC 合同内的生产准备费未完全实施，涉及金额 365 064.10 元。该项目 EPC 合同中 5.6.1（3）约定“合同总价包含项目生产准备费不高于 60 万元”，实际列支生产准备费 234 935.90 元，未实施金额 365 064.10 元。

15.2　风电场工程项目审计实务及案例

随着风电场工程项目建设日趋增多，风电场工程项目审计需求也越来越多，审计范围也不断扩展，涉及风电场工程项目建设全过程。风电场工程项目审计不仅涉及工程造价审计，还涉及管理审计、财务审计。

一、风电场工程项目审计范围

风电场工程项目审计范围一般包括项目前期审批程序、征租地手续、勘察设计、合同立项、招投标管理、合同管理、设备材料、工程 EPC 合同执行情况、财务管理与会计核算、竣工财务决算等。

风电场工程项目审计涉及自编制建设项目建议书开始，至工程建设竣工决算及建设项目后评价的项目建设全过程。

【知识分享】

风电场一般是由一批风电机组或风电机组群组成的电站，包括风电场内的风电机组、塔架、塔架基础、集电线路、道路、变电站及附属建（构）筑物等部分。

二、风电场工程项目审计内容

风电场工程项目审计主要内容如下。

- 立项程序、项目建设前期手续合规性审计。
- 招投标（采购）管理审计。
- 勘察设计管理审计。
- 概算管理审计。
- 合同签订及履行审计。
- 工程管理（投资、进度、质量、安全控制）审计。
- 竣工验收审计。
- 工程结算审计。
- 设备物资采购管理审计。
- 监理履职审计。
- 工程财务管理审计。
- 竣工决算审计。

三、风电场工程项目审计重点

风电场工程项目审计重点如下。

- 审查合同约定应由承包人承担的风险范围内费用是否给予调整。
- 审查桩基工程量计算是否准确，桩基防腐工程量计算是否准确。
- 审查风机基础开挖土质、放坡系数、钢筋是否按照设计和规范配置。
- 审查施工辅助工程，包括道路修筑、吊装平台修筑工程量及做法。
- 审查集电线路长度，沟槽开挖坡度、埋置深度，过路顶管单价及工程量等。
- 审查风机安装索赔的船机、吊装机械停滞费。
- 审查绿化、环保工程是否达标、到位。

四、风电场工程项目审计案例

（一）项目概况

某海上风电场工程项目装机容量为300MW，安装75台远景4MW风力发电机组，建设一座陆上集控中心和一座220kV海上升压站。根据该风电场的装机容量，陆上集控中心设置了1台80MVA的主变，海上升压站设置了2台变压器，220kV主接线采用单母线接线。具体主要包括以下单位工程。

（1）风机基础工程：风机基础结构分为单桩基础与导管架基础，其中单桩基础46基，导管架基础29基。

（2）陆上集控中心及电气安装工程：陆上集控中心内主要布置生产综合楼、生产辅助楼、SVG 设备用房、附属房、丙类油品库等生产及生活建筑物。

（3）35kV 集电线路工程：35kV 线路、进线与母线一同安装调试，分回路接线投产。

（二）审计范围

该项目的审计范围为项目的投资决策、前期开发、合同管理、工程建设、财务管理、EPC 合同和变更价款结算，以及基本建设项目竣工财务决算编制等情况。

（三）审计组织及审计过程

审计机构按照委托合同约定，编制审计实施方案，成立审计组（包括工程人员 5 人、财务会计人员 3 人），实施现场审计。

现场审计期间，审计人员开展了以下工作：了解建设单位及其上级单位管理制度；收集项目资料，对项目的投资决策、前期开发、合同管理、工程建设、财务管理、EPC 合同和变更价款结算，以及基本建设项目竣工财务决算编制等情况进行审计，形成工作底稿；与被审计单位及相关单位沟通；现场踏勘，发现问题并进行取证记录；形成审计报告征求意见稿，征求意见；归还资料；等等。

（四）审计发现的主要问题

第一，未取得海域使用权证进行施工。项目公司在未取得海域使用权证、海洋环境影响报告书未经核准的情况下，开工建设海上风电项目陆上集控中心建设工程。2017 年 7 月 17 日，× × 县海洋与渔业局下发《行政处罚决定书》，责令停止项目施工、退还非法占用的海域使用权，恢复海域原状，并处罚款人民币 54.25 万元。

第二，未按招标文件要求约定合同工期。招标文件约定工期为 30 日，而实际签订合同中约定工期为 40 日。合同与招标文件实质性内容不一致，不符合《中华人民共和国招标投标法实施条例》第五十七条“招标人和中标人应当依照招标投标法和本条例的规定签订书面合同，合同的标的、价款、质量、履行期限等主要条款应当与招标文件和中标人的投标文件的内容一致”的规定。

第三，项目资本金未到位。该项目于 2015 年 5 月由某省发展改革委核准，建设规模为 300MW，项目总投资为 53.27 亿元，截至项目最后一台风机试运行结束，仍有 3.45 亿元项目资本金未到位。

第四，经营期内海域使用金纳入工程成本。该项目 75 台风机已于 2018 年 10 月全部正式投产（7 月投产 42 台、9 月投产 20 台、10 月投产 13 台），2019 年海域使用金属于经营期内费用。项目公司将 2018 年 9 月支付给某省海洋与渔业局的 2019 年海域使用金 260.24 万元纳入项目工程建设成本核算，不符合《企业会计制度》第十一条“企业在会计核算时，应当遵循以下基本原则……（八）企业的会计核算应当以权责发生制为基础。凡是当期已经实现的收入和已经发生或应当负担的费用，不论款项是否收付，都应当作为当期的收入和费用；凡是不属于当期的收入和费用，即使款项已在当期收付，也不应当作为当期的收入和费用”的规定。

扫码听讲解

通过学习本书内容，想必您已经了解和掌握了不少相关知识，为了巩固您对本书内容的理解，便于今后工作中的应用，达到学以致用的目的，我们特意录制了相关视频课程，您可以扫描下面的二维码进行观看。

工程项目审计实务指南专题讲解

工程项目审计操作规程及案例

工程项目前期决策审计实务及案例

工程项目招投标审计实务及案例

工程项目造价审计实务及案例

下载配套工具

请访问以下网址，即刻获得本书所有图表模板：

http://box.ptpress.com.cn/y/59785

（建议在计算机上操作）